KB233957

문학 사냥꾼들

추리하고 탐험하는 영문학 이야기

문학 사냥꾼들

추리하고 탐험하는 영문학 이야기

이창국 지음

아모르문디

우리가 현재 당연한 것으로 알고 있는 문학사적 지식은
어느 것 하나 쉽게 얻어진 것이 없으며,
또 어제까지의 진실이 내일에는
거짓으로 판명되거나 뒤집힐 수도 있다.

학자들은 저마다 나름대로 문학 지식을
증대시키는 데 공헌한다.
그러나 이 분야에서 누구보다 활동적이고
모험적인 사람은 바로 '원고 사냥꾼들'이다.
어떤 작가가 남긴 숨어 있던 원고나,
작가와 관련한 감추어진 새로운 문헌을
찾아 나선 사람들 말이다.

　　이 책에 실린 이야기들의 핵심을 이루는 사실들은 미국의 영문학자이자 저술가인 리처드 올틱Richard D. Altick의 『학자 모험가들Scholar Adventurers』(1950)에서 나왔다. 『학자 모험가들』은 필자가 미국 유학 시절 수강한 '문헌 조사 및 연구' Research & Bibliography라는 과목의 참고도서 가운데 하나였다. 귀국 후 우연한 기회에 월간 영어교양지 〈시사영어연구〉로부터 영문학 전공자뿐만 아니라 일반 독자들이 읽을 만한 새롭고도 재미있는 글을 써달라는 요청을 받았다. 그때 문득 유학 시절 흥미롭게 읽었던 그 책이 떠올랐고, 그 내용을 잘 요리하여 소개할 생각으로 집필을 승낙했다.

　　그러나 쉽게 생각한 일은 생각처럼 쉽지 않았다. 처음에는 번역을 해보았는데 필자가 읽어보아도 영 재미없는 글이었다. 이런저런 생각과 시도 끝에 나는 『학자 모험가들』에 들어 있는 사실을 기초로 하되 이야기를 처음부터 끝까지 완전히 나의 스타일로 재구성하기로 했다. 이렇게 만들어진 이야기들은 1981년 3월부터 1982년 12월까지 2년 동안 한때 한국에서 영어를 공부하는 사람치고 모르는 사람이 없던 유명한 잡지에 21회에 걸쳐 연재되는 영광을 누렸다. 이미 25년 전의 일이다. 그 뒤 필자는 이런저런 곳에서 그때 쓴 이야기들을 흥미진진하게 읽었다는 사람들을 심심찮게 만났다. 그 연재물이 혹시 책으로 출판되지 않았느냐고 묻는 사람도 더러 있었다.

　　그 이야기들이 이제 와서 새삼스레 이처럼 한 권의 책으로 세상에 나오게 되었으니 필자로서는 감개가 무량하지 않을 수 없다. 오래전부터 책으로 출판하고픈 욕심도 있었고, 왜 그렇게 하지 않느냐는 동료 교수나 독자들의 격려와 충고도 있었지만, 여러 이유로 실행에 옮기지 못한 채 시간이 흘렀다. 그중 가장 큰 것은 과연 이런 이야기가 한 권의 책으로 세상에 나올 만한 가치가 있을까 하는 의구심이었다.

지난 1년 동안 필자는 나이도 잊은 채 이 책을 위한 작업에 몰두했다. 노랗게 색이 바랜 잡지들을 다시 꺼내어 깨알만한 작은 글자들을 읽어야 했다. 미흡한 곳, 부정확한 기록, 적절하지 못한 표현을 고치고 보완하다 보니 보통 일이 아니었다. 처음 쓸 때보다 더 힘이 들었다. 집을 보수하느니 차라리 새로 짓는 것이 더 수월하다는 세간의 말이 이 일에도 들어맞았다. 그럼에도 내가 이 작업을 중도에 포기하지 않고 이처럼 끝마칠 수 있었던 것은 시간이 꽤나 흘렀음에도 하나하나의 이야기가 가져다주는 신선한 흥미와 변함없는 가치에 있었다. 이제는 독자들의 반응을 기다릴 차례다.

2007년 2월
이 창 국

2부 | 문학사의 미스터리

1부 | 원고 사냥꾼들

1장
흑단나무 장롱 속의 비밀

영문학을 공부하다 보면 순전히 남의 덕에 문학사에 이름을 남긴 인물을 마주하게 된다. 그 이름은 제임스 보즈웰James Boswell(1740~1795). 그 유명한 새뮤얼 존슨Samuel Johnson(1709~1784)의 전기인 『존슨의 생애Life of Johnson』를 쓴 사람이다. 오늘날에는 전기도 엄연한 문학의 장르이고 그것을 쓰는 사람도 어엿한 문인 또는 학자로 인정받고 있지만, 사실 이것은 영문학사에서는 비교적 최근의 일이고 엄격히 말해서 보즈웰 이후의 일이다.

문인을 비롯해 당대 유명 인사의 생애는 대개 당사자가 죽은 후 누군가가 기록하여 전하는 것이 통례다. 그러나 멀쩡히 살아 있는 사람에게 본인이 귀찮아하는 것을 뻔히 알면서도 끈질기게 달라붙어 (그것도 하루 이틀이아니고 무려 20여 년이나) 일거일동을 매일매일 자세히 관찰하여 일기 형식으로 기록해두었다가, 그 사람이 죽기 무섭게 두툼한 책으로 출판하여 자신의 이름을 세상에 알리고 후세에 전한 사람이 바로 보즈웰이다.

제임스 보즈웰의 초상

존슨으로 말할 것 같으면 18세기 영국이 낳은 시인, 수필가, 소설가, 학자, 비평가로서 한때 영국문단을 지배하다시피 한 거물이다. 존슨은 문인으로서의 높은 명성 못지않게 성격 또한 괴팍하기로 유명한 위인이었다. 이런 사람에게 스코틀랜드 오킨렉이라는 시골에서 갓 상경한 스물세 살의 청년이 접근하는 데는 많은 어려움이 있었다 (그때 존슨의 나이는 이미 쉰넷). 나중에는 나이에 상관없이 친구가 되어 함께 술도 마시고 문학에 관한 이야기도 나누고 여행도 함께 했지만, 처음 얼마 동안 보즈웰은 존슨으로부터 적잖은 수모를 당해야 했다. 그러나 그는 끈덕지게 참고 견뎠다.

그렇다면 보즈웰은 무엇 때문에 이런 수모를 자초했을까? 답은 간단하다. 세상의 모든 글 쓰는 사람들이 그러하듯 명성, 즉 이름을 얻기 위해서였다. 보즈웰은 부유한 귀족의 아들로 태어났다. 변호사로 사회생활을 시작한 그는 틈틈이 글도 쓰고 유명 인사들과 폭넓은 교우 관계를 맺었지만, 문인으로는 별다른 명성을 얻지 못했다. 그렇다고 완전한 무명도 아니었다. 그는 이름난 난봉꾼으로, 젊어서부터 주변에 술과 여자가 떠날 날이 없었다. 그런데 존슨이 죽은 지 7년 후인 1791년, 그러니까 보즈웰이 죽기 3년 전 『존슨의 생애』가 출판되었고, 책의 출판과 동시에 보즈웰은 그토록 갈망하던 큰 명성을 얻게 되었다. 그러나 누가 보아도 그 명성은 보즈웰 자신의 것이라기보다는 어디까지나 존슨의 것이었다. 보즈웰을 존슨이라는 말의 엉덩이에 붙어 다니는 쇠파리라고까지 비하하는 사람도 있었다.

보즈웰에 대한 좋지 않은 평가는 18세기가 지나 19세기로 넘어와서도 개선되거나 호전되기는커녕 오히려 더 악화되었다. 여기에 결정적인 공헌을 한 사람이 19세기 영국의 소설가, 역사가, 정치가로서 대단한 명성과 존경을 한 몸에 받았던 토머스 B. 매콜리Thomas B. Macaulay(1800~1859)였다. 보즈웰에게 무슨 억하심정이 있었는지 모르지만 그는 〈에든버러 리뷰Edinburgh Review〉라는 당대의 유력 잡지에 다음과 같은 글을 기고하여 보즈웰로서는 회복하기 어려운 결정타를 먹였다.

> 그는 세상에서 가장 비열하고 연약한 지성인이었다. 비굴하고 시건방지고 아는 것도 없으면서 아는 체하고, 고집불통에 술주정뱅이였으며, 가문에 대한 자만심에 한껏 부풀어 입만 열면 자기는 진짜 신사라고 떠벌렸지만 사실은 고자질이나 하기 좋아하고, 남의 이야기 엿듣는 데 이골이 난 사람이었다. 그야말로 런던 시내 싸구려 술집 어디서나 볼 수 있는 그런 상놈이었다.

> He was a man of the meanest and feeblest intellect, servile and impertinent, shallow and pedantic, a bigot and a sot, bloated with family pride, and eternally blustering about the dignity of a born gentleman, yet stooping to be a tale-bearer, an eaves-dropper, a common butt in the taverns of London.

인신공격이나 악평도 이 정도면 가히 예술의 경지에 올랐다 해도 크게 틀린 말은 아닐 것이다. 그러나 매콜리의 대중적 인기 때문에 보즈웰에 대한 그의 평가는 의심할 바 없는 사실로 사람들의 머릿속에 자리 잡게 되었다. 다시 말해 보즈웰이라는 사람은 명성을 얻기에 급급한 나머지 유명한 사람의 생애를 철저히 이용한 얌체 정도로 낙착되고 만 것이다. 그러니까 보즈웰이 쓴 『존슨의 생애』가 거둔 부정할 수 없는 문학적 성취와 문학사적 가치에도 불구하고 보즈웰에게 돌아온 것은 좋은 의미의 명성이 아니라 일종의 악명뿐이었다.

그런데 설상가상으로 보즈웰 자신도 『존슨의 생애』에서 스스로를 일컬어 천성이 "주제넘고" "쩨쩨하고" "허영심이 많으며" "의지가 약하고" "아첨하기 좋아하고" "우울증이 심하고" "미신을 믿으며" "쓸데없이 여자들에게 너무 친절하고" "캐묻기 좋아하고" "부끄러운 줄 모르는" 사람이라고 기록했으니 알다가도 모를 일이다. 이래저래 사람들은 보즈웰에 대해서는 그저 그런 사람 정도로 쉽게 단정하고 더 이상 의문이나 흥미를 갖지 않게 되었다.

그러나 『존슨의 생애』를 편견 없이 자세히 읽은 독자라면 누구나 인정하듯이, 보즈웰이 얻고자 했던 것은 후세에 영구히 남을 진정한 문학적 명성이었지 결코 값싼 명성이 아니었다. 다시 말해 존슨을 위대한 사람으로 추켜올리고 자기 자신은 일부러 어리석고 멍청한 사람으로 보이도록 만듦으로써 얻어지는 반사적이고 소극적인 명성이 아니라, 영국에서 『존슨의 생애』라는 책이 한 권도 남지 않고 사라진다 하더라도 제임스 보즈웰이란 이름은 스스로 영원히 살아남을 그런 불멸의 명성을 얻고자 했던 것이다. 그는 충분히 그런 명성을 누릴 만한 능력과 업적이 있는 사람이었다. 다만 그 '흑단나무 장롱'ebony cabinet이 사라져버린 것이 문제였다.

문제의 흑단나무 장롱이란 보즈웰이 죽을 때 후손들에게 잘 보관하라고 단단히 일러둔 흑단나무로 짠 장롱이었다. 보즈웰은 이 장롱에다 생전에

『존슨의 생애』 제3판, 1793년

자기에게 온 편지들은 물론, 수십 년에 걸쳐 자신의 생활과 사색을 기록한 일기를 보관했다. 그는 자신의 신상 고백과도 같은 기록을 모두 담고 있는 이 장롱의 중요성을 잘 인식하여 유언장에도 자세하게 보존과 사후 처리에 대한 지시를 남겼다. 우선 그는 절친했던 세 명의 친구들 — 템플 목사Rev. W. J. Temple, 포브스 경Sir W. Forbes, 에드먼드 말론Edmond Malone — 에게 이 검은 흑단나무 장롱에 보관된 서류들의 내용을 털어놓고, 자기가 죽은 뒤 알맞은 시기에 세상에 공개해주기를 단단히 부탁했다.

그런데 불행하게도 세 사람 가운데 가장 큰 책임을 질 만한 템플 목사가 그만 갑자기 세상을 떠나더니, 나머지 두 사람도 보즈웰의 아들이 성장하기를 기다리다가 이 장롱에 대해 아무런 지시도 남기지 않은 채 죽고 말았다. 그 뒤 보즈웰이 아닌 존슨에 관해 더 많은 것을 캐내려는 학자들이 그런 귀중한 원고가 들어 있는 흑단나무 장롱이 있다는 소문을 듣고는 끈질기게 접근을 시도하였으나 번번이 실패하고 말았다. 보즈웰 가문의 후손들은 더 이상 그 악명 높은 조상의 이야기가 세상에 알려지기를 원치 않았다. 그들은 찾아오는 사람들에게 흑단나무 장롱에 들어 있던 서류들은 이미 오래전에 모두 꺼내어 불살라버렸다고 말했다.

그 내용이 무엇이었는지는 알 수 없으나 보즈웰이 남긴 귀중한 자필 원고들이 모두 사라진 것은 분명했다. 존슨에 대해 더 많은 것을 알고자 하는 후세의 학자들에게 이 사실은 참으로 기막힌 일이었다. 사라진 원고들 속에는 틀림없이 보즈웰의 존슨 전기에는 들어 있지 않은, 다시 말해 전기를 쓰는 데 사용하지 않고 남겨놓은 보즈웰만이 알고 있는 새로운 사실들이 들어 있음이 분명했기 때문이었다. 또한 비록 소수였지만 보즈웰을 사랑하는 사람들에게는 더욱 안타까운 일이었다. 왜냐하면 거기에는 세간의 비난과 불명예에서 그를 구해줄 어떤 자료나 증거가 들어 있을 수도 있었기 때문이었다. 이래저래 보즈웰이라는 사람은 그저 귀족 가문에서 태어난 건달인데 어찌어찌하다가 재수 좋게 존슨이라는 대가를 만나 유명해진 사람 정도로 낙착될 수밖에 없었다.

그러나 알 수 없는 것이 사람의 운명. 그 운명에는 살아생전의 운명은 물론, 죽은 뒤의 운명도 포함된다. 완전히 끝난 것으로 되어버린 보즈웰에 대한 이야기가 다시 시작된 것은 장소가 바뀌어 영국이 아닌 프랑스, 때는 1850년, 그러니까 보즈웰이 죽은 후 55년이 지나서다. 불로뉴 쉬르 메르 Boulogne-sur-Mer라는 프랑스의 조그마한 마을에 당시 동인도회사에 근무하던 메이저 스톤Major Stone이라는 사람이 살았다. 이 사람이야말로 참으로 운명의 장난으로 영문학사에 이름을 남긴 극소수의 사람 가운데 하나다.

어느 날 스톤은 항상 그랬듯이 마을에 있는 식료품 가게에 들러 필요한 물건을 샀다. 집에 돌아와 물건을 정리하던 그의 시선은 우연히 물건을 싼 포장지에 머물렀고, 그는 곧 그것이 영어로 쓴 아주 오래된 편지의 일부임을 깨달았다. 호기심이 발동한 스톤은 그 포장지를 자세히 검토한 끝에 편지의 한구석에서 "제임스 보즈웰"이라는 서명을 발견했다. 스톤은 당시 문학과는 거리가 먼 직업에 종사하고 있었지만 평소 문학에 대한 지식과 관심이 많은 신사였고, 보즈웰이 누구인지 잘 알고 있었다. 그는 즉시 식료품 가게로 달려갔다. 천만다행으로 가게 카운터 위에는 같은 종류의 포장지 한 뭉치가 사용되지 않은 채 놓여 있었다. 가게 주인은 이 종이를 1년에 한두 차례 들르는 행상으로부터 구입하였노라고 말했다. 스톤은 주인과 교섭한 끝에 약간의 돈을 지불하고 이 포장지를 몽땅 구입하는 데 성공했다. 그 편지들은 보즈웰이 살아 있을 적 절친한 친구였고 사후 그가 남긴 미발표 유고의 처리를 부탁받은 세 사람 가운데 하나인 템플 목사에게 보낸 편지들로 판명되었다.

이제부터 스톤이 할 일은 어떻게 이 편지들이 바다를 건너 이 마을 식료품 가게까지 흘러와 포장지로 둔갑했는가를 밝혀내는 것이었다. 그것도 55년이란 세월이 흐른 뒤에. 스톤은 이 모든 수수께끼를 하나하나 모두 풀었다. 템플 목사에게는 앤Anne이란 딸이 하나 있었는데, 그녀는 찰스 파울렛 Charles Powlett이란 목사와 결혼했다. 그런데 이 부부는 무슨 이유인지는 확실치 않으나 결혼 뒤 영국에서 살지 않고 1825년, 그러니까 보즈웰이 죽은 지 30년 뒤 프랑스로 건너와 불로뉴 마을에서 몇 마일 떨어진 곳에 정착했다. 여기까지는 아주 확실했다.

그 다음은 두 가지 경우를 가정할 수 있는데, 파울렛 부부와 그들의 자

녀가 모두 사망한 경우와, 이들의 후손들이 집안을 대청소하다가 아무짝에
도 쓸모없어 보이는 오래된 종이 뭉치를 발견하게 된 경우다. 종이가 귀했
던 당시만 해도 종이는 돈이나 다름없었다. 이것을 마침 그곳을 지나던 한
행상이 헐값에 사서 불로뉴에 있는 식료품 가게에 다시 팔았던 것이다.

이렇게 해서 다시 나타난 보즈웰의 서간문들은 1856년, 그가 죽은 지 61
년 만에 한 권의 서간집으로 출판되었고, 사람들은 이 책을 통해 이전까지
알려지지 않았던 새로운 사실들을 접하게 되었다.

그런데 문제는 보즈웰에 대한 독자들의 반응이었다. 우선 이 책에 실린
보즈웰의 편지 외에도 많은 양의 편지가 사라져버렸다는 사실을 애석해하
는 사람은 아무도 없었다. 더욱 안타까운 일은 발견된 편지들을 출판하기
전에 그의 평판을 악화시킬 만한 부분이나 표현을 상당 부분 삭제했음에도
불구하고, 보즈웰에 대한 매콜리의 평가가 과히 그릇되지 않았음이 다시 증
명되고 확인되는 결과가 된 것이었다. 보즈웰은 역시 안심하고 저녁식사 초
대자 명단에 포함시킬 만한 신사는 아니었다. 편지를 통해 드러난 그의 취
미나 욕망, 그리고 구사하는 언어는 점잔빼기로 유명한 19세기 영국 빅토리
아시대의 보수적인 도덕 기준으로는 용납되지 않는 부분이 너무 많았다. 어
쨌든 하마터면 과자 봉지나 푸줏간 고기 싸는 데 쓰여 없어질 뻔한 보즈웰
의 편지가 기적적으로 다시 살아나 세상에 나왔지만 보즈웰에 대한 나쁜 평
판은 여전했다.

보즈웰의 고향인 스코틀랜드 오킨렉에 살고 있던 그의 후손들은 불명
예스러운 조상에 대한 혐오감이 정말 대단했던 모양이다. 보즈웰의 서간집
이 나오고도 20년이나 지난 뒤 조지 힐George B. Hill이라는 유명한 존슨 학자가
보즈웰의 『존슨의 생애』에 새로운 비평문을 붙여 출판할 계획으로 보즈웰

의 후손들이 사는 집을 일일이 방문하여 새로운 정보를 얻어보려 했다. 그러나 그의 입에서 보즈웰이라는 이름이 나오자마자 모두 문을 닫아버렸다고 한다.

1905년 오킨렉에 살고 있던 보즈웰 가의 마지막 후손이 죽었을 때 그 소식을 들은 사람은 별로 없었고, 관심을 보인 사람도 없었다. 이제 보즈웰 가의 재산이나 유물은 스코틀랜드를 떠나 아일랜드 더블린으로 옮겨졌다. 더블린에는 보즈웰 가의 후손으로서 보즈웰의 증증손자인 탤보트 경Lord Talbot de Malahide이 살고 있었다. 옮겨진 이 유물들 속에 문제의 '흑단나무 장롱'도 포함되어 있었는지는 아무도 알 수 없었다.

그 뒤 또 17년이 흘렀다. 이제 무대는 영국에서 미국으로 바뀐다. 미국 예일 대학교 영문학과의 천시 팅커Chauncey B. Tinker 교수는 『젊은 보즈웰Young Boswell』(1922)이란 보즈웰 전기를 발표했다. 이 저서로 팅커 교수는 보즈웰을 존슨의 꼭두각시가 아닌 독립된 문인으로, 그것도 연구해볼 만한 문인으로 연구하는 첫 번째 발걸음을 내디뎠다. 보즈웰에 대한 매콜리의 평가가 잘못되었을 수도 있다고 생각한 그는 혐오감이 아닌 이해하려는 마음으로 보즈웰을 연구하기 시작했다.

팅커 교수는 우선 뉴욕 피어폰트 모건 도서관Pierpont Morgan Library에 소장된 보즈웰에 관한 자료를 뒤적이다가 우연히 말론(보즈웰이 주기 전에 흑단나무 장롱에 든 일기와 서간문들의 처리를 부탁했던 세 사람 가운데 하나)이 보즈웰의 딸에게 보낸 편지를 발견했다. 그 편지에는 흑단나무 장롱에 들어 있는 엄청난 분량의 친필 원고에 대한 언급이 있었다. 편지가 쓰인 시기는 1809년, 장롱 속의 원고들이 모두 불타 없어져버렸다는 소문은 훨씬 이전부터 떠돌고 있었다. 그렇다면 그 소문은 보즈웰이 죽은 뒤 귀찮은 학

말라하이드 성

자들을 따돌리기 위해 후손들이 유포한 헛소문이었단 말인가? 이 의문이 단서가 되었다.

팅커 교수는 아일랜드 신문에 '흑단나무 장롱'에 관한 정보를 구한다는 광고를 냈다. 그에게 들어온 정보 가운데는 현재 더블린 말라하이드 성 Malahide Castle에 살고 있는 제임스 보즈웰의 증증손자인 탤보트 경을 찾아가 보라는 익명의 편지가 있었다. 팅커 교수는 정성스러운 내용의 편지를 탤보트 경에게 보내 의문에 묻혀버린 흑단나무 장롱의 존재 여부를 물었다. 그러나 탤보트 경으로부터 온 회답은 긍정도 부정도 아닌 지극히 애매모호한 것이었다.

그런데 당시 영국 문단에서는 흥미로운 소문이 떠돌았다. 누군가가 말라하이드 성을 직접 방문하여 문제의 '흑단나무 장롱'을 두 눈으로 똑똑히 확인했을 뿐만 아니라, 그 안에 엄청난 분량의 서류가 들어 있는 것도 보았다는 것이다. 이 소문은 우연히도 팅커 교수 제자의 귀에 들어갔고, 그는 즉시 이 소식을 스승에게 알려주었다. 팅커 교수는 직접 말라하이드 성을 방문하기로 마음먹었다.

1925년 여름 말라하이드 성에 도착한 팅커 교수는 탤보트 경에게 자신을 소개한 후 용건을 말하고 협조를 구했다. 말라하이드 성은 당시 아일랜드에 존재하는 고성 중에 사람이 거주하는 성으로서는 가장 오래된 성이었다. 탤보트 경은 가문의 유물을 보관하는 곳으로 팅커 교수를 안내한 다음, 자신이 실제로 보즈웰의 원고를 다량 소유하고 있다고 솔직하게 털어놓았다. 그러고는 마침내 팅커 교수에게 이제까지 전설에 묻혀 있던 '흑단나무 장롱'을 보여주었다.

바로 그 물건이었다. 순간 팅커 교수는 전설의 성배Holy Grail라도 목격한 듯 가슴이 뛰었다. 흑단나무 장롱 속에는 이미 오래전에 불타 없어진 것으로 되어 있는 보즈웰의 자필 원고가 고스란히 보관되어 있었다. 보즈웰의 원고가 모두 불타 없어졌다는 소문이 거짓일 수도 있다는 팅커 교수의 추측은 정확하게 들어맞았다. 팅커 교수는 흑단나무 장롱에 보즈웰의 원고가 그대로 남아 있다는 사실에도 감격했지만, 원고의 분량이 상상을 초월할 만큼 엄청나다는 사실에 다시 한 번 놀랐다. 팅커 교수는 이 귀중한 자료의 정리와 연구를 위해 원고 공개를 허락해달라고 탤보트 경을 설득해보았지만 실패했다. 팅커 교수는 참으로 진귀한 자료를 발견하고 대단히 흥분했지만 다음 학기 강의 때문에 빈손으로 돌아가야만 했다.

이번에는 뉴욕의 부호 랠프 이샴Ralph H. Isham 대령이 등장한다. 이샴 대령은 퇴역 장교로서 예술품 애호가였다. 그는 팅커 교수의 이야기를 듣고는 말라하이드 성의 보물을 손에 넣기로 결심한다. 문학에 대한 정열과 돈으로 무장한 이샴 대령은 1926년 7월 말라하이드 성을 방문하여 탤보트 경을 만났다. 귀국길에 그는 방문 기념으로 받은 편지 한 통과, 잘만 교섭하면 탤보트 경이 장롱 안의 보물들을 팔아치울 사람이라는 심증을 가지고 돌아왔다. 그가 기념으로 받은 편지는 존슨과 함께 당대 영국 문단을 주름잡았던 시인, 소설가, 수필가이자 극작가인 올리버 골드스미스Oliver Goldsmith(1728~1774)가 보즈웰에게 보낸 것이었다. 이 편지 한 장만으로도 흑단나무 장롱에 들어 있는 원고의 가치는 증명되고도 남았다. 그것은 또한 보즈웰의 위상을 격상시키기에 충분한 편지이기도 했다. 교섭은 1년 반 정도 걸렸다. 마침내 이샴 대령이 두 번째로 말라하이드 성을 방문하고 돌아올 때는 흑단나무 장롱 안의 원고 대부분이 이샴 대령의 짐과 함께 미국으로 건너왔다. 나머지 원고들도 8개월 이내에 속속 뉴욕에 도착했다.

흑단나무 장롱에서 나온 원고의 분량은 학자들이 추측한 양을 훨씬 넘어섰다. 이 한 가지만으로도 그가 생전에 얼마나 부지런한 문인이었는가를 충분히 알 수 있었다. 이샴 대령이 가져온 원고를 처음 정리하던 한 영문학 교수는 한껏 흥분하여 이 정도 분량이면 잘 숙련된 영문학자 50명이 달라붙어 부지런히 정리해도 50년은 족히 걸릴 것이라고 실토할 정도였다. 놀랍게도 보즈웰은 생전에 자기가 받은 편지는 물론, 보낸 편지의 사본도 일일이 만들어 보관하는 수고를 마다하지 않았다. 이것은 그가 후세의 평가에 얼마나 연연했는가를 보여주는 증거이기도 하다.

이 편지들도 학자들에게는 더할 수 없이 귀중한 자료였지만, 더 귀중한 것은 보즈웰이 무려 33년에 걸쳐 거의 하루도 거르지 않고 상세하게 기록한 일기였다. 이 일기에는 자기가 죽자고 따라다닌 존슨을 비롯하여 당시 그가 교류한 문인들에 대해 상세하게 기술되어 있을 뿐만 아니라, 보즈웰 자신의 복잡한 심리 갈등과 욕망, 고민에 대한 지나치다 싶을 정도로 솔직한 고백이 담겨 있었다. 그것은 일종의 참회록으로서 깊이나 규모에서 성 아우구스티누스St. Augustine(354~430)나 장 자크 루소Jean Jacques Rousseau(1712~1778)의 참회록을 능가했다. 그가 남긴 일기를 읽어보면, 보즈웰은 18세기 영국 문인 중에 유례가 없다고 할 정도로 복잡한 성격의 소유자로서, 우연히 또는 운 좋게 존슨과 같은 문단의 거물을 만나 그 사람에게 의지하거나 그 사람 덕분에 유명해지기를 바란 그렇고 그런 작은 인물이 결코 아니었음을 확신하게 된다. 오히려 그는 존슨보다 한층 개성이 뚜렷하고 복잡한 성격의 문인으로서, 문장력이나 남긴 업적에서 당대 그 어떤 문인에 뒤지지 않는 사람이었다.

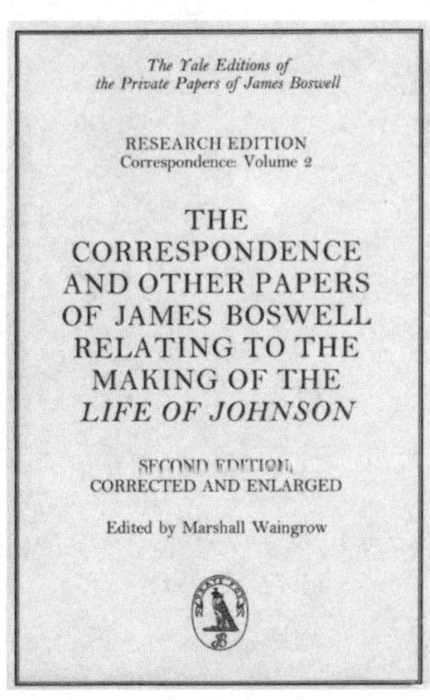

예일 대학교에서 출판한 『보즈웰의 개인 문서』 제2권

이런 우여곡절 끝에 세상에 나온 보즈웰의 원고들은 1928년부터 1934년까지 6년에 걸쳐 화려한 장정의 전체 열여덟 권짜리 총서로 출판됨으로써 일단락되었다. 보즈웰이 그토록 갈망했던 명성은 마침내 그가 죽은 지 약 130년이 지나 엉뚱한 사람들에 의해 얻어진 셈이다.

끝으로, 이샴 대령이 사들인 보즈웰의 원고들은 세월이 흐름에 따라 조금씩 훼손되었을 뿐만 아니라 학자들이 접근하기 어렵다는 문제점이 있었다. 해결책은 미국식으로, 결국 돈이었다. 석유 재벌 앤드루 멜론Andrew W. Mellon(1855~1937)의

아들인 폴 멜론Paul W. Mellon이 설립한 '올드 도미니온 문화재단'은 맥그로우 출판사와 제휴하여 엄청난 액수를 지불하고 이샵 대령으로부터 이 원고들을 사들여 1949년 예일 대학교에 기증하였고, 현재 예일 대학교 도서관에 소장되어 있다.

2장
『베어울프』의 기구한 운명

영문학사에서 가장 오래된 위대한 서사시인 『베어울프Beowulf』는 대학에서 영문학을 전공한 사람들에게는 그리 낯선 이름이 아니다. 그러나 이 서사시가 적혀 있는 현존하는 단 한 벌의 수고(손으로 쓴 원고)가 지구상에서 없어지지 않고 지금까지 보존되어 있다는 사실을 아는 이는 그리 많지 않을 것이다. 이 원고가 그 오랜 세월 동안 겪어야 했던 수난은 작품의 주인공인 베어울프가 겪은 시련만큼이나 기구하고 파란만장했다.

『베어울프』가 적힌 양피지 원고는 현재 대영박물관 도서관에 부관되어 있는데, 세월이 무려 1000년 이상이나 지났으니 그 상태가 온전하지 않으리라는 것은 쉽게 짐작할 수 있다. 아닌 게 아니라 각 장의 가장자리는 불에 타 새까맣게 그을렸고, 대부분은 가루가 되어 닳아 없어져 서사시 한 줄 한 줄의 맨 마지막은 이미 사라진 지 오래고 남아 있는 것들도 거의 판독할 수 없는 상태다. 100년도 아니고 자그마치 1000년이라는 세월이 지났으니 당연

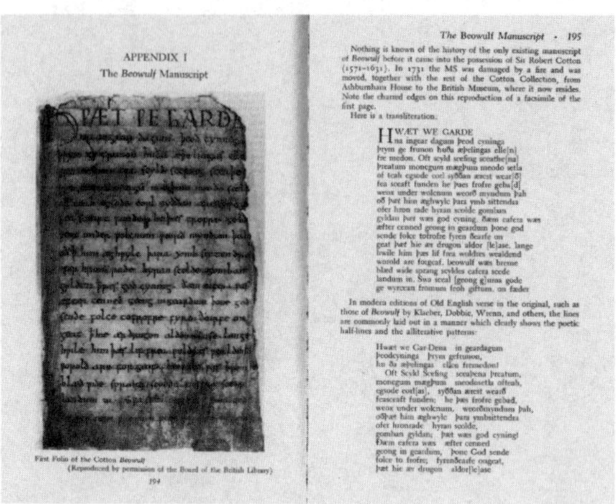

「베어울프」 원고의 첫 번째 페이지

한 일이라고 하겠으나, 어찌하여 숯처럼 새까맣게 타버렸을까? 혹시라도 이 원고가 불속에라도 들어갔다 나온 것일까?

그렇다. 영문학사에서 현존하는 원고 가운데 가장 오래된 것이며, 아마도 가장 귀중한 가치를 지닌 것으로 간주될 이 원고가 언제, 어떻게, 누구에 의해 쓰여졌으며, 어떤 경로로 세상에 나타나게 되었는가에 대해 자신 있게 말할 수 있는 사람은 없다. 다만 작품 내용을 가지고 추측할 수 있는 것은 이 원고가 최초로 생겨난 것은 영국이 아직 야만 상태였고 부족들 사이에 전쟁이 끊이지 않았던 시기, 기독교가 아직은 몇몇 수도원을 중심으로 간신히 명맥을 유지하던 400년경, 소위 앵글로색슨Anglo-Saxon 시대일 것이라는 정도다. 그 뒤 약 600년이 지난 10세기경 한 수도사가 이미 누군가가 기록한 『베어울프』 원고를 놓고 새로 한 벌의 『베어울프』를 베껴 만든 것이 바로 지금 대영박물관에 보관되어 있는 원고인 것이다. 이 수도사의 이름은 알 길이 없고, 그가 베낀 원본의 행방 또한 알 길이 없다. 이 수도사가 구전하는 베어울프 이야기를 처음으로 기록한 실질적인 저자일 것이라는 주장도 있지만 그저 하나의 가정일 뿐이다.

이처럼 10세기, 지금으로부터 대략 1000년 전에 양피지에 기록된 『베어울프』 원고가 실제 독자들 앞에 그 모습을 드러낸 것은 약 600년 뒤인 16세기 중엽의 일이다. 이 원고의 최초 소유자로 역사에 기록된 사람은 로렌스 노웰Laurence Nowell로서, 당시 영국 리치필드 지방의 딘(Dean, 우리나라 군수 정도의 직위에 해당한다)이자 골동품 수집에 남다른 정열을 가진 사람이었다.

그런데 노웰이 소장했던 『베어울프』가 소리 없이 사라졌다가 약 한 세기가 지나 다시 세상에 나타났을 때에는 로버트 코튼 경Sir Robert Cotton(1571~1631)으로 소유주가 바뀌었다. 코튼 경으로 말할 것 같으면 대문호 윌리엄 셰익스피어William Shakespeare(1564~1616)와 동시대에 살았던 귀족으로, 역시 고문헌 수집에 골몰했던 사람이다. 당시 코튼 경의 서재는 앵글로 색슨시대와 관련된 문학 및 역사 문헌을 가장 많이 소장한 일종의 개인 도서관이었다. 코튼 경이 사망한 다음에는 그의 아들이, 아들이 죽은 다음에는 손자가 그 소장품들을 계속 늘려나갔으니 명실 공히 영국은 물론 전 세계를 통틀어 이 분야의 문헌을 가장 많이 소장한 보물 창고라 할 만 했다. 이 서재를 코튼 하우스Cotton House라 부른다.

코튼 경은 생전에 각종 귀한 원고들을 가죽으로 튼튼하게 장정하여 종류별로 열네 개의 서가에 보관하고, 각 서가 위에는 로마 황제 열두 명의 흉상을 하나씩 올려놓아 그 밑에 보관된 원고를 쉽게 찾을 수 있도록 했다. 그런데 서가는 열넷이고 로마 황제의 흉상은 열둘뿐이었으므로 할 수 없이 클레오파트라(기원전 69~30)와 철학자 황제로 알려진 마르쿠스 아우렐리우스(121~180)의 아내인 파우스티나(125~175) 비의 상을 만들어 나머지 둘을 채웠다. 코튼 경의 분류 방식을 따르면 『베어울프』 원고의 위치는 "Vitellius A. xv"로 분류되는데, 이것은 비텔리우스Vitellius 황제 흉상이 있는 서가의 맨 위층 선반(A), 열다섯 번째(xv) 자리에 놓여 있다는 뜻이다. 현재 단 하나밖에 없는 『베어울프』 원고는 대영박물관 도서관 유리 상자 속에서 엄중한 보호와 감시를 받고 있는데, 직접 본 사람들은 이 원고에 아직도 같은 분류 번호가 붙어 있다는 사실에 놀랄 것이다. 놀랄 것도 없다. 이 도서관 이름이 아예 대영박물관 코튼 도서관British Museum Cotton Library이니까. 여기에는 사연이 있다.

코튼 경이 사망하고 아들 대를 거쳐 손자 대에 이른 1700년, 코튼 가에서는 자료를 좀 더 효율적으로 관리하고 더 많은 사람들이 사용할 수 있도록 한다는 뜻에서 소장품을 전부 정부에 헌납하기로 결정했다. 이 뜻을 기리기 위해 영국 정부는 (훨씬 뒤의 일이지만) 대영박물관 도서관 안에 따로 코튼 도서관이란 명칭으로 별실을 만든다.

이처럼 1700년부터 코튼 경의 개인 저택인 코튼 하우스와 여기에 소장된 고문헌과 원고들은 공식적으로 국가의 소유가 되어 일종의 공공 도서관이 되었지만, 실제로는 옛날과 다름없이 코튼 경의 집 서재에 그대로 보관되어 있었다. 그런데 이 서재가 수많은 자료를 수용하기에는 너무 비좁을 뿐만 아니라 습기가 많아 보관된 고문서들이 오래 견디기 어려우며, 무엇보다도 화재의 위험성이 높다는 도서관 직원들의 의견을 받아들여 1729년 유서 깊은 코튼 가의 모든 소장품들은 웨스트민스터 시 한구석에 있는 애시번햄 하우스Ashburnham House로 옮겨진다. 평소 사물의 이름에 미신적일 만큼 큰 의미를 무여하는 필자가 이런 일을 맡은 책임자 위치에 있었다면, 결코 이런 불길한 곳으로 이사하는 데 동의하지 않았을 것이다. 아무려면 "목화 집"Cotton House이 좋지 "햄을 태워 재로 만든 집"Ash-burn-ham House이 좋단 말인가? 자고로 동서양을 막론하고 사람이나 사물의 이름은 중요한 것이다.

소장품들을 코튼 경의 개인 저택에서 애시번햄 하우스로 옮긴 지 2년이 지난 어느 날, 정확히 1731년 10월 23일 새벽, 웨스트민스터 시민들은 때 아닌 화재 경보에 놀라 잠이 깼다. 불은 바로 애시번햄 하우스에서 발생했다. 제일 먼저 화재 현장에 달려간 사람은 그 귀한 열네 개의 서가가 있는 방에서 불길이 솟고 있는 것을 발견했다. 자고로 불이 나면 불을 끄려는 사람보다 구경꾼들이 더 많이 모이는 법, 더구나 일반 사람들의 눈에 이 집에 보관된 낡아빠진 종이 뭉치들이 그리 대단한 물건으로 보일 리 없었으니, 구태여 불길 속으로 목숨 걸고 뛰어들 사람은 아무도 없었다. 그러나 이 불길 속으로 미친 듯이 뛰어드는 사람들도 몇몇 있었으니, 다름 아닌 코튼 도서관 소장품 관리를 위임받은 도서관 이사들과 직원들이었다.

이들은 생명의 위험을 무릅쓰고 불길에 휩싸인 애시번햄 하우스의 문을 부수고 들어가 우선 열네 개의 서가에 진열된 원고들부터 닥치는 대로 창문 밖으로 내던졌다. 이 화재 덕분에 영문학사에 이름을 남긴 사람이 있었으니, 바로 리처드 벤틀리Richard Bentley, 코튼 도서관 수석사서이자 당대 제일의 고전학자였다. 이 사람이 불타는 애시번햄 하우스에서 귀중한 문헌을 하나라도 더 건지려고 동분서주하는 모습을 역사는 이렇게 기록했다.

그는 한 팔로 거대한 책을 한 권 껴안고, 머리 위로는 가발을 바람에 휘날리면서, 잠옷 차림 그대로 화염에 싸인 집 안을 미친 듯이 이리 뛰고 저리 달렸다.

He raced the flaming house to and fro in the dressing gown, a flowing wig on his head, and a huge volume under his arm.

리처드 벤틀리의 초상

이때쯤 해서는 사람들도 사태의 심각성을 인식했던지, 물통도 나르고 펌프질에 가세하는 등 진화 작업에 적극 동참했다.

벤틀리는 이 불길에서 먼저 구해야 할 것이 어떤 것인지를 누구보다 잘 알고 있었다. 벤틀리의 지시가 없었다면 그때까지 세상에 단 한 벌만 존재했던 많은 문헌들이 모두 새까만 재로 변했을 것이고, 영문학은 물론 세계문학에서도 우리가 알고 있는 『베어울프』는 영영 자취를 감추었을 것이다. 벤틀리가 불 속에서 『베어울프』를 손수 들고 나왔다는 기록은 없으나, 그가 구해낸 원고 중에는 알렉산드리아에서 발견한 것으로 알려진 성경의 필사본도 있었으며, 현재 대영박물관 도서관에 보관되어 있다.

이 화재로 입은 손실은 참으로 막대했다. 코튼 도서관에 소장되어 있던 총 958건의 원고 가운데 약 100여 건의 원고가 소실되었다. 소실된 원고들은 세상에 단 한 벌밖에 없었던 것이기에(지금처럼 복사본이 없이) 도저히 그 손실을 메울 길이 없었다. 구해낸 것들의 절반도 불에 타고 물에 젖어 못쓰게 되었다. 물과 불을 피해 나온 나머지 것들도 온전할 리 없었다. 일부는 당시의 기술을 최대한 동원하여 얼마간 복원하였으나, 나머지 원고들을 다시 수선하고 정리하는 데 약 한 세기가 걸렸다. 그런데 불행 중 다행으로 비교적 피해를 덜 입은 원고들 가운데 『베어울프』가 있었다. 비교적 일찍 창밖으로 내던져서인지, 아니면 벤틀리의 각별한 관심 덕분인지는 밝혀지지 않았지만 『베어울프』는 가장자리가 불길에 약간 그을리는 피해만 입었다.

이 화재 뒤 코튼 경이 평생 수집한 귀중한 문헌과 원고들은 결국 대영박물관 도서관에 마련된 별실로 옮겨져 지금까지 내려오고 있다. 화재를 면한 다른 소장품들도 마찬가지였지만 『베어울프』 또한 그대로 둘 수 없는 상태였다. 우선 1000년이나 된 양피지는 건드리기만 해도 부서질 정도로 말라 있었는데, 한 번 불에 들어갔다 나왔으니 더 말할 것도 없었다. 원고가 완파되는 것을 방지할 신통한 방법이 없었다. 건드리지 않고 그저 정중히 모셔두는 수밖에.

벤틀리 다음으로 『베어울프』 원고와 인연을 맺어 그 이름이 문학사에 남은 사람은 그리무르 토르켈린Grimur J. Thorkelin이라는 덴마크인이다. 이 사람은 덴마크의 고대사를 연구하던 학자였는데, 고대 유럽의 전설과 역사에 관한 문헌이 대영박물관 도서실에 많이 있다는 사실을 알고 1786년 영국으로 건너와 런던에 체류했다. 토르켈린은 도서관 당국의 특별한 배려로 『베어울프』 원고에 접근할 수 있었다. 그때까지만 해도(지금은 어림도 없는 일이지만) 아주 특별한 경우에 한해 『베어울프』의 열람을 허가했던 것이다. 토르켈린은 이 서사시에 매혹되어 몽땅 베껴 적기 시작했고, 마침내 힘들고 지루한 작업을 끝마쳤다. 그러니까 이제 세상에 『베어울프』 원고가 하나 더 생긴 셈이었다. 토르켈린은 자기가 만든 또 한 벌의 『베어울프』에 안심이 되지 않았던지 직업 필경사를 고용하여 필사본을 하나 더 만들어(이제 『베어울프』는 모두 세 벌이 되었다) 코펜하겐으로 돌아갔다. 본국으로 돌아가 충분한 시간을 두고 연구를 할 심산이었다.

그런데 1807년 나폴레옹이 덴마크를 침공하여 두 나라 사이에 전쟁이 벌어졌다. 나폴레옹은 히틀러가 제2차 세계대전 때 런던을 폭격한 것처럼 덴마크의 수도 코펜하겐에 무차별 포격을 퍼부었다. 당시 토르켈린은 『베어울프』를 수백 권 인쇄할 준비를 마친 상황이었다. 나폴레옹 군대는 코펜하겐에 막심한 피해를 입혔고, 그 와중에 토르켈린의 집이 날아갔으며 동시에 심혈을 기울여 준비한 『베어울프』의 조판도 날아가버리고 말았다. 더욱 기막힌 일은 런던에서 손수 베껴 쓴 『베어울프』의 원고도 없어졌다는 사실이다. 그러나 토르켈린은 준비성이 남다른 사람이었다. 천에 하나 만에 하나 이런 경우를 대비하여 필경사를 고용해 만든 제3의 원고를 다른 곳에 보관했던 것이다. 전쟁이 끝나자마자 토르켈린은 제3의 『베어울프』를 가지고 처음부터 다시 작업을 시작하여 마침내 1815년 세계 최초로 『베어울프』 인쇄본을 세상에 내놓게 된다. 이처럼 영문학사에서 가장 오래된 서사시의 인쇄는 역설적이게도 영국이 아닌 덴마크에서, 영국 학자가 아닌 아이슬란드 출생의 덴마크 학자가 이루게 된다. 학문 연구에는 이처럼 국경이 없는 것이다.

어쨌든 영국 입장에서 보면 이것은 좀 부끄러운 일이 아닐 수 없었다. 한국의 고대사를 일본 사람들이 먼저 연구한 것과 비슷한 경우가 아니겠는가? 뒤늦게나마 영국은 부랴부랴 『베어울프』의 인쇄본 제작을 서두르게 되었고, 덴마크보다 68년 늦은 1883년 마침내 존 켐블John M. Kemble에 의해 첫 번째 영국판본이 만들어졌다.

『베어울프』의 연구에서 덴마크 학자 토르켈린의 업적은 참으로 타의 추종을 불허하는 것이었다. 1786년 런던에 건너와 최초로 『베어울프』의 원고를 앞에 놓고 그것을 한 글자 한 글자 충실하게 베낀 그의 노력과 정성 그리고 정확성은 그야말로 학자의 귀감이었다. 그렇지 않아도 많이 부식된 『베어울프』의 양피지 원고는 1786년 토르켈린이 한 번 베낀 뒤로는 아무도 손대거나 건드리지 않은 채로 선반 위에 놓여 있었는데, 약 100년의 세월이

토르켈린이 베껴 쓴 『베어울프』 원고

흐른 뒤 영국의 학자들이 이 원고에 달려들었을 때에는 상태가 더욱 악화되어 많은 부분이 도저히 식별할 수 없는 상태로 변해버렸던 것이다. 이들은 할 수 없이 (자존심 구기는 일이었지만) 덴마크 학자 토르켈린이 이미 60여 년 전에 찍어낸 인쇄본에 의존해 마멸되어 사라진 부분을 채워 넣어야 했다.

『베어울프』의 문학적 역사적 가치가 점점 더 높이 평가되고 학자들의 관심도 커지자 대영박물관 당국도 『베어울프』의 원고 상태에 관심을 기울이지 않고는 못 견디게 되었다. 다행스러운 일은 그간 이런 고문헌을 보관하고 보존하는 데 필요한 기술이 비약적으로 발전했다는 사실이었다. 선반 위에 고이고이 모셔놓았던 『베어울프』 원고는 한 장 한 장 세심한 주의와 정성으로 수선 보완되었으며, 너덜너덜하게 찢기고 얇아진 부분은 거즈(성기고 얇은 천) 등을 이용해 기술적으로 다시 붙여졌다.

이제 『베어울프』의 기구한 운명을 다시 생각하면서, 양피지 상태로 지금까지 명맥을 유지하는 데 공헌한 많은 사람들에게 감사의 마음을 느끼지 않을 수 없다. 그러나 지금까지 소개한 몇몇 에피소드는 그야말로 빙산의 일각에 지나지 않음을 알아야 한다. 『베어울프』에 얽혀 있을 것으로 추정되는 진짜 모험담은 아직 알려지지 않고 있으니 말이다. 우선 우리는 이 사연

많은 서사시의 저자가 과연 누구이고 어떤 사람이었는지 전혀 알지 못한다. 10세기경 한 수도사가 최초로 양피지에 적은 뒤 감쪽같이 사라졌다가 16세기 중엽 영국의 고문헌 수집가인 노웰의 손에 들어오기까지 600여 년 동안 과연 이 원고는 물에 빠지지도 불에 타지도 않은 채 누구의 손에서 무엇을 하고 있었단 말인가? 그동안 애시번햄 화재와 같은 위험에서 간신히 살아남은 경우는 또 얼마나 많았을까?

이 모든 의문에 대해 우리는 여전히 아무것도 알지 못하며, 갖은 풍파와 풍상을 겪은 『베어울프』도 입을 꾹 다문 채 말이 없다. 내가 겪은 고난을 그 누가 알겠냐는 듯이.

3장
닫힌 서랍부터 열어보라

　문학 연구 종사자들이 가장 큰 흥미와 보람을 느끼는 순간은 아무래도 숨어 있던 어떤 문인의 문헌이나 원고를 자기 손으로 처음 찾아낼 때이리라. 몇 년 전 작고한 국문학자 진동혁 교수(단국대)가 생전에 시내 고서적 상점을 뒤지다가 우연히 조선 후기 문인 이세보李世輔(1832~1895)가 편찬한 시조집을 국내 최초로 발견한 일이 신문에 크게 보도된 적이 있었다. 수록된 시조가 445수라니 단일 시조집으로는 그 양에서 단연 으뜸이다.

　그까짓 시조집 한 권 찾아낸 것이 뭐 그리 대단한 일이라고 소란을 떠느냐고 누군가 따진다면 할 말은 없다. 국가의 안위와 경제, 정치발전에는 이런 시조집 하나쯤 있어도 그만이고 없어도 그만이다. 하지만 진 교수나 이런 것에 관심 있는 국문학도들에게 이것이 세상 무엇 못지않게 중요하고 흥미로우며 신나는 일인 걸 어찌하랴! 케케묵은 종이 위에 별로 선명하지도 않은 글씨로 무언가 적어 놓은 종이 뭉치, 그 가치를 알 길 없는 사람이 고서점에 아주 헐값으로 넘겼을 것이다. 이 시조집이 다른 헌책들 틈에 끼어 있는 동안 얼마나 많은 국문학자들의 예리한 눈길과 손길이 아슬아슬하게 스쳐갔겠는가? 이것이 마침내 하필이면 진 교수의 눈에 띄어 햇빛을 보게 되었다는 사실은 참으로 기막힌 우연이요, 인연이라 아니할 수 없다.

그런데 문제가 있다. 이와 같이 새로운 원고나 문헌을 찾아내는 일은 우리의 지식에 보탬이 되는 동시에, 사실로 굳은 기존의 지식을 수정해야 하는 고통도 수반한다. 학생들이 시험공부를 하면서 새로운 시조 몇 수를 더 외어야 하는 경우도 생길 것이며, 대학 입학시험에서 1점이라도 더 얻기 위해 불철주야 공부하는 고3 학생이 "조선시대 문인으로서 가장 많은 시조가 실린 문집을 남긴 사람은 누구인가?"라는 문제에 자신 있게 "주옹 안민영周翁 安玟英(1816~?)"이라고 답하면 틀리는 것이다. 이전까지는 안민영이었지만 이제부터 정답은 이세보다. 안민영의 시조집에 실린 시조는 총 185수.

문학 연구에서 어떤 작가에 관한 전기적 사실이나 작품의 해석은 언제나 가변적이며 유동적이다. 우리는 해마다 위대한 작가의 작품이나 사생활, 성격 등에 대해 더 많이 배우게 된다. 게다가 새로운 사실이라도 발견되면 어제까지 진실로 믿었던 것을 수정하거나 부정하고, 포기해야 하는 운명에 처하게 된다. 이와 같은 일은 어찌 보면 문학뿐 아니라 모든 학문 연구에 해당하며, 동시에 학문의 매력이기도 하다.

문학 연구는 다른 학문과 마찬가지로 다양한 분야에서 다양한 방식으로 이루어진다. 학자들은 저마다 나름대로 문학 지식을 증대시키는 데 공헌한다. 그러나 이 분야에서 누구보다 활동적이고 모험적인 사람은 바로 '원고 사냥꾼들'이다. 어떤 작가가 남긴 숨어 있던 원고나, 작가와 관련한 감추어진 새로운 문헌을 찾아 나선 사람들 말이다. 구체적으로 말해 시인의 친필 원고나 일기, 친구들과 주고받은 편지 등은 물론, 가족이나 친구들이 남긴 회고록, 법적 문서나 유언장 등이 여기에 속한다.

원고 사냥꾼들은 한 작가가 남긴 발자국을 따라 때로는 수천, 수만 리를 여행해야 한다. 자고로 글 쓰는 사람들치고 한곳에 진득하니 붙어 있는 경우는 드물고, 대개는 떠돌아다니기 좋아하는 방랑자들이기 때문에 사태는 한층 더 어려워진다. 후손들이라도 한곳에 차분히 정착해 살아주면 좋으련만 혈통은 어쩔 수 없는 것인지 이들 또한 찾아가보면 모두 어디론가 흩어지고 없는 경우가 대부분이다. 그러나 이런 연구야말로 다른 어떤 종류의 학문 연구에서도 맛볼 수 없는 스릴과 서스펜스, 실망과 낭패, 그리고 자주는 아니겠지만 천신만고 끝에 찾아 나선 원고를 손에 넣었을 때의 환희(!)의 연속인 것이다.

윌리엄 워즈워스William Wordsworth(1770~1850)의 자전적 서사시인 「서시Prelude」는 시인이 서른다섯 살이던 1805년에 시작하여 그 다음해에 끝낸 작품이다. 그러나 이 시의 초고는 사라졌다가 워즈워스가 죽은 뒤 76년 만인 1926년에야 발견되었다. 자그마치 121년 동안이나 사람들의 시선을 피해 숨어 있었던 셈이다. 그때까지 사람들이 읽어온 「서시」는 워즈워스가 여든 살 되던 1850년에 발표한 것이다. 같은 시인, 같은 제목의 작품이지만 워즈워스가 최초로 작성한 원고와 그 뒤 45년 동안 시인이 고치고 또 고쳐 1850년에 출판한 원고를 비교 검토해보면 커다란 차이가 있다. 시인의 어휘 선택, 철학 사상 및 인생관의 변화까지도 엿볼 수 있는 것이다. 이런 식의 비교 연구는 워즈워스의 시를 연구하는 데 획기적인 일이며, 어느 학자가 끈질긴 노력으로 1926년에 그 초고를 찾아내지 못했다면 불가능한 일이기도 하다.

문학 연구와 관련한 서류를 찾아나선 학자들의 목적은 여러 가지가 있

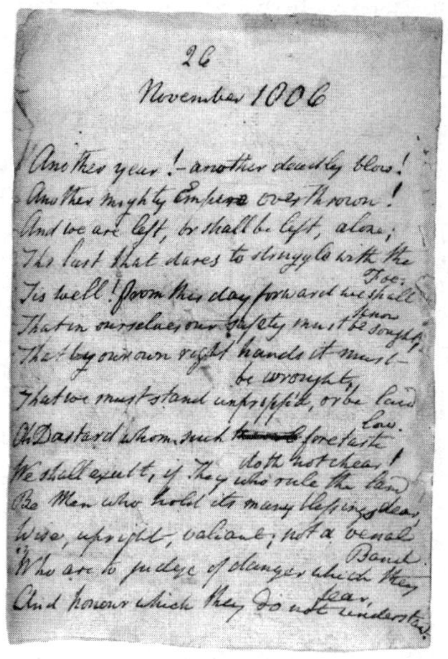

윌리엄 워즈워스의 「1806년 11월」 친필 원고

겸으나 다음 두 가지로 요약할 수 있다. 하나는 지금까지 알려지지 않은 사실을 찾아내는 것, 둘째는 이미 알려진 사실의 진위를 다시 확인하는 일이다. 놀라운 사실은 문학사에서 잘 알려진 유명한 작가의 전기 중에 거짓이 전혀 없는 책은 단 하나도 없다고 해도 크게 틀리지 않는다는 것이다. 오류의 시작은 제일 먼저 기록한 사람이 확실한 사실에 의존하지 않고 뚜렷하지 않은 기억이나 그럴듯한 추측을 자기 나름대로 기록한 것을 후세 사람들이 아무런 의심 없이 그대로 믿어버린 데 있다. 거기에다 그것만으로 만족하지 않고 그럴싸한 거짓말까지 첨가하게 되는 것이 인간의 심리이기도 하다. 이와 같은 경로로 만들어지고 축적된 그럴듯하지만 사실이 아닌 사실과 거짓들을, 새로운 증거를 찾아내 바로잡고자 노력하는 것이 바로 올바른 학자의 태도인 것이다.

이와 같이 "전기적 사실"biographical facts에서 필연적으로 생겨나 지속되는 오류의 문제를 영국 학자 제임스 서덜랜드James R. Sutherland는 "오류의 행진"progress of error이라고 부르며 다음과 같이 말했다.

한 작가에 관한 전기적 사실이 틀림없는 사실로 남아 있기 위해서는 끊임없이 감시하고 질문하는 길이 있을 뿐이다.

The price of biographical truth appears, indeed, to be eternal vigilance and eternal skepticism.

활자로 인쇄되어 전해진 전기적 사실들을 약간 과장하자면 조금도 안심하고 받아들일 수 없다는 사실을 오랜 경험과 쓰디쓴 실망을 통해 알게 된 학자들은 사실을 확인하기 위한 기준으로 가장 확실한 것은 오직 작가 자신이 손수 써서 남긴 원고뿐이라는 결론에 도달하게 된다. 그런 원고를 찾아낼 수만 있다면 말이다.

그런데 이런 원고를 찾아내는 것이 그렇게 어려운 일은 아니라고 말한다면 독자들은 어리둥절할 것이다. 하지만 실제로 그렇다. 문학사에 이름을 남긴 작가들이 남긴 원고는 이미 누군가가 수집하여 알 만한 곳에 잘 보관하고 있으니 말이다. 워즈워스의 원고를 원하는 사람은 시인의 고향인 그래스미어Grasmere 레이크 디스트릭트Lake District에 있는 워즈워스 박물관으로 찾아가면 된다. 스코틀랜드 출생의 역사 소설가요 시인이었던 월터 스콧 경Sir Walter Scott(1771~1832)이 남긴 일기와 편지, 기타 중요한 문서들은 그가 살았던 에든버러의 애보츠포드Abbotsford 저택에 잘 모셔져 있다. 미국 매사추세츠 주 케임브리시에 있는 유명한 서택 크레이기 하우스Cragie House에는 미국 국민의 사랑을 받았던 헨리 롱펠로우Henry W. Longfellow(1807~1882)가 직접 쓴 원고들이 거의 완벽하게 수집 보관되어 있다. 미국의 소설가 헨리 제임스Henry James(1843~1916)나, 19세기 미국이 낳은 시인이자 사상가요 수필가였던 랠프 에머슨Ralph W. Emerson(1803~1882)의 원고가 필요한 사람은 하버드 대학교 도서관으로 가면 된다. 20세기 미국의 소설가 셔우드 앤더슨Sherwood Anderson(1876~1941)

의 원고는 시카고에 있는 뉴베리Newberry 도서관에 잘 수집되어 있다.

이런 귀한 원고들이 스스로 한자리에 모여 학자들의 연구에 편의를 제공하고 있다고 생각하는 둔한 사람은 없으리라고 믿는다. 위의 경우처럼 한 작가에 관계되는 원고들이 한곳에 모이게 된 것은 작가에 대해 남다른 사랑과 정열을 품은 사람들의 헌신적인 노력이 있었기 때문이다. 그런데 더 놀라운 것은 이런 일을 한 사람들 대부분이 문학자나 교수들이 아니라 성공한 사업가나 부호들이라는 점이다.

소설 『제인 에어Jane Eyre』(1847)와 『폭풍의 언덕Wuthering Heights』(1848)을 쓴 샬럿 브론테Charlotte Brontë(1816~1855)와 에밀리 브론테Emily Brontë(1818~1848) 자매에 관한 모든 문학 자료를 일생 동안 수집한 사람은 미국 필라델피아 출신

브론테 목사관 박물관

의 사업가 헨리 보넬Henry H. Bonnell이다. 그는 수집한 자료들을 돈 한 푼 받지 않고 브론테 자매가 태어난 영국 요크셔 하워스Haworth에 있는 브론테 자매 기념관으로 고스란히 돌려보냈다.

　19세기 영국의 수필가 리 헌트Leigh Hunt(1784~1859)에 관련된 기록을 수집하는 데 일생을 보낸 사람은 미국 아이오와 주 시더 래피즈Cedar Rapids에 살았던 실업가 루서 부르워Luther A. Brewer라는 사람인데, 그는 생전에 수집한 원고들을 아이오와 대학교 도서관에 기증한다는 유언장을 남겼다. 영국 빅토리아시대의 시인 로버트 브라우닝Robert Browning(1812~1889)을 연구하는 사람은 미국 텍사스 주 소재 베일러Baylor 대학교 도서관에 가면 되는데, 이 도서관이 브라우닝의 원고들을 소장하게 된 것은 같은 대학 영문학과 암스트롱A. J. Armstrong 교수의 필생의 수고 덕분이다. 시인 존 키츠John Keats(1795~1821)에 관한 자료를 가장 완벽하게 소장하고 있는 곳은 영국의 옥스퍼드 대학교나 케임브리지 대학교가 아닌 미국의 하버드 대학이다. 그 이유는 미국이 낳은 유명한 여류 시인이자 키츠 학자였던 에이미 로웰Amy Lowell(1814~1925)이 일생을 두고 수집한 자료를 기증받아 보관하고 있기 때문이다.

　그러나 엄격한 의미에서 '완벽한 수집' 이란 이 세상에 없다. 일단 어떤 작가를 연구하기 시작하여 유명하다는 곳을 찾아가보면 명성과 달리 없는 것, 부족한 것이 더 많다는 사실에 실망하게 되는 것이 상례다. 예를 들어 당신이 팔자 사납게도 영문학을 전공하게 되어 19세기 영국의 역사소설가 월터 스콧 경을 연구하게 되었다고 가정해보자. 당신은 우선 그의 유고들이 수집 보관된 영국 에든버러 애보츠포드의 작가가 살던 저택으로 달려갈 것이다. 거기에 가면 우선 급한 대로 필요한 자료들을 접할 수 있을 것이다. 그러나 그곳에 수집되어 있는 스콧에 관한 자료란 것도 알고 보면 극히 일부에 불과하며, 연구에 필요한 자료들은 이곳 외에 대영박물관 도서실, 에든버러 대학교 도서관, 국립 스코틀랜드 도서관 등 여러 기관과 개인 수집가들에 분산되어 있다는 사실을 곧 알게 될 것이다.

이제부터 당신이 해야 할 일이 본격적으로 시작된다. 바로 '원고 사냥꾼'이 되는 것이다. 누가 필요한 원고를 은쟁반에 받쳐 들고 찾아오겠는가? 이제부터는 발로 뛰고 손으로 더듬어야 한다. 필요한 물건이 있다고 알려졌거나 또는 있을 만한 도서관이란 도서관은 대소를 불문하고 모두 뒤져보아야 한다. 당신의 눈길과 손길이 수천 수만 개에 달하는 도서 목록을 하나도 빠짐없이 어루만져야 한다. 해당 작가의 원고와 관련된 서적상이나 경매상의 이름도 무심히 지나치면 안 된다. 해당 원고가 거쳐 간 수집가들도 순서대로 추적해야 한다. 원고는 물론 참고가 될 만한 어떤 유품이라도 보관하고 있음 직한 개인이나 단체에는 하나도 빼놓지 않고 서신을 띄워야만 할 것이다. 이 일에 소요되는 시간과 에너지는 국가와 민족의 장래를 염려하여 잠을 못 이루는 대통령의 그것에는 미치지 못하겠지만, 그 다음은 갈 것이라는 것이 필자의 생각이다.

한 작가에 관한 자료를 가장 완벽하게 갖추고 있다는 곳에 막상 가보면 명성과 달리 실제로는 없는 것이 의외로 많은 것 이외에, 학자들을 더욱 골탕 먹이는 일은 수집품을 보관·분류·관리하는 그곳 직원들조차도 소장 원고에 대해 잘 모르고 있다는 사실이다. 다시 말해서 도서관이나 개인 수집가들이 제아무리 능률적이고 과학적으로 소장품들을 분류하여 목록을 작성해놓았다 하더라도 실제 그런 자료들을 담당하는 직원들은 학자가 아니라는 것이다. 이들은 이런 자료들이 도난당하거나 파괴되는 데까지는 책임이 있을지 몰라도, 그 원고들의 귀중함이나 내용까지 소상하게 알 의무나

열성은 없는 것이다. 이런 사정에서
생겨난 대표적인 사건이 이제부터
살펴볼 토머스 캠벨Thomas Campbell에
관한 이야기이다.

때는 1854년, 장소는 호주 시드
니. 주인공은 아일랜드 출신의 의사
토머스 캠벨. 사건의 발단은 이 사
람이 쓴 조그만 책자 『영국 방문 일
기A Diary of a Visit to England in 1775』로부터
시작된다. 이 책이 문학 연구자들에
게 각광을 받게 된 이유는 책 내용
가운데 저자가 그 유명한 제임스 보

월터 스콧 경의 초상

즈웰의 소개로 당대 영국 문단의 거물인 새뮤얼 존슨과 만난 이야기가 들어
있었기 때문이다. 캠벨의 일기는 출판되자마자 논란에 휩싸였다. 우선 책의
내용과 원고의 출처가 수상쩍다는 것이 이유였다. 이 책을 출판한 사람은
호주 뉴 사우스 웨일스New South Wales 지방의 대법원 서기였는데, 그는 캠벨
박사의 원고를 법원 사무실의 오래된 찬장에서 우연히 발견했다고 말했다.
몇몇 학자들은 이 법원 서기의 강력한 주장에도 불구하고 책의 내용이 허위
라고까지 말했다. 그러나 당대의 존슨 학자들은 세밀히 검토한 끝에 이 일
기는 실제로 캠벨 박사가 존슨과 만난 사실을 기록한 것이라고 결론지었다.
그런데 유감스러운 일은 이런 소란 속에서도 아무도 원본 원고를 직접 검토
하자고 나선 사람이 없었다는 점이다.

이 문제를 약 80년이 지나 다시 들추어내 결판을 낸 사람은 미국 컬럼

비아 대학교 영문학과의 제임스 클리포드James L. Clifford 교수다. 클리포드 교수는 시작부터 어려움에 봉착했다. 우선 1854년 호주 시드니에서 출판된 『영국 방문 일기』를 당시 미국에서는 단 한 권도 구할 수가 없었다. 그는 적지 않은 돈을 들여 호주 각 일간지에 책을 구한다는 광고를 냈고, 마침내 어느 시골 책방에 그 책이 한 권 있다는 사실을 확인했다. 다음은 캠벨의 일기 원본을 찾아내는 일이 기다리고 있었다. 둘을 대조해보면 책의 진위를 가리는 일은 간단해 보였다. 클리포드 교수는 인내심을 갖고 추적하여 천신만고 끝에 원고가 시드니에 있는 미첼Mitchell 도서관에 보관되어 있다는 사실을 알아냈다. 그는 즉시 미첼 도서관에 편지를 보내 협조를 구했다. 그런데 클리포드 교수에게 돌아온 회신은 지극히 실망스러웠다. 한마디로 자기네 도서관에는 그런 원고가 없다는 것이었다. 클리포드 교수는 크게 낙담했다. 이제 그가 할 수 있는 일이란 또다시 없는 돈을 털어 신문에 광고를 내는 것뿐이었다. 캠벨 박사의 사라진 친필 원고를 찾는다는 조그만 광고가 호주 일간신문의 한 구석에 계속해서 실리던 어느 날, 클리포드 교수는 미첼 도서관 수석사서가 보내온 서신을 받아 읽고는 망연자실했다. 정중한 사과의 뜻이 담긴 편지에는 그가 그토록 애타게 찾고 있던 문제의 원고가 오래전부터 사용하지 않은 책상 서랍에서 발견되었고, 필요하다면 언제고 협조할 수 있다는 내용이 적혀있었다. 원고가 발견된 이상 대조 작업은 어렵지 않았다. 결론은 원고도 출판된 책도 아무런 하자가 없는 진짜라는 것이었다.

서랍 이야기가 나왔으니 말이지만 서랍, 특히 더 이상 사용하지 않고 버려져 다시는 열어볼 일도 열어볼 사람도 없는 책상 서랍, 이것이야말로 학자들을 곧잘 골탕 먹이는 함정이다. 더군다나 그런 서랍이 이웃에 있어 찾아가 열어볼 수 있는 거리에 있다면 무슨 문제가 되겠는가마는, 지구 반대편쯤에 있다면 사정은 달라진다. 클리포드 교수처럼 미국 컬럼비아 대학교 교수실에 앉아서 호주 시드니에 있는 미첼 도서관 직원에게 편지나 전화로 닫힌 서랍을 잘 뒤져보았느냐는 쑥스러운 질문을 할 수도 없고, 직접 확인할 수도 없는 것이 현실이다. 자기가 직접 의심나는 곳에 달려가 이 서랍 저 서랍 열어볼 수 있는 처지에 있는 사람은 그래도 참 복 받은 사람이다.

메이슨 웨이드Mason Wade 같은 사람이 바로 이런 행운아에 속한다. 웨이드는 미국 초기의 유명한 역사학자인 프란시스 파크먼Francis Parkman(1823~1893)의 전기를 쓰고 있었는데, 꼭 있어야 할 자료가 없다는 것을 알고 크게 실망하고 당황했다. 그것은 파크먼이 미국 서부를 여행하면서 썼다는 일기였는데, 다른 여러 기록으로 판단해볼 때 파크먼이 일기를 남겼다는 데는 의심의 여지가 없었다. 이미 웨이드 이전의 파크먼 연구자 두 사람이 이 일기에 대해 상세하게 언급했기 때문이었다. 문제는 그 일기 원본의 행방이 묘연하다는 데 있었다.

파크먼이 생전에 남긴 미국 역사 연구에 관련된 모든 원고와 문서들은 그가 죽은 뒤 대부분 매사추세츠 주 역사학회로 보내졌으며, 그의 장서들은 하버드 대학교 도서관으로, 기타 개인 서류들은 후손들의 손에 넘어갔다. 원칙적으로 따진다면 웨이드가 찾고 있는 원고는 마땅히 매사추세츠 주 역사학회에서 보관하고 있어아 했으나, 그곳에 기서 아무리 수소문해보아도 헛일이었다. 아무도 그것을 찾아내지 못했다. 하버드 대학교에도 없었고, 후손들도 본 적이 없다고 말했다.

어느 날 웨이드는 마침내 중대한 결심을 했다. 마음 단단히 먹고 파크먼이 마지막까지 살았던 보스턴 시 체스닛 거리 50번지에 있는 오래된 집을 찾아가기로 한 것이다. 문화재로 지정된 그 집은 이제는 아무도 살지 않았지만 잘 보존되어 있었다. 파크먼이 주로 사용했던 지붕 밑 방의 서재는 아직도 역사학자의 방답게 각종 인디언 민속 수공예품들과 기념품, 그리고 스코틀랜드 출신의 역사소설가 월터 스콧 경, 시인 조지 바이런George G. Byron(1788~1824), 19세기 미국 소설가 제임스 쿠퍼James F. Cooper(1789~1851) 등의 책으로 잘 장식되어 낭만적인 냄새를 물씬 풍겼다. 1893년 파크먼이 일흔 살로 세상을 떠난 뒤 아무도 손대지 않은 채 그대로인 것 같았다. 방 한가운데에는, 먼지가 앉기는 했지만 파크먼이 생전에 사용했던 거대한 책상이 그대로 놓여 있었다. 웨이드는 고요한 정적을 깨뜨리며 조심스럽게 책상 서랍을 하나하나 열기 시작했다. 예상했던 대로 서랍은 텅텅 비어 있었다. 그런데 마지막 서랍을 당기니 그 안에 오래된 종이 뭉치가 있었다. 거기에는 그토록 애타게 찾던 파크먼의 일기가 다른 서류와 함께 들어 있었다. 파크먼의 유언에 따라 모든 서류와 장서들이 제 갈 곳으로 분류되고 정리될 때, 이 서랍을 열어본 사람은 단 한 명도 없었던 것이다.

4장

셰익스피어를 위조한 영문학자

세계적인 명성을 자랑하는 도서관이 소장한 문헌들 가운데서도 특히 희귀한 것이라고 자랑하던 책이 어느 날 가짜(위조)로 판명되었을 때, 그 이름 높은 도서관의 관장을 비롯한 직원들, 그리고 그 책에 매달려 침식을 잊고(라면 과장이겠지만) 매일 아침 면도하는 일이나 냄새나는 양말을 갈아 신는 일 정도는 게을리 하면서 열심히 연구해온 학자(지망생)들이 난감해할 얼굴을 상상해보라! 이들이 몹시 당황하고 분노하리라는 것은 짐작하고도 남는 일이다. 그런데 어느 도서관에서 일부러 이런 가짜 문헌, 다시 말해 위조된 문서나 서적들을 사들인다면(그것도 거금을 주고) 아마 독자들은 믿지 않을 것이다. 그러나 그런 도서관이 실제로 존재한다. 그것도 어느 시골구석의 이름 없는 작은 도서관도 아니고 미국의 대도시 뉴욕 5번 애비뉴와 41번 스트리트가 만나는 곳, 사자 조각상 뒤에 서 있는 크고 화려한 건물, 바로 뉴욕 시립도서관이다.

어느 도서관이고 매주 또는 매월 새로 입수한 도서를 도서관 회보를 통해 알린다. 뉴욕 시립도서관도 마찬가지다. 다만 이 도서관이 매월 발행하는 회보에는 다른 도서관이 발표하지 않는 것들이 포함된다. 예를 들면 이번에는 거금을 주고 이런 분야, 이런 종류의 기막히게 잘 만들어진 위조품을 구입했다고 부끄러움도 없이 공지하는 것이다. 여기에는 또 그럴 만한 이유가 있다.

평범한 분야가 아니고 좀 더 희귀한 문헌에 기초한 남다른 분야의 연구에 매달려본 학자라면 누구나 악몽처럼 갖게 되는 의문이 하나 있게 마련이다. 과연 자기가 지금 신주 단지처럼 모시고 연구에 골몰하는 문헌이 진짜인가 하는 의문이다. 천에 하나 나중에라도 가짜로 판명되는 경우에는 그동안 쌓은 공이 허사가 될 수 있기 때문이다. 그런데 이 문제를 해결하는 가장 좋은 방법 가운데 하나는 그 문헌을 가장 정교한 가짜와 비교해보는 것이다. 이런 목적을 위해 뉴욕 시립도서관은 위조 문헌들 중에서도 기막히게 잘 만들어진 가짜들만 골라 구입하여, 이것들만 따로 전시하는 방도 마련하는 등 아주 정중히(?) 대접하고 있다. 이 도서관은 이처럼 위조품을 사들일 뿐만 아니라 그것도 아주 후한 값을 치르기 때문에, 위조품 상인이나 이런 일을 직업으로 하는 꾼들에게 합법적인(?) 거래의 길을 터주고 있는 셈이다. 이렇게 되니 자연히 이런 위조품들이 위험을 무릅쓰고 음지로 흘러들어 선량한 학자들을 골탕 먹이는 일이 줄어드는 효과도 있다.

문헌 위조는 그 역사가 자못 오래된 것이다. 어느 시대 어느 나라를 막론하고, 길을 잘못 들어선 재주 있는 사람들이 귀한 문헌이나 예술품을 감쪽같이 위조하거나 모조해내고는 했다. 그런데 이 문헌 위조범들은 돈 욕심 때문에 위조를 일삼는 흉악한 범죄자이기 이전에, 위대한 미술품을 모사하

는 사람들이 나름대로 뛰어난 실력을
갖춘 화가인 것처럼 그 분야에 관한 뛰
어난 학식이 있는 학자들이라는 점에서
흥미롭다. 역사상 셰익스피어 원고를
모조한 사람들은 대개 셰익스피어에 대
해 누구보다 많이 알고 누구보다 셰익
스피어를 사랑하고 숭배했던 문학도나
학자였다.

브랭 뤼카의 초상

　　문헌을 위조하여 판매한 사람들 가
운데 올림픽 금메달감이 있다면 단연
19세기 중반에 살았던 프랑스인 브랭 뤼카Vrain Lucas(1818~?)일 것이다. 이 사
람은 자그마치 2만 7,000점이 넘는 원고를 손수 제작하여 프랑스의 대부호
이자 나름대로 이름이 알려진 수학자에게, 부르는 게 값인 가격으로 팔아넘
겼다. 남의 원고를 그럴듯하게 만들어 떼돈을 번 사람의 수완도 감탄할 만
하다 하겠으나, 그보다 더 후세 사람들을 어리둥절하게 만든 것은 어떻게
바보도 아닌 수학자쯤 된다는 사람이 그렇게 철저하게 속아 넘어갔느냐 하
는 점이다. 이것은 현재까지도 풀리지 않는 수수께끼다. 뤼카가 위조한 문
헌에는 알키비아데스Alcibiades(기원선 450~404), 폰티우스 필라투스Pontius Pilate(본
디오 빌라도), 클레오파트라, 오비디우스Ovidius(기원전 43~기원 17), 아이스킬로
스(Aeschylus, 기원전 525~456), 알렉산드로스 대왕Alexandros the Great(기원전 356~323),
미겔 데 세르반테스Miguel de Cervantes(1547~1616), 파스칼Pascal(1623~1662), 셰익스
피어William Shakespeare(1564~1616), 마리아 막달레나Mary Magdalene, 유다 이스가리
옷Judas Iscariot, 보카치오Giovanni Boccaccio(1313~1375), 루터Martin Luther(1483~1546), 그

리고 단테Dante Alighieri(1265~1321) 등이 손수 썼다는 친필 편지들까지 포함되어 있었다니 기가 막힐 뿐이다. 더군다나 나중에 밝혀진 일이지만 이 원고들이 모두 현대 프랑스어로 쓰였다는 사실 앞에서는 그저 아연실색하지 않을 수 없다. 사람에게는 남을 속이고 싶은 본성뿐만 아니라, 속아 넘어가고 싶은 본성도 있는 것이 아닐까?

영국도 뒤질세라 이 방면에 많은 천재들을 배출했다. 그 가운데 가장 뛰어난 실력을 발휘한 사람은 19세기 영국 학계를 주름잡은 셰익스피어 학자 존 콜리어John P. Collier(1789~1883)다. 이 이름 있는 학자가 세기의 위조범이 된 것은 돈이 탐나서 길을 잘못 들어서가 아니고, 있는 사실만으로는 만족할 수 없었던 지나친 열성과 야망, 욕심 때문이었다.

콜리어가 살았던 19세기만 해도 셰익스피어에 관련된 원고나 문헌들은 지금처럼 도서관에 체계 있게 분류 보관되지 않고, 대부분 이름 있는 귀족이나 학문을 애호하는 부호들의 개인 서재 여기저기에 흩어져 있었다. 콜리어 이전에 지칠 줄 모르는 정열과 정성으로 셰익스피어에 관한 자료들을 모으고 분류하여 업적을 쌓은 학자로 에드먼드 말론Edmund Malone(1741~1812)이 있었다. 콜리어는 말론이 쌓은 업적에 새로운 사실을 발굴하여 보태는 일에 일생을 바친, 어느 모로 보아도 손색이 없는 훌륭한 학자였다. 적어도 시작은 그랬다. 그는 실제로 19세기 영국의 셰익스피어 연구에서는 타의 추종을 불

존 콜리어의 생애를 다룬 연구서

허하는 학자였다. 그런데 어쩌다가 그런 딱한 일을 저질러 생전 큰 망신을 당하고, 사후에도 이처럼 불명예스러운 제목의 글에 등장하게 되었단 말인가?

콜리어의 비극은(아니 희극은) 한마디로 만족할 줄 모르는 데 있었다. 셰익스피어 연구에 지나치게 몰두한 나머지, 자기가 참고할 수 있는 문헌을 전부 검토해도 뚜렷한 해답이 없을 때(예를 들어 어느 작품의 제작 연대 같은 것) 자기가 가지고 있는 고문헌 한 구석에 그럴듯한 해답을 슬쩍 써넣었던 것이다. 문제는 『영국 극시와 무대의 역사History of English Dramatic Poetry and Annals of the Stage』(1831)와 같은 당대 타의 추종을 불허하는 두툼한 저서를 쓴 대학자 콜리어의 권위에 아무도 감히 도전할 엄두를 낼 수 없었다는 데 있었다. 요컨대 콜리어가 셰익스피어 연극에 대해 한마디 하면 그것이 바로 길이요, 진리였다.

이런 콜리어에게 또 행운이 찾아왔다. 셰익스피어는 물론 영문학 전반에 걸쳐 희귀한 문헌을 가장 많이 소장하고 있던 귀족이, 그것도 한 사람도 아니고 한꺼번에 두 사람이 자기들의 서재(지금으로 말하면 개인 도서관)에 무상출입을 허용했던 것이다. 이 두 귀족은 데본셔Devonshire 공작과 엘스메어Ellesmere 백작이었다. 콜리어는 이런 특권을 얻어 이 방면의 연구에서 단연 우위를 치지하게 되었다. 이제부터 할 일은 이 두 도서관에만 소장된 고문헌을 뒤져 새로운 원고가 있으면 정리하여 베끼고, 여기에 필요한 주석을 달고, 새로운 목록을 작성하는 일이었다. 이 결과를 발표하기만 해도 관심 있는 사람들 가운데 더러는 그의 노고에 감사할 것이고, 더러는 감탄할 것이며, 더러는 샘이 나 머리를 싸매고 아예 자리에 드러누울 것이었다. 그러나 콜리어는 이 정도에 만족할 사람이 아니었다.

과연 콜리어가 검토한 자료들은 그동안 풀리지 않았던 여러 가지 의문을 밝혀내는 데 큰 도움이 되었다. 그러나 그것들도 역시 그가 지금까지 풀고자 매달려온 몇몇 중요한 문제들을 해결하는 데는 별 도움이 되지 못했다. 답답한 일이었다. 그는 고문헌을 뒤지는 일을 중단하고 이 자료들 속에 자기가 구하는 증거를 손수 만들어 알맞은 곳에 슬쩍슬쩍 적어 넣기 시작했다. 5년에 걸친 연구 결과가 마침내 발표되었을 때 (사실과 상상력이 만들어낸) 콜리어의 연구 성과는 누구도 넘볼 수 없는 대단한 것이었다. 타의 추종을 불허하는 명성 높은 학자였기에 그의 위조 내지 날조 행위가 드러날 가능성은 전무했다고 해도 과언이 아니었다.

콜리어가 그 뒤 계속해서 발표한 셰익스피어 극에 관한 논문이나 저서가 이 방면의 관심 있는 학자와 학도들의 여러 가지 의문을 풀어주고 가려운 곳을 시원하게 긁어주었을 것임은 쉽게 상상할 수 있는 일이다. 물론 몇몇 학자들이 콜리어의 주장을 반박하고 나선 것도 사실이지만, 대다수의 사람들은 이런 비난을 학자들 사이에 있을 수 있는 질투심의 발로 정도로 보아 넘겼다. 자고로 셰익스피어 연구야말로 성미 급하고 고집불통인 학자들이 각기 손톱을 세우고 이를 드러내면서 벌이는 격렬한 전쟁터인 것이다. 어쨌든 콜리어 덕분에 셰익스피어 연구는 훤하게 길이 열리게 된 셈이었다. 자신의 능력에 대한 확신과 자신감으로 충만한 콜리어는 사람들의 기대에 부응하여 또 다른 연구(?)에 착수했다.

1852년 1월 콜리어는 빅토리아시대 영국에서 가장 권위 있는 학술지의 하나인 〈아테나에움Athenaeum〉(아테네 여신의 신전)이란 저널에 이제껏 발견된 셰익스피어 문헌 가운데 가장 새로운 판본을 발견했다고 발표하여 다시 한 번 학계를 놀라게 했다. 내용인즉 이러하다. 그는 몇 년 전 런던의 한 고서점에서(글을 발표할 당시는 이미 없어진) 불과 30실링을 주고 1632년에 출판된 2절판 크기의 셰익스피어 연극 대본을 한 권 구입했다. 30실링짜리 책이니 보존 상태가 형편없으리라는 것은 짐작이 가는 일이었다. 그는 똑같은 책을 이미 한 권 가지고 있었는데 떨어져나가고 없는 페이지들을 보충할 목적으로 구입했다고 말했다. 그는 새로 입수한 책을 자세히 검토하지 않고 몇 년 동안 그대로 방치해두었는데, 나중에(최근에) 그 책을 펴보고 그야말로 '세기의 발견'을 하게 되었다는 것이다. 그 낡아빠진 책의 매 페이지에 어느 17세기 학자가 일일이 주석을 달아놓았는데, 이 학자는 대본의 잘못된 점을 지적하고 있을 뿐만 아니라 구두점을 교정하기도 하고, 대본에는 없는 어휘와 문장들도 적어 넣었으며, 새로운 무대 지시나 대사들을 첨가해놓았다는 것이다.

콜리어의 결론은 이 책의 주인이었던 토머스 퍼킨스Thomas Perkins(콜리어는 반쯤 떨어져 나간 표지 한구석에 이 이름이 참으로 기적적으로 남아 있었다고 했다)는 틀림없이 이제껏 기준으로 삼아온 1632년도 2절판보다 훨씬 정확한 (셰익스피어 자신이 손수 썼을 수도 있는) 셰익스피어 연극 대본을 가지고 있었음이 분명하며, 그는 이 대본을 1632년판과 일일이 대조하여 잘못된 부분을 무려 3만 개 이상 찾아내 일일이 주석을 달아놓았는데, 그 가운데는 지금까지 알려진 것과 전혀 다른 부분들도 상당수 있다는 주장이었다.

신기하다면 신기하고 불행하다면 불행하게도 현재 지구상에는 셰익스피어의 육필 원고가 단 한 편도 전해지지 않는다. 따라서 셰익스피어가 쓴 연극 대본의 정확성이나 애매한 문구, 문장의 해석에 관한 문제는 인공위성이 날고 있는 오늘날에도 확실한 정답 없이 쉴 새 없이 제기되고, 쟁점도 그대로 남아 있는 실정이다. 콜리어가 우연히(?) 소유하게 된 책에 적혀 있다

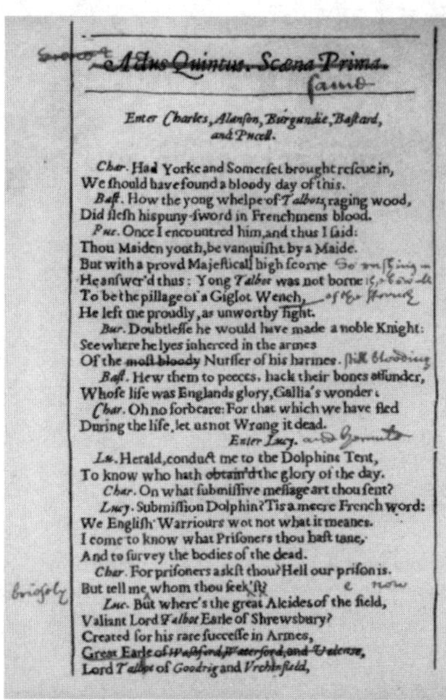

'토머스 퍼킨스가 주석을 붙인' 2절판 셰익스피어 대본

는 3만 개 정도의 새로운 주석은 그 분량만으로도 학자들을 압도하기에 충분했다. 그 가운데 과연 어떤 새로운 내용이 포함되어 있을지 모두들 궁금해 죽을 지경이었다. 어떤 학자는 그런 책이 있다면 좀 보여달라고 애걸을 했고, 어떤 사람은 협박까지 할 정도였다. 이런 지식을 홀로 독점하고 있는 콜리어는 들은 척도 하지 않았다. 학자로서 그의 명성과 사기는 하늘을 찌를 듯 높아만 갔다.

콜리어는 몇 달 뒤 학자들의 성화에 못 이겨 퍼킨스가 남겼다는 3만 개의 주석 가운데 절반 정도를 세상에 발표했다. 그런데 정작 그 내용은 기대에 훨씬 못 미치는 것이었다. 셰익스피어 연극의 좀 더 정확한 대본을 기대하고 있었던 학자들은 크게 실망했다. 새롭다고 발표된 주석들의 얼마는 이미 알려진 것들보다 나을 것이 없었고, 과거에 애매했던 것은 새로운 애매한 것으로, 어려운 부분은 다른 어려운 부분으로 대체되고 있을 뿐이었다. 어떤 것은 누가 보아도 뻔한 것을 오히려 더 모호하고 어렵게 만들고 있었다. 대개는 이미 다른 학자들이 주장하고 설명한 그대로였다.

이렇게 되자 몇몇 학자들은 주석이 들어 있다는 그 책을 좀 보자고 대담하게 나서기 시작했다. 콜리어는 할 수 없이 찾아온 학자들에게 책을 보여주기는 했지만, 보존 상태를 핑계로 슬쩍 한번 훑어보게만 했다. 이를 악

물고 찾아온 학자들은 책의 존재를 확인하는 것만으로 만족하고 돌아갈 수밖에 없었다.

1853년 마침내 콜리어의 라이벌이자 셰익스피어 학자인 새뮤얼 싱어Samuel W. Singer가 「누명을 벗은 셰익스피어 대본The Text of Shakespeare Vindicated」이란 자극적인 제목의 팸플릿에서 콜리어의 그 유명한 주석이 달렸다는 책의 진위를 가리자고 직격탄을 날림으로써 논쟁은 불이 붙었다. 여기에 콜리어의 제자들과 싱어의 추종자들이 가세함으로써 빅토리아시대 영국의 셰익스피어 학계는 바야흐로 미국 서부 개척 시대의 선술집을 방불케 했다. 총성만 없었지 의자가 날고 술병이 깨지는 광경은 런던의 어느 티룸이나 맥주집에서도 심심찮게 목격할 수 있는 구경거리였다.

논쟁의 열기는 대단했지만 정작 진실을 밝혀줄 빛은 없었다. 싱어는 콜리어가 소유한 퍼킨스 책의 주석들은 틀림없이 위조이며, 이제 남은 문제는 이 책을 철저하게 감별하는 일이라고 입에 거품을 물었다. 이렇게 되자 콜리어는 문제의 책을 당시 자기에게 특별한 호의를 베풀었던 데본셔 공작에게 재빨리 기증해버림으로써 일단 공격의 예봉을 피했다.

그러나 1858년 데본셔 공작이 죽고 나자 형세가 바뀌었다. 문제의 책을 철저하게 조사해보자는 학자들의 주장이 다시 힘을 얻기 시작하더니 당시 대영박물관 문헌 담당관이던 프레더릭 매든 경Sir Frederic Madden이 데본셔 공작의 조카에게 책을 조사할 수 있도록 얼마간 빌려달라는 공식 서한을 발송하기에 이른다. 1859년 늦은 5월 마침내 문제의 책이 매든 경의 사무실에 도착했고, 매든 경의 초청을 받은 당대 내로라는 셰익스피어 학자들은 마음껏 책을 검토할 수 있게 되었다.

이 책이, 아니 이 책에 적힌 주석들이 한마디로 가짜임을 밝혀내어 세

프레더릭 매든 경의 초상

익스피어 학자로서 철옹성 같은 지위를 누렸던 콜리어의 권위를 한 방에 날려 보낸 사람은 박물관의 말단 직원 해밀턴N. E. S. A. Hamilton이었다. 콜리어를 한입에 잡아 먹으려고 달려든 셰익스피어 학자들이 2, 3주일이 지나도록 발견하지 못한 것을 그는 한눈에 찾아냈다. 단서는 주석들이 적혀 있는 책의 여백에 희미하게 남은 연필 자국이었다. 이 연필 자국은 누군가가 지우개로 지운 흔적으로서 육안으로도 보였는데 현미경 아래서는 아주 선명하게 나타났다. 지워진 연필 글씨의 내용은 신기하게도 잉크로 쓴 글의 내용과 정확히 일치했다. 또 한 가지 흥미로운 사실은 잉크로 쓴 주석들은 모두 17세기에 유행한 고풍스러운 필체인데 반해, 연필로 쓰고 지운 것들은 당대(빅토리아시대)의 평범한 필체라는 점이었다.

　해밀턴은 이 사실을 즉시 상관인 매든 경에게 보고하였고, 매든 경은 이 문제를 조사하기 위하여 박물관 소속의 광물학자 매스켈린M. H. N. Maskelyne 박사의 도움을 받기로 했다. 문헌 위조 여부를 가리기 위해 자연과학자가 동원된 것은 이것이 역사상 처음이었을 것이다. 매스켈린 박사는 몇 가지 실험을 하고 다음과 같이 발표했다. 잉크로 쓴 글자들은 연필로 쓴 글보다 나중에 쓰였으며, 이 두 가지 글은 글자의 모양은 달라도 내용은 같다는 결론이었다. 다시 말해서 누군가가(누구는 누구야, 뻔하지) 이 책의 여백에 참으로 정성스럽게 먼저 연필로 주석을 달았으며, 그런 다음 이것들을 살짝 눈에 띄지 않을 정도로 지우고 이번에는 잉크로 더 큰 인내심과 끈기를 가지고(17세기의 필체를 흉내 내야 했으므로) 그 위에 같은 내용의 글을 다시 썼다는 것이다. 해밀턴은 이 모든 사실을 영국 최대 일간지인 〈런던 타임스The Times of London〉에 상세히 공개했다. 콜리어의 명성과 명예는 하루아침에 물거품이 되고 말았다. 여기에는 어떤 변명의 여지도 있을 수 없었다. 애초 콜리어가 새로 구입했다는 1632년판 퍼킨스의 책에는 단 한 개의 주석도 달려 있지 않았던 것이다.

이래저래 문제가 된 이 책은 학자로서의 명성에 지나치게 집착한 19세기의 어느 열성파 셰익스피어 학자의 위조 스캔들에 휘말려 본의 아닌 유명세를 타더니, 현재 미국 캘리포니아 주에 있는 헌팅턴 도서관의 희귀본 보관소Ward for Rare Books에 소장되어 융숭한(?) 대접을 받고 있다. 도서관 당국은 이 책을 소장한 것을 큰 자랑으로 삼고 있다고 한다.

콜리어가 희대의 문헌 위조자(지식 사기꾼)로 낙인찍히고 나자, 이제는 과거 콜리어가 쌓은 학문적 업적에 대한 무자비한 재조사가 이루어졌다. 콜리어의 거짓이 연이어 드러나자 사람들은 아예 놀라지도 않게 되었다. 콜리어가 처음 발굴한 것으로서 덜위치Dulwich 대학 도서관에 보관되어 있던 고문서가 또다시 위조로 밝혀진 것은 2년 뒤의 일이었다.

덜위치 대학은 "덜위치에 계신 하느님의 선물 덜위치 대학"The Dulwich College of God's Gift at Dulwich이라는 좀 특이한 이름을 가진 대학인데, 셰익스피어가 죽기 직전 당시 영국에서 가장 인기 있던 연극배우인 에드워드 앨린Edward Alleyn이 기부한 돈으로 세운 대학이다. 앨린은 이 대학에 자신이 가지고 있던 엘리자베스시대 연극 관련 서류들도 몽땅 맡겼는데 더욱 중요한 것은 자신의 장인이자 당시 셰익스피어 극을 비롯한 모든 연극의 흥행주였던 필립 헨즐로Philip Henslowe가 남긴 일기와 연극 관련 자료들도 기증했다는 사실이다. 헨즐로의 일기는 셰익스피어 연구는 물론, 엘리자베스시대 연극 연구에서 없어서는 안 될 귀중한 자료이며 이는 대학에서 셰익스피어를 공부하는 사람이라면 누구나 아는 상식이다.

콜리어의 문헌 위조 사건이 밝혀지고 약 20년이 흐른 뒤 덜위치 대학 도서관에 소장된 앨린과 헨즐로의 문헌을 검토하던 직원들은 하마터면 기절할 뻔했다. 보관된 원고들 가운데 일부를 누군가가 가위로 싹둑 잘라가버린 것을 뒤늦게 발견하였기 때문이다. 그런데 이제껏 이 귀중한 문헌에 손을 댄 사람은 단 세 사람뿐. 한 사람은 콜리어 이전의 셰익스피어 학자인 말론, 또 한 사람은 우리의 호프 콜리어, 마지막으로 캔터베리 대주교였다. 이미 사망했기 때문만은 아니지만 말론을 의심하는 사람은 하나도 없었다. 그렇다고 설마 캔터베리의 대주교님께서 그런 짓을 했겠는가? 범인은 뻔했다. 그러나 콜리어 자신은 단호하게 결백을 주장했다.

이래저래 명성이 자자했던 콜리어도 마침내 아흔네 살을 일기로 세상을 떠났다. 그의 유품을 정리하던 제자들이 스승 콜리어의 서재 한 구석 깊숙이 감추어져 있던 상자에서 가위로 오래낸 앨린과 헨즐로의 원고 뭉치를 찾아내 잠시나마 놀라고 당황한 것은 장례식이 있은 지 1주일 뒤였다.

5장
고서적상이 해결한 문제

　　대학에서 강의를 하거나 연구실을 지키고 앉은 교수들만 학문 발전에 공헌하는 것은 아니다. 진실을 밝히고 허위를 제거하는 진리 탐구의 길은 누구에게나 열려 있으며, 여기에 공헌하는 사람은 그 직업이 무엇이든 넓은 의미에서 모두 학자인 것이다. 그런데 이 학자가 되기 위한 가장 기본적인 기질 내지 자세가 하나 있으니 그것은 사물에 대한 무한정한 호기심이다. 호기심은 일종의 의심으로서 사물을 대할 때 모든 것을 당연하게 받아들이지 않고 일단 의심부터 해놓고 보는 타고난 천성이다. 이런 태두는 다른 인간관계나 사회생활에서는 별로 칭찬받을 일이 못 되지만 학문의 세계, 다시 말해서 모르는 것이 있으면 물어 배우고 이상하거나 의심나는 것이 있으면 의심이 풀릴 때까지 따지고 들어가는 것이 존재 이유인 학문의 세계에서는 가장 훌륭한 덕목 가운데 하나인 것이다.

　　존 카터John Carter와 그레이엄 폴라드Graham Pollard는 1930년대 영국 런던에서 고서적이나 희귀본만을 전문적으로 사고팔던 서적 상인들로, 가까운 친구 사이였다. 그런데 이 두 사람은 책장사로 돈만 번 것이 아니라 영문학사상 매우 흥미로운 문제를 해결함으로써 영문학 연구사에 이름도 남기고, 문학 연구가 범죄 수사나 탐정소설만큼이나 흥미진진하고 재미있을 수 있음을 보여준 사람들이다.

사건의 발단은 런던의 고서적 시장에 희귀본이 몇 권 등장하여 서적 상인들과 수집가들이 서로 사려고 덤비는 통에 보잘것없는 책 한 권에 당시 미화로 약 1,250달러(우리 돈으로 환산해서 약 100만원)를 호가하게 된 데 있었다. 지금도 책 한 권에 100만원이라면 분명 예사로운 일은 아니지만, 지금부터 약 70년 전이라면 사정은 또 달라진다.

그러나 이 두 전문 상인의 눈으로 볼 때 그 책은 어느 모로 보아도 그렇게 값나갈 이유가 없는 상품이었다. 우선 제프리 초서Geoffrey Chaucer(1342~1400)나 셰익스피어, 또는 존 밀턴John Milton(1608~1674)과 같이 영문학사에 이름이 찬연히 빛나는 거물들과도 관련이 없는 물건이고, 역사가 수백 년이나 되어 골동품적 가치를 지닌 책도 아니었기 때문이다.

그것은 정식 책도 아닌 일종의 팸플릿으로서 19세기 영국의 시인 엘리자베스 배릿 브라우닝Elizabeth Barrett Browning(1806~1861)의 소네트가 수십 편 실려 있는 시집이었다. 이 시들은 3년 후인 1850년 『포르투갈어에서 번역한 소네트Sonnets from the Portuguese』라는 제목의 정식 책으로 출판되었다. 그런데 소동을 일으킨 팸플릿은 이보다 3년 전인 1847년 리딩Reading에 있는 어느 이름 없는 출판사에서, 판매 목적이 아니라 순전히 시인 주변의 친구들이나 가족들에게 선물로 나누어주기 위해 인쇄한 소위 '증정본'이었다.

이와 같이 정식으로 책이 출판되어 나오기 전에 증정본을 만들어 저자

주변 사람들에게 먼저 배부하는 것은 빅토리아 시대에는 흔한 관습이었다. 증정본을 돌리는 일은 저자가 그 저서의 저작권을 확보하는 데도 도움이 되는 일이었다. 시인 로버트 브라우닝, 알프레드 테니슨Alfred Tennyson(1809~1892), 앨저넌 스윈번Algernon C. Swinburne(1837~1909), 사상가 존 러스킨John Ruskin(1819~1900), 소설가 조지프 키플링Joseph R. Kipling(1865~1939) 등도 모두 이런 증정본을 남겼다. 그런데 책을 수집하는 일에 남다른 취미를 가진 수집가들 중에는 멀쩡히 훌륭한 책이 있는데도 불구하고 구태여 수십 배, 아니 수백 배, 때로는 이보다 훨씬 더 많은 돈을 주고서라도 이런 증정본만을 수집하는 사람도 있다. 이런 와중에 이 보잘것없는 엘리자베스의 팸플릿도 하늘 높은 줄 모르고 가격이 치솟은 것이다.

로버트 브라우닝이 아내 엘리자베스에게 보낸 편지

　그런데 유독 엘리자베스의 1847년판 증정본이 이처럼 인기를 누린 데는 몇 가지 이유가 있었다. 우선 시인이 남자가 아닌 여자였다는 점, 당시 테니슨과 더불어 영국 제일의 명성을 누리고 있던 대시인 브라우닝의 아내란 점, 또 이들이 부모의 반대를 무릅쓰고 집을 뛰쳐나가 이탈리아로 도망가서 비밀 결혼식을 올렸다는 점 등이 그것이다. 본시 엘리자베스는 어린 시절 말을 타다가 떨어져 척추를 다친 후 항상 집 안에만 머물러야 했던 일종의 불구자로서, 결혼 같은 것은 꿈에도 생각할 수 없는 처지였다. 이런저런 이유로 당시 영국에서는 모르는 사람이 없을 만큼 유명한 이 여자가 남편에게 보낸 연서라고도 할 수 있는 소네트집이 대중의 흥미를 자극했던 것이다.

그렇다 하더라도 엉성한 팸플릿 하나에 1,250달러라면 누구나 입을 쩍 벌릴 만큼 파격적인 가격이었다.

1847년판 증정본 가격을 치솟게 만든 요인은 또 있었다. 당대 영국의 이름난 학자요 문학비평가로서 명성이 드높았던 에드먼드 고스Edmund Gosse(1849~1928)가 이 소네트집이 나오게 된 배경에 대해 아주 로맨틱한 이야기를 신문에 발표하여 세간의 이목을 끌었던 것이다. 고스에 따르면, 엘리자베스와 브라우닝이 이탈리아로 줄행랑을 친 후 자기들끼리 결혼하여 행복하게 살고 있던 어느 날 아침, 원고 뭉치를 손에 든 엘리자베스가 남편이자 이미 명성 드높은 대시인인 브라우닝의 주머니에 그것을 구겨 넣고는 부끄러운 얼굴로 도망치다시피 자기 방으로 사라졌다는 것이다.

이 원고 뭉치가 바로 문제의 소네트집 원고인데 이 소네트를 읽은 브라우닝은 "셰익스피어 이후 영어로 쓰인 가장 훌륭한 소네트"the finest sonnets in English since Shakespeare라고 극찬을 아끼지 않았다는 것이다. 다른 사람이 아내가 쓴 시를 놓고 이 정도로 칭찬을 했다면 문제가 되겠으나, 영국 제일의 대시인의 말이었으니 사정은 좀 달랐다. 고스가 전하는 이야기에 따르면 브라우닝은 이런 명작은 즉시 출판해야 한다고 강력하게 주장했지만, 엘리자베스는 이 시들은 자기와 남편 사이의 사랑 고백으로서 너무나 노골적이고 성스러운 것이어서 세상 사람들과 나눌 만한 것이 아니란 이유로 완강하게 반대했다는 것이다. 그러나 브라우닝의 끈질긴 설득에 못 이긴 엘리자베스는 결국 출판에 동의하여 당시 영국에 살고 있던 친구 메리 미트포드Mary R. Mitford에게 원고를 보냈는데, 이 친구는 리딩에 있는 어느 조그만 인쇄소에서 우선 증정본 몇 십 권을 만들어 이탈리아로 보내주었고 브라우닝 부부는 이 증정본을 가장 절친한 친구들에게 선물했다는 것이다.

　　이렇게 나누어준 책들 가운데 일부가 약 70년이 지난 후 런던의 고서적 시장에 나타났으니 이 책에 깃든 사연을 잘 아는 수집가들이 벌떼처럼 몰려든 것도 이해할 만한 일이었다.

　　희귀본 수집가들이 서로 사겠다고 아우성을 치는 동안 정작 이 틈바구니에서 한몫 벌어야 할 고서적 전문 상인인 카터와 폴라드는 고개를 갸우뚱하면서 다른 생각을 하고 있었다. 우선 이들은

로버트 브라우닝의 초상

비평가 고스가 밝힌 이 책의 출판과 관련한 그럴듯한 에피소드를 납득할 수 없었다. 고스가 소개한 이야기에서 엘리자베스가 브라우닝에게 자기가 쓴 소네트 원고를 처음 보여준 시기는 그들이 이탈리아로 달아나 피사에 정착한 지 약 여섯 달 뒤인 1847년 초로 되어 있었다. 그러나 카터와 폴라드가 알고 있는 바에 따르면 그것은 피사에 살 때가 아닌 바니 디 루카Bagni di Lucca에 살 때, 그러니까 1847년이 아니라 그보다 2년 뒤인 1849년의 일이었다. 이것은 브라우닝 자신이 확인한 사실이기도 했다. 그렇다면 리딩에서 증정본이 출판된 해보다 2년 뒤가 되는데, 알다가도 모를 일이었다. 아침 식탁에서 일어난 로맨틱한 사건은 아무래도 좋았다. 다만 책의 출판 년도와 사건이 일어난 장소가 다른 것이 문제였다. 당대 영국의 학계와 문단을 주름잡던 고스는 그것이 1847년 피사에서의 일이라고 주장하였고, 브라우닝을 비롯한 다른 사람들은 1849년 바니 디 루카에서의 일이라고 주장했다. 누구의 말이 사실인가? 브라우닝의 말대로 1849년이 틀림없다면 리딩에서 찍었다

고 표지에 인쇄된 1847년판의 정체는 과연 어떻게 설명해야 할까?

　카터와 폴라드는 전문가의 직감으로 이 사건에 뭔가 석연치 않은 점이 있음을 느꼈다. 우선 이들은 문제의 증정본이 어떤 경로로 시장에 나오게 되었는가를 조사해보았다. 답을 얻는 데 큰 어려움은 없었다. 20세기 초 영국의 문헌학자이자 문헌 수집가로 명성이 드높았던 사람 중 토머스 와이즈Thomas J. Wise(1859~1937)란 분이 있다. 와이즈는 1918년 『엘리자베스 브라우닝의 산문과 시 목록Bibliography of the Writings in Prose and Verse of Elizabeth Barrett Browning』이란 긴 제목의 두툼한 저서를 출판하였고, 이어 1929년에는 『브라우닝 도서관A Brownig Library』이란 책도 출판한 사람이다. 이 두 책에서 와이즈는 고스가 밝힌 아침 식사 때의 에피소드와 리딩에서 엘리자베스의 소네트 증정본을 인쇄하게 된 일을 그대로 반복했다. 그런 다음 증정본의 인쇄를 맡은 미트포드가 최초로 인쇄된 증정본의 얼마를 이탈리아의 브라우닝 부부에게 보내고 나머지 얼마를 친구이자 의사인 베넷 박사Dr. W. C. Bennett에게 주었다는 새로운 사실을 밝혔다. 와이즈 자신은 1885년에 이르러 베넷 박사와 친분을 맺게 되었는데 이 사람으로부터 25파운드를 주고 엘리자베스의 소네트 증정본 한 권을 샀고, 베넷 박사는 나머지 열 권 내지 열두 권도 브라우닝의 열성 숭배자들에게 팔았으며 이 책을 산 사람들이 또 다른 사람들에게 값을 더 얹어서 팔았다는 것이다. 이렇게 팔고 사고 또 팔고 하여 이 증정본이 시장에 나왔다는 것이다.

　위에 기록된 고스와 와이즈의 증언은 어느 모로 보나 신빙성이 있었다. 더구나 브라우닝 학자로서 고스와 와이즈가 누리던 명성으로 볼 때, 이들의 이야기를 의심한다면 어딘가 정신이 좀 이상한 사람이 아닌가 의심받을 일이었다. 그러나 카터와 폴라드는 처음부터 두 사람의 증언을 믿으려 하지 않았다.

의심스러운 점이 너무나 많았다. 우선 시장에 나온 책의 상태가 너무나 양호했다. 적어도 70년이 지난 책이라면 그렇게 깨끗할 수 없었다. 다음, 당시 시인으로서 브라우닝이 누린 명성으로 보아 이탈리아에서도 충분히 인쇄할 수 있었을 텐데 어째서 원고를 구태여 영국까지 보냈을까 하는 점. 다음, 나중에 출판된 엘리자베스의 친구 미트포드의 서간집에는 증정본 출판과 관련한 언급이 단 한 차례도 없다는 점. 미트포드는 어째서 증정본 전부를 브라우닝 부부에게 보내지 않고(어차피 증정본은 돈을 받고 판매할 수도 없고, 저자도 아닌 사람이 남에게 줄 성질의 물건도 아닌데) 열 권 정도를 남겨두었을까? 또, 미트포드는 왜 그것들을 브라우닝 부부와는 아무런 인연이 없는 베넷 박사라는 사람에게, 그것도 한 권도 아닌 여러 권을 주었을까? 브라우닝 부부가 남긴 숱한 편지와 대화록을 보아도 정작 당사자들은 이 증정본 출판에 대해 단 한 차례도 언급하지 않는다는 점도 의문이었다. 브라우닝이 사망하고 24년 뒤인 1913년 브라우닝의 장서가 경매에 부쳐졌을 때, 어떤 이유로 거기에는 이 증정본이 단 한 권도 나오지 않았던 것일까? 어째서 이번에 런던 시장에 나타난 증정본에는 브라우닝이나 엘리자베스가 손수 써넣은 서명이나 증정에 관련된 통상적인 문구가 하나도 없는 것일까? 그러니까 이 책의 역사는 1885년 와이스가 베넷 박사로부터 25파운드를 주고 한 권을 샀다는 이야기와 함께 답답하게도 딱 끊어진 셈이다.

와이즈는 당시 베넷 박사가 이 증정본을 약 열 권가량 가지고 있었다고 했다. 그러나 소동이 일어난 1932년만 해도 런던 고서적 시장에 최소 열일곱 권 이상이 유통되고 있다는 사실을 카터와 폴라드는 알고 있었다.

마침내 두 사람은 이번에 등장한 책의 진위를 직접 가려내기로 결심했다. 그들은 우선 1847년 영국 리딩에서 인쇄되었다는 증정본을 아주 철저하게, 과학적으로 검사해보기로 했다. 두 사람이 사용한 방법은 그 뒤 슬쩍 문헌을 위조해 큰돈을 쥐어보겠다는 엉뚱한 생각을 가진 사람들에게 몹시 고통스러운 장애물이 되었음을 이 자리에서 부언해둔다.

우선 이들은 문헌 위조 판별에 새로운 방법을 도입했다. 그때까지 어떤 서적이나 원고의 위조 여부나 제작 연대에 의심이 갈 때 사용한 방법은 거기에 사용된 잉크를 화학적으로 분석해보는 것이었다. 카터와 폴라드는 잉크를 분석하는 대신 증정본의 종이를 분석하는 방법을 선택했다. 전문가의 도움을 받은 이 분석에서 그들은 우선 이 팸플릿에 사용된 종이가 화학적으로 처리된 펄프로 제작되었음을 확인했다. 그런데 이런 화학 처리 방법이 종이 제조에 최초로 사용되기 시작한 것은 아황산염 표백 방법이 성공적으로 개발된 1880년대 초부터였다. 이런 종이가 이보다 30여 년 이른 시기인 1847년에 출판된 책에 사용되었다니 있을 수 없는 일이었다.

다음으로 카터와 폴라드가 사용한 조사 방법은 좀 더 정교하고 복잡했다. 우선 이 증정본에 인쇄된 활자를 자세히 검토한 결과 사용된 활자의 모양에 독특한 점이 있음을 발견했다. 증정본에 사용된 활자의 자형(字型, font)은 소위 "꼬리 없는 활자형"으로서, 예를 들면 f자의 상부나 y자의 하부 돌출 부분이 없는 활자형이었던 것이다. 그런데 영국 인쇄업자들이 이 자형을 사용하기 시작한 것은 1880년대였고, 그 이전에는 존재하지 않았다.

이 두 가지 이외에 또 다른 특이한 사항은 인쇄된 물음표가 지금까지 보지 못한 이상한 모양을 하고 있다는 점이었다. 물음표가 흔히 쓰는 것보다 가늘고 길었으며, 밑에 찍는 점이 현저하게 아래 중앙에서 옆으로 벗어나 있었다.

　　이상의 증거들을 가지고 판단할 때 1847년판 엘리자베스 소네트집이라
는 증정본은 가짜임이 분명해졌다. 어떻게 아직 세상에 나오지도 않은 종이
와 존재하지 않는 활자형을 사용할 수 있단 말인가? 1847년이라고 뚜렷이
인쇄된 이 책의 출판 연대는 1880년 이후임이 분명했다. 런던 고서적 시장
에 등장한 이 증정본은 위조품이 확실했으며, 이제 카터와 폴라드가 해야
할 일은 과연 누가 어떤 목적으로 이런 짓을 했는지를 밝히는 일이었다.

　　증정본에는 출판 연도만 나와 있었지 인쇄소 이름이나 주소, 또는 어떤
형태의 상표 같은 것도 없었다. 두 사람은 우선 19세기까지 영국에서 만들
어진 인쇄 활자들을 모을 수 있는 만큼 모았다. 그리고 이 활자들 가운데서
특히 꼬리 없는 활자들을 집중적으로 조사하기 시작했다. 1895년까지 영국
에서 총 스물일곱 종의 꼬리 없는 활자형이 만들어졌음을 확인한 두 사람은
그 가운데 소위 1847년판 엘리자베스 브라우닝의 증정본을 인쇄하는 데 사
용한 것과 같은 활자형을 찾아내기 위해 많은 시간을 들여 대조 작업을 해
야 했다. 정확한 활자형을 찾아내는 즉시 그 활자를 제조한 공장에 찾아가
그것을 구입한 인쇄소를 확인할 수 있을 것이라고 판단했기 때문이었다. 그
런 다음에는 그 책을 인쇄해 간 사람이 누구였고, 몇 권이나 찍었는지는 저
절로 드러날 것이었다.

　　그러나 작업은 의외의 난관에 부딪혔다. 카터와 폴라드가 정성들여 수
집한 스물일곱 종의 꼬리 없는 활자에는 1847년판 증정본에 사용된 활자 모
양과 완전히 일치하는 활자체는 없었으며, 특히 그 독특한 모양의 물음표는
어디에도 없었다.

　　이제 두 사람이 내릴 수 있는 결론은 1874년판 증정본을 인쇄한 사람이
의도적으로 한 가지 자형을 사용하지 않고 여러 종류의 자형을 혼합하여 사

용했을 것이라는 추측뿐이었다. 이제 이런 짓을 벌인 사람이 과연 누구인지 범인 색출에 나설 작정이라면 가게 문을 닫고 영국에 있는 크고 작은 인쇄소를 일일이 방문하여 한 달이 걸리든 1년이 걸리든 탐문 수사를 벌이는 수밖에 없었다. 그러나 그것은 불가능한 일이었다. 수사관도 아니고 책을 팔아 먹고사는 서적상으로서는 유감스럽지만 이쯤에서 손을 떼야 했다.

하지만 이들의 노력은 결코 헛되지 않았다. 문제를 푸는 실마리는 생각지도 않은 곳에서 나왔다. 이들은 같은 시기 우연히도 당대의 대시인 매슈 아널드Matthew Arnold(1822~1888)가 럭비Rugby 고등학교에 다닐 때 써서 상을 받은 「로마에 입성한 알라리크 대왕Alaric at Rome」이란 장시의 팩시밀리 복사판을 조사하고 있었다. 열 쪽도 채 되지 않는 이 책자는 다른 사람도 아니고 당대 영국에서 가장 명성이 높은 학자요 고문헌 수집가인 와이즈가 수집가들을 위해 1893년 런던에서 특별히 인쇄한 것이었다. 카터와 폴라드를 놀라게 한 것은 여기에 사용된 활자가 문제의 1847년판 엘리자베스 브라우닝의 소네트 증정본을 찍는 데 사용한 활자와 거짓말처럼 일치한다는 점이었다. 꼬리 없는 자형은 물론, 그 괴상한 모양의 물음표와 기타 세세한 부분에 이르기까지 완전히 일치하고 있었다. 그리고 뒤표지에는 그들이 이제껏 애타게 찾고 있던 바로 그것, 인쇄소의 이름도 나와 있었다. 그것은 작고 이름 없는 출판사도 아닌 당시 런던에서 꽤 유명했던 '리처드 클레이 앤 선스' Richard Clay & Sons라는 유서 깊은 출판사였다.

카터와 폴라드는 단숨에 그곳으로 달려가 조사에 착수했다. 인쇄소 책임자는 클레이 사가 혼합 활자형을 사용한 것은 1880년부터라고 했다. 그런데 유감스럽게도 이 인쇄소가 보관하고 있는 기록은 모두 1911년 이후의 것이었기 때문에 그 이전의 출판에 대해서는 알 길이 없었다. 문제의 1847년판 소네트 증정본을 인쇄해 간 사람에 대해서도 마찬가지였다.

이상의 증거를 가지고 카터와 폴라드가 내릴 수 있는 결론은 이러했다. 영국 리딩에서 1847년에 인쇄되었다는 엘리자베스 브라우닝의 소네트 증정본은 실제로는 1880년에서 1890년 사이에 리딩이 아닌 런던에서, 조그만 인쇄소도 아닌 '리처드 클레이 앤 선스'라는 꽤 유명한 대형 인쇄소에서, 브라우닝 부부와는 아무런 상관이 없는 어느 머리 좋은(?) 사람이 순전히 돈벌이를 위해 제작한 책이라는 것.

그렇다면 이 위조범(?)은 그 뒤 과연 어찌되었을까? 소기의 목적을 달성하고 프랑스 소설가 모리스 르블랑Maurice Leblanc(1864~1941)의 탐정소설에 등장하는 아르센 뤼팽처럼 회심의 미소라도 지으면서, 유유히 역사 속으로 사라지고 말았을까? 아니면 더 끈질긴 임자를 만나 결국은 정체가 드러나 개망신을 당하거나 감옥에라도 갔을까?

여기까지 읽어온 독자들 가운데는 막연하나마 혹시 이 사람이 범인이 아닐까 하고 심증을 굳힌 사람도 있을 것이다. 카터와 폴라드가 철저한 수사 끝에 마침내 밝혀낸 진범은 다름 아닌 당대 영국 최고의 고문헌학자요 문헌 수집가로서 영국문헌협회 회장을 역임했고, 옥스퍼드 대학교에서 명예 문학석사 학위를 받았으며, 아무리 돈이 많고 지위가 높다 해도 그 방면에 특별한 업적이나 공헌이 없으면 가입할 수 없는 희귀 문헌 수집가들의 모임인 록스버그 클럽Roxburghe Club의 정회원이자, 영국 최대 최고의 개인 도서관으로 알려진 애슐리Ashley 도서관의 소유자로서 만인의 부러움과 존경을 한 몸에 받은 '토머스 와이즈'였다.

카터와 폴라드가 이 거물을 범인으로 지목하여 세상에 폭로하게 되기까지의 비화와 와이즈의 교묘한 위조 수법과 범행 동기, 그리고 이 사람에

게 속아 거금을 아낌없이 던져버린 순진하고 허영심 많은 고객들의 이야기
는 다음 편에서 계속된다.

　마지막으로 독자들의 이해와 감상을 위해 문제의 소네트집에서 가장
많이 읽히고 또한 유명한 소네트 한 편을 소개한다.

How Do I Love Thee?

How do I love thee? Let me count the ways;
I love thee to the depth and breadth and height
My soul can reach, when feeling out of sight
For the ends of Being and ideal Grace.
I love thee to the level of everyday's
Most quiet need, by sun and candle light
I love thee freely, as men strive for Right;
I love thee purely, as they turn from Praise.
I love thee with the passion put to use
In my old griefs, and with my childhood's faith.
I love thee with a love I seem to lose
With my lost saints - I love thee with the breath,
Smiles, tears, of all my life! - and, if God choose,
I shall but love thee better after death.

내가 당신을 얼마나 사랑하느냐고요?

엘리자베스 B. 브라우닝

내가 얼마나 당신을 사랑하느냐고요? 어디 한번 세어보지요.

보이지 않는 곳에서 존재의 목표와 이상적인 은총을 더듬어 찾을 때,

나의 영혼이 미치는 높이만큼, 깊이만큼, 넓이만큼 사랑한답니다.

해 뜨는 낮에도, 촛불 켜는 밤에도, 하루하루 가장 필요로 하는 고요만큼

당신을 사랑한답니다.

남자들이 자기들의 권리를 위해서 투쟁하는 것처럼 자유롭게,

남자들이 칭찬을 듣고 수줍어 돌아서는 것처럼 순수하게,

나는 그대를 사랑한답니다.

어린 시절 슬플 때 마구 울어대던 그런 정열을 가지고,

어린 시절의 신념을 가지고 당신을 사랑한답니다.

잃어버린 나의 성자들처럼 꼭 잃어버릴 것만 같은 그런 걱정으로 그대를 사랑하고,

나의 숨결로, 미소로, 눈물로, 니의 생명 전부로 그대를 사랑하고,

그리고 또 만약 신이 허락한다면

죽은 뒤에는 지금보다 더 그대를 사랑할 거예요.

6장

토머스 와이즈의 위조 수법 ABC

우선 이 사람이 어떤 사람인가부터 알아보자. 미국 메리엄 출판사가 간행한 1976년판 『웹스터 인명사전Webster's Biographical Dictionary』을 찾아보면 이렇게 나와 있다.

토머스 제임스 와이즈(1859~1937), 영국의 문헌학자, 책 수집가, 위조범.

Thomas James Wise, 1859~1937, English bibliographer, book collector, and forger.

어떤 사람의 이름이 이 사전에 올라 있을 정도라면 그것 자체가 보통은 넘는 일이다. 역사적인 인물인 것이다. 거기다가 영국의 문헌학자요 책 수집가로 기록되어 있으니 얼마나 영광스러운 일인가. 그런데 유감스럽게도 맨 나중에 붙은 '위조범'이란 말 하나가 우리를 실망시키는 동시에 의아하게 만든다. 그렇다면 이분은 위조지폐라도 유통시켰단 말인가?

우선 앞 장에서 설명한 와이즈에 관해 조금 더 상세히 알아보자. 와이즈는 희귀한 문헌이나 귀중한 도서의 수집 및 거래, 그리고 감정에서 당대 최고의 권위를 가진 인물이었으며, 특히 이런 물건의 거래에 반드시 따라다니는 부정이나 속임수에 그 누구보다 분노하고 가슴 아파한 사람이었다.

토머스 와이즈의 사진

약 40년에 걸쳐, 영국에서 어떤 고서적이나 원고의 진위가 문제되었을 때 그것에 대하여 최종 심판을 내릴 수 있는 유일무이한 권위자가 바로 와이즈였다. 이 분야에서 내로라하는 사람들이 제아무리 뽐내고 참새처럼 떠들어보았자 와이즈가 나서서 한 말씀하면 모두 조용해졌다. 그의 말이 곧 대법원 판결이었다. 더 이상 떠들어대는 사람이 있다면 어딘가 좀 이상한 사람으로 간주되었다. 당시 영국에서 좀 오래되었다거나 희귀하다고 판단되는 문헌이나 원고치고 와이즈의 손을 거치지 않은 것이 없었다고 해도 크게 과장된 말은 아니다. 이 사람은 이런 희귀한 문헌들 가운데서도 가장 희귀한 물건들만 골라 수집하여 개인 서재를 꾸몄는데, 이것이 그 유명한 애슐리 도서관인 것이다. 그야말로 이 사람은 수집가 중의 수집가였다.

와이즈의 애슐리 도서관은 당대 이 분야에 관심을 가지고 있던 모든 사람들의 사랑과 시샘의 대상이자 절망의 대상이었다. 누구나 한 번 와이즈가 수집한 어마어마한 장서들을 보고 나면 집에 돌아가 아예 머리를 싸매고 누워버렸다. 와이즈의 개인 서재는 책수집가들의 이상이 구현된 곳이었다. 이 방면에서 타의 추종을 불허하는 탁월한 식견을 갖추었던 와이즈는 자신의 손에 들어오는 고문헌 중에서 세상에 꼭 하나밖에 없는 것들만 골라 수집하였으며, 자기가 먼저 수집하고 남는 것이 있으면 그제야 다른 사람들에게 넘겨주었으니 와이즈의 수집품이야말로 영국 최고의 수준이라고 말할 수밖에 없었다.

애슐리 도서관은 19세기 영문학에 관해 연구하다가 어떤 의문이 생겼을 때 문학도나 학자들이 제일 먼저 찾아가야 하는 일종의 학문상의 기항지였다. 그는 또 너그럽게도 이 서재의 무궁무진한 보물들을 학자들에게 항시 공개하였을 뿐만 아니라, 문헌의 진위에 관한 문제건 시인의 전기에 관한 문제건 아니면 연대에 관한 문제건 더불어 의논하여 풀리지 않는 문제가 없는 권위자였다. 육안으로 도저히 구별할 수 없는 조지 메러디스George Meredith(1828~1909)의 똑같은 팸플릿 두 개를 놓고 어느 것이 먼저 출판된 것인가를 결정하는 데도 그가 "이것이다" 하면 그것이었다. 퍼시 셸리Percy B. Shelley(1792~1822)의 시집 증정본 한 권에 수천 파운드의 가격을 호가하게 만든 것도 와이즈의 말 한마디였으며, 같은 증정본으로서 현미경으로 보아도 드러날까 말까하는 미세한 차이의 책을 단돈 1파운드도 받지 못하게 만든 것도 와이즈의 말 한마디였다. 한마디로 요약해서 와이즈는 19세기 후반에서 20세기 초반 영국 문헌학계에서는 없어서는 안 될 별 중의 별이었던 것이다.

와이즈가 이렇게 중요한 인물이 된 것은 이 방면에서 보여준 탁월한 학식 때문만은 아니었다. 좀 더 중요한 요인은 와이즈의 남다른 정의감이었다. 문헌 수집과 이에 관련한 거래에서 이 사람보다 더 확고부동한 정의감을 지닌 사람은 없었다. 그는 이 분야에서 거짓이나 부주의로 발생하는 오류에 남다른 증오심을 나타냈다. 쉽게 말해서 가짜 문헌을 진짜처럼 속이거나 위조하여 시장에 내다 파는 일 같은 것을 이 사람처럼 증오하고 개탄한 사람은 또 없었다. 그의 친구이자 문학비평가인 고스는 이런 말을 남겼다.

이 토머스 와이즈란 친구는 죽어 심판을 받는 날 우리 주님 앞에 서게 되면 아마 주님에게 구약성서의 창세기는 진짜 초판본이 아니라고 말할 사람이지요.

I am sure that on the Day of Judgement Wise will tell the good Lord that Genesis is not the true first edition.

그런데 이 사람의 막강한 권위와 드높은 명성에 겁도 없이 도전하여, 예리한 추리와 끈질긴 추적 끝에 와이즈를 문헌위조 및 매매자로 세상에 폭로하여 웹스터 인명사전에 '위조범'이란 영구히 지울 수 없는 전과를 남기게 한 사람들이 있었으니 바로 런던 한구석에서 고서적을 팔던 서적 상인 카터와 폴라드였다. 이 두 사람은 친구였다. 직업이 직업이니만큼 이들도 나름대로 고서적이나 희귀 원고에 대해 상당한 식견

토머스 와이즈의 생애를 다룬 전기

을 갖춘 전문가들이었다. 그들은 당시 런던 고서적 시장에 교묘하게 위조된 가짜들이 심심찮게 등장하고 있을 뿐만 아니라, 이런 물건을 제조하여 전문적으로 시장에 내다 파는 위조범이 있다는 것을 알고 있었다. 그런 위조범 가운데 다른 사람도 아니고 바로 와이즈란 거물이 끼어 있으리라고 의심한, 그야말로 엉뚱하고 무례하기 짝이 없는 젊은이들이 바로 이 두 사람이다.

이런 식의 의심은 약 40년에 걸쳐 와이즈가 누려온 완전무결하고 절대적인 권위와 의심의 여지없는 정직성을 철석같이 믿었던 사람들로서는 도저히 용납할 수 없는 무례였다. 그런데 예나 지금이나 이러한 무례를 서슴없이 저지르는 부류의 사람들이 있다면 그것은 겁 없는(동시에 버릇없는) 젊은이들이다. 젊은이들에게는 나이 든 사람들이 100가지 잘못을 지적할 수 있다 하여도 부정할 수 없는 한 가지 덕목이 있다. 바로 권위에 위축되지 않는 것이다. 카터와 폴라드는 젊었다. 게다가 두 사람은 비록 헌책을 팔아 생계를 유지할지언정 돈벌이보다는 진실을 밝히려는 정열이 남다른 데가 있었다. 이런 면에서 이들도 학자였다. 무엇보다도 이들은 학자의 필수불가결한 자질인 의심하는 능력을 갖추고 있었다.

때는 1918년, 장소는 영국에서 미국 텍사스로 옮겨간다. 어느 날 텍사스 대학교는 흥분과 축제의 분위기에 휩싸인다. 시카고의 백만장자였던 존 렌 John H. Wrenn이 막대한 재력과 지칠 줄 모르는 정열로 평생토록 수집한 희귀 문헌들이 그의 유언에 따라 텍사스 대학교에 기증되어 마침내 대학 도서관에 도착하는 날이었던 것이다. 그런데 이 사건이 유독 대학 도서관 담당자들뿐만 아니라 세인의 각별한 관심을 끌게 된 데는 수집한 문헌의 양이 방대하고 그 수준이 기막히게 높다는 것 이외에 또 다른 이유가 있었다. 사실 렌의 수집품은 런던에 거주하며 렌의 대리인 겸 자문역을 담당했던 당대 영국 최고의 문헌학자인 와이즈와, 미국에 살면서 가치 있는 고문헌 수집에 골몰했던 시카고의 백만장자 렌 사이의 수십 년에 걸친 우정의 결실이었다. 백만장자가 아낌없이 지불한 돈＋당대 최고의 문헌학자의 엄격한 심사와 선택＝? 답은 독자들의 몫으로 남겨놓겠다. 이런 훌륭한 장서들을 유수의 대학들을 제치고 몽땅 기증받게 된 텍사스 대학교 당국이 흥분하여 어쩔 줄 몰라 한 것도 이해하고 남을 일이다.

그러나 16년 후인 1934년 카터와 폴라드라는 두 수사관(?)이 끈질긴 추적 끝에 와이즈의 문헌 위조 사업(?)을 낱낱이 폭로하였으니 이 어찌 딱한 일이 아니겠는가? 텍사스 대학교 도서관이 그간 애지중지해온 렌의 기증 문헌들은 하나부터 열까지 모두 위조된 가짜로 판명되었다.

렌이 기증한 장서와 서류들 가운데는 진짜도 들어 있었다. 그러나 그것은 렌이 엄청난 돈을 들여 사들인 책이나 원고가 아니라, 수십 년에 걸쳐 영국 런던의 와이즈가 미국 시카고의 돈 많은 멍청이에게 보낸 수많은 편지들이었다. 이 편지들에 대단히 흥미로운 내용이 담겨 있으리라는 것은 쉽게 짐작이 가는 일이다. 뿐만 아니라 그 내용을 검토해보면 이 세기의 위조범이 사용한 대가다운 수법도 알아낼 수 있다.

남보다 먼저 이런 사실을 재빨리 간파하고 그 편지들을 자세히 검

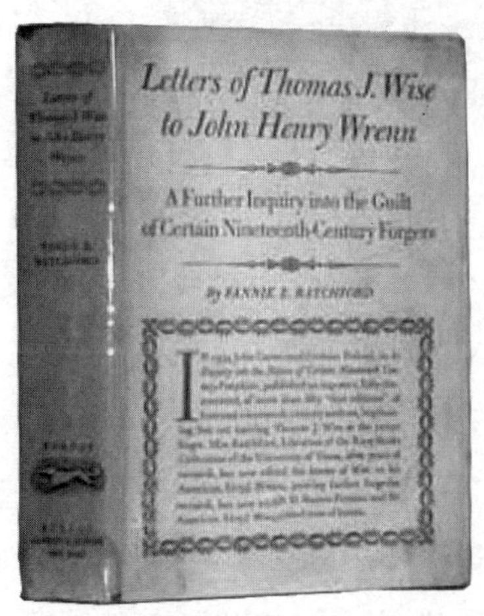

패니 래치포드가 펴낸 『토머스 와이즈가 존 렌에게 보낸 편지들』

토하여 돈도 벌고 명예도 얻고 영문학 연구사에 이름을 남긴 사람이 있으니, 그는 텍사스 대학교 도서관에서 렌의 기증 문헌만을 특별히 담당 관리하던 도서관 직원 패니 래치포드Fannie Ratchford였다. 래치포드가 읽어본 서간 문들은 예상대로 흥미진진했다. 이 약삭빠른 아가씨는 편지들을 모으고 자신이 긴 서문을 달아 미국의 저명한 출판사에 의뢰하여 책으로 펴내 톡톡히 재미를 보았다. 이 책은 한 사람의 천재 사기꾼과 그에게 속아 넘어간 순진하고 어리석은 선의의 피해자에 관한 이야기로, 백 번 읽어도 싫증이 나지 않는 내용이었다. 그 가운데 한 가지만 소개하고자 한다.

존 렌의 개인 장서표

무엇보다 와이즈와 렌 사이에 오간 편지에는 신뢰와 우정이 넘쳐흘렀는데, 이 우정과 신뢰는 해가 갈수록 깊어만 갔다. 런던의 와이즈는 렌의 전폭적인 신임을 받으며 대리인으로 행세하면서 런던의 고서적 시장이나 경매에 등장하는 희귀한 문헌들 중 렌이 흥미를 느낄 만한 서적들을 대신 구입하여 미국으로 보냈다.

이렇듯 대서양 건너편에서, 고서적 수집에 미친 미국인 친구의 개인 서재를 꾸미는 역할을 담당한 와이즈는 이 기회를 자기가 손수 제작한 위조품을 팔아 거금을 챙기는 데 아주 적절히 이용했다. 래치포드가 펴낸 와이즈와 렌 사이에 오간 서간집은 현재도 그렇고 앞으로도 정보국 요원이나 범죄 수사관, 또는 스파이처럼 비밀과 은밀함을 요구하는 직업을 선택할 사람들에게 필독까지야 아니더라도, 읽어두면 결코 손해 볼 리 없는 유용한 지침서가 될 것임을 보장한다. 이 책을 꼭 읽어야 할 사람이 있다면 렌처럼 되고 싶지 않은 사람들, 즉 돈은 많아 무엇인가 사서 모으고 싶은데 그 방면에 문외한인 사람들일 것이다.

자, 그렇다면 와이즈가 사용한 가장 기본적인 기술은 과연 무엇이었는지 알아보기로 하자. 이것이야말로 와이즈의 기본 기술일 뿐만 아니라, 무릇 남을 속여 무엇인가 자기의 목적을 달성하고자 하는 사람이라면 누구나 터득해야 할 기술이기도 하다. 한마디로 말해 그것은 절대 '서두르지 말라!' 는 것이다. 어디 이 방면의 대선배였던 와이즈의 대가다운 수법을 살펴보자.

우선 와이즈는 렌에게 최근 생각보다 아주 싼 가격으로 어떤 희귀한 문헌을 손에 넣을 수 있었다는 기분 좋은 내용의 편지를 한 통 띄운다. 그러고는 편지 마지막에 아주 사무적인 투로 어떤 희귀한 책이 어떤 사람의 수중에 있다는 얘기를 전해 들었는데, 그 사람은 죽은 모 시인의 증손자라는 소문이 있다고 적는다. 그리고 그 책은 19세기 초에 살았던 어느 유명한 시인이 생전에 출판한 팸플릿으로서 틀림없이 렌도 흥미를 느끼리라는 것을 잘 알고 있으니 계속해서 귀를 땅에 대고 책의 향방을 주시하겠노라고 덧붙인다.

몇 달이 흐른다. 아니 몇 년이 흐른다. 그 사이 오간 편지에서 와이즈는 단 한 차례도 지난번에 언급했던 팸플릿에 대해서는 이야기하지 않는다. 그러다가 어떤 다른 내용의 편지 한구석에 불쑥 몇 달 전 아니 몇 년 전에 언급했던 그 시인의 팸플릿을 상기시키면서 그 팸플릿을 소유하고 있던 시인의 증손자가 최근에 죽었다는 소식을 전한다. 그는 계속해서 팸플릿의 행방을 탐지하겠다는 말도 덧붙인다.

또 몇 개월이 무심히 지나간다. 그 팸플릿에 대한 추가 정보가 들어온다. 천신만고 끝에 자신이 죽은 그 증손자가 가지고 있던 팸플릿을 두 눈으로 확인했다는 것이다. 팸플릿의 보존 상태는 아주 양호하여 새것이나 다름없고, 이것을 손에 넣을 수만 있다면 그야말로 기막힌 수집품이 될 것이며, 자신이 계속 이 팸플릿에 눈독을 들이고 있으니 안심하라는 말로 편지를 끝맺는다.

또 알맞은 만큼의 시간이 흐른다. 마침내 대서양 건너편 '문헌학의 왕자'로부터 승전보가 들려온다. 드디어 그 보물을 손에 넣었으며, 자기는 이미 한 권 가지고 있어서 이번에 구입한 물건은 현재 미국으로 수송 중임을 알린다. 순진한 미국인 친구는 책의 대금으로 거액의 수표를 와이즈 앞으로 보낸다. 그 책이 와이즈가 대량으로 제조한 가짜라는 것을 꿈에도 생각하지 못하고 오직 감사하는 마음으로!

앞서 언급한 엘리자베스 브라우닝의 1847년판 소네트 증정본으로 돌아가보자. 리딩에서 인쇄되었다는 이 팸플릿도 실은 와이즈의 작품이다. 와이즈는 1900년까지 약 10여 년 동안 런던에 살면서 리처드 클레이Richard Clay와 가깝게 지냈다. 그런데 클레이는 당시 런던에서 '리처드 클레이 앤 선스'라는 큰 인쇄소를 경영하고 있었다. 학자로서 와이즈의 인격과 명성을 익히 알고 있던 클레이는 어느 날 와이즈에게 자기 인쇄소에서 찍게 된 50여 종의 팸플릿의 제작 자문을 맡아달라고 부탁했다. 와이즈는 이 기회를 이용했다. 원래 클레이가 주문받은 팸플릿들은 한 종류에 열 권에서 스무 권만 인쇄하게 되어 있었으나, 와이즈는 남의 눈에 띄지 않게 이보다 훨씬 많은 양의 팸플릿을 만들어 감추어놓고는 여기에 알맞은 에피소드나 문학사에서 흥미 있는 이야기들을 꾸며내 교묘하게 퍼뜨렸다.

엘리자베스 브라우닝의 1847년판 소네트 증정본의 경우는 이미 밝힌 바와 같다. 엘리자베스가 브라우닝과 함께 이탈리아 피사로 달아나 결혼을 하고 그곳에 정착하여 살던 어느 날 아침 그녀는 부끄러운 얼굴로 남편 브라우닝에게 한 뭉치의 원고를 넘겨주고는 자기 방으로 사라졌고, 이 원고에 적힌 소네트를 읽은 브라우닝은 셰익스피어의 소네트 이래 가장 훌륭한 시들이라고 극찬하며 즉시 시집으로 출판하자고 제안했다. 그러나 엘리자베스는 이 시들은 자기 사랑의 솔직한 고백으로서 너무나 성스러운 것이기에 세상 사람들과 나누기 싫다고 강력하게 반대했다는 것이다. 와이즈는 이런 식의 에피소드를 당대의 권위 있는 문학비평가의 입을 통해 새어나가게 만들기도 했고, 때로는 자기가 저술한 두툼한 저서에 슬쩍 끼워 넣기도 했던 것이다.

이와 동시에 와이즈는 학자이자 문헌 수집가로서 자신이 누리고 있던 흠잡을 데 없는 명성과 권위를 이용하여 이미 남몰래 제작해놓은 팸플릿 몇 권을 몇몇 친구들에게 팔거나 선물로 주었다. 다른 사람도 아니고 와이즈 같은 사람으로부터 이런 사연이 얽힌 팸플릿을 손에 넣게 된 사람들은 기고만장하여 돌아다니면서 자기가 얻은 희귀한 책에 대해 시키지 않아도 크게 나발을 불어댔다. 홀로 조용히 미소 짓는 사람은 와이즈였다. 상품의 선전이 목적한 대로 잘 되어가고 있으니 즐거울 수밖에. 이런 식으로 해당 책자의 명성과 신뢰성, 그리고 바라는 만큼의 가격이 시장에 형성되기를 기다린 와이즈는 야금야금 하나씩 시장에 유통시켰던 것이다.

그러나 아무리 주도면밀하게 실행에 옮긴다 해도 꼬리가 길면 밟히는 법. 1934년 카터와 폴라드는 몇 년에 걸쳐 수집한 부정할 수 없는 증거들을 가지고 와이즈의 위조 행각을 만천하에 낱낱이 폭로했다. 세상은 또 한 번 시끄러워졌다.

이렇게 되자 여기저기서 지금까지 세상에 알려지지 않았던 와이즈와 관련한 의혹들이 속속 터져 나왔다. 미국의 한 고서적 상인은 카터와 폴라드의 폭로가 있기 훨씬 전에 사업차 대서양을 건너 런던에 들렀다가 이 굉장한 분(와이즈)의 저택을 방문하여 만인의 부러움과 시샘의 대상인 애슐리 도서관을 구경했던 영광을 회상하면서 다음과 같은 에피소드를 공개했다. 장소는 애슐리 도서관. 와이즈는 바다를 건너 찾아온 이 고서적 상인과 이야기를 하던 중 어떤 책의 이름이 튀어나오자 등 뒤에 있는 책장 서랍을 직접 열어보라고 말했다. 그런데 공교롭게도 상인은 얼떨떨한 상태에서 실수로, 열어보라는 서랍이 아닌 다른 서랍을 열었다. 그런데 놀랍게도 그 서랍에는 이 세상에 모두 스무 권밖에 없고, 애슐리 도서관에도 한 권밖에 없는 것으로 되어 있는 엘리자베스 브라우닝의 1847년판 증정본이 아직 제본도 되지 않은 상태로 가득 들어 있었다. 어림하여 100권은 만들 수 있는 분량이었다.

이런 엄청난 사실을 목격하고서도 이 서적 상인이 미국으로 돌아와 아무 말도 하지 못한 것은 용기가 부족해서라기보다는 나는 새도 떨어뜨리던 와이즈의 권위와 명성이 그만큼 대단했기 때문이다.

따지고 보면 이 사건은 고서적을 팔고 사는 업계에서 일어난 흥미로운 해프닝에 불과했다. 이 사건 때문에 어떤 사람이 목숨을 잃거나 패가망신을 한 것도 아니며, 동쪽에서 떠야 할 해가 서쪽에서 뜬 것도 아니었다. 신문에서도 대문짝만하게 몇 번 떠들다가는(대문짝만한 기사들이 모두 그렇듯이) 얼마 안 가 잠잠해졌으며, 사람들의 기억에서도 한 달도 채 지나지 않아 깨끗이 사라지고 이야깃거리도 되지 않게 되었다.

그러나 계속 떠들어대는 사람들도 있었다. 고서적을 거래하며 사는 상인들과 수집가들, 문헌학자들과 연구자들이 그렇다. 그들에게 이 사건은 생활과 직접 관련되는 일이었다. 대서양을 사이에 두고 양편에 사는 이들에게 이번 사건은 몽둥이로 세게 뒤통수를 얻어맞은 듯한 충격이었다. 그렇게 믿고 우러러본 와이즈가 알고 보니 거물급 사기꾼이란 것은 지난 20여 년 동안 매일 아침 성실하게 우유를 배달한 친절하고 착실해 보였던 사람이 실은 우유병에다 독약을 조금씩 넣어온 흉악한 범죄자였다는 것이나 다름없는 충격이었다.

와이즈의 사기 행각이 세상에 알려진 뒤에도 몇몇 친구들은 얼마간 그를 만나러 갔다. 그는 그답게 〈런던 타임스〉 '문예 부록'에 편지 형식으로 장문의 글을 실어 자신을 변호하기도 했으나 가만히 있느니만 못한 결과를 가져왔다. 신문기자들을 불러 모아 기자회견도 해보았지만 결과는 참담했다. 마침내 그는 입을 다물어버렸다. 1937년, 그러니까 카터와 폴라드의 폭로가 있은 지 3년 뒤 와이즈는 일흔여덟의 나이로 눈을 감았다.

7장

바이런이 남긴 자서전 원고의 행방

유명한 예술가의 생애가 일반인의 생애와 달리 많은 사람들의 관심과 흥미의 대상이 되는 것은 지극히 자연스러운 일이다. 그것은 쉽게 말해서 많은 팬을 갖고 있기 때문이다. 어떤 소설을 읽고 깊은 감동과 감명을 받은 독자가 그 소설가가 어떤 사람이고 어떤 삶을 살았는지에 관심을 갖는 것은 지극히 당연한 반응이기 때문이다. 따지고 보면 예술가의 생애만이 흥미로운 것은 아니다. 정치가, 군인, 운동선수, 가수 등 유명인의 생애도 마찬가지 이유에서 다 가치 있고 흥미로운 것이다.

예술가, 특히 소설가나 시인 같이 글을 써서 유명해진 문인들의 사생활이 우리의 관심과 주의를 끄는 이유는 이들이 남긴 작품 때문이다. 이들에게 일어난 사건은 아무리 하찮은 일이더라도 주변의 친구들이나 그 시인의 시를 유난히 좋아하는 사람들, 또 후대에 시인을 연구하게 된 학자들한테는 보통 이상의 의미를 가지게 되며, 때로는 이런 사람들에 의해 터무니없이 미화되거나 과장되어 전해지기도 하는 것이다.

이 모든 사실을 감안한다 하더라도 19세기 초 영국의 시인 바이런의 생애는 하찮은 사건이 아닌 큼직큼직하고 굵직굵직한 사건들로 가득 찬 파란만장한 일생이었음을 인정하지 않을 수 없다. 더욱 우리의 흥미를 끄는 것은 대부분의 사건이 시인이라는 고상한 타이틀과는 어울리지 않게 수많은 여자들과의 비정상적인 관계에서 생겨난 스캔들이라는 점이다.

"어느 날 자고 일어나보니 유명해져 있더라"I awoke one morning to find myself famous는 유명한 말과 함께 우리에게 그 이름도 친숙한 바이런. 그의 아버지 잭 바이런Jack Byron은 5대째 내려오는 귀족인 바이런 남작의 조카로서, 낭비벽이 있는 데다 성격이 포악하여 "미치광이 잭"mad Jack이란 별명으로 통했다. 어머니 또한 이에 뒤질세라 병적으로 성미가 급하고 정서적으로 불안정했으며, 스코틀랜드의 퇴락한 귀족 가문에서 태어나 그야말로 제멋대로 자란 캐서린 고든Catherine Gordon이란 여자였다. 바이런의 아버지는 천성이 방탕한 데다 여자 후리는 기술도 탁월했던가 보다. 그는 고든과 결혼하기 전에 이미 어느 후작 부인을 유혹하여 남편과 이혼하게 만든 뒤, 이 여자의 재산만 몽땅 털어먹고 오거스타 리Augusta Leigh라는 딸 하나만을 남겨놓은 채 후작 부인을 차버렸다. 이런 부모 사이에서 외아들로 태어난 바이런의 성품이 어떠했을지 관심거리가 아닐 수 없다.

바이런은 태어날 때부터 한쪽 다리를 전 일종의 불구자였으며, 내분비선 불균형에서 오는 선천성 비만증 때문에 일생 동안 무척 고생했다. 그는 비스킷과 탄산수 정도로 그저 굶어죽지 않을 만큼만 먹어야 했으며, 조금이라도 방심하여 체중이 늘기 시작하면 강력한 설사약을 복용해야 했다.

세 살 되던 해 아버지가 죽자 바이런은 끔찍한 가난 속에 살아야 했다.

바이런의 초상

그런데 열 살이 되었을 때 생각지 않은 행운이 찾아왔다. 바이런 남작 가문의 6대 후손으로 갑자기 남작의 지위를 승계하게 되어 이름 앞에 'Lord'가 붙는 귀족이 된 것이다. 하루아침에 거지에서 귀족이 된 바이런은 당시 귀족의 자제들만 입학이 허용되는 명문 사립 해로우 고등학교Harrow School에 입학하고, 이곳을 거쳐 케임브리지 대학교에 진학했다.

다리의 불구를 보충하려는 듯 바이런은 학창 시절 각종 운동에 유난히 열을 올렸다. 그는 크리켓, 권투, 펜싱, 승마 등 못하는 운동이 없었으며, 실력 또한 다른 학생들을 훨씬 뛰어넘었다.

성적으로도 조숙했다. 바이런은 일곱 살에 이미 본격적으로 이성과 사랑에 빠졌다. 상대는 사촌 여동생 메리 더프Mary Duff. 더프는 10년 후 다른 남자와 결혼했고, 바이런은 몸을 가누지 못할 정도로 발작을 일으키면서 슬퍼했다고 한다.

바이런은 비록 한쪽 다리를 저는 불구였지만 생김새는 미남형이었으며, "부전자전"(父傳子傳, like father, like son)이란 동서양 속담의 진리를 증명하려는 듯 어려서부터 사치와 낭비, 그리고 방탕 기질을 유감없이 발휘했다. 케임브리지 대학교를 다닐 때에는 학생신분에도 불구하고 기숙사의 자기 방을 지나치게 화려하게 꾸며 문제가 될 정도였고, 지금의 고급 승용차와 운전사에 해당하는 마차와 시종을 거느렸으며, 개를 기르지 못하게 하자 어디서 길들인 곰 한 마리를 구해와 학교 당국을 골치 아프게 만들고, 젊은 여자를 남자로 가장시켜 한 방에서 지내기도 했다. 그 결과 세습 귀족으로서 조상들이 남긴 토지에서 매년 받는 수입과, 시집을 팔아 번 적지 않은 인세에도 불구하고 평생 경제적인 어려움을 겪어야 했다.

그러나 무엇보다도 바이런을 괴롭힌 것은 여자들이었다. 당시 런던 사교계의 여자들은 이 미남 시인을 가만히 내버려두지 않았다. 제일 먼저 바이런을 죽자 사자 따라다녀 무척 짜증나게 만든 이는 캐롤라인 램Caroline Lamb이었는데, 눈에 띄게 자유분방하고 하는 짓은 괴상했으며, 그것도 모자라 히스테리 증상이 아주 심한 여자였다. 이런 점에서는 둘째가라면 섭섭하게 생각할 만한 바이런 자신도 이 여자의 공세 앞에서는 견딜 수 없었던 모양이다.

바이런은 일종의 도피책으로 결혼을 해버렸다. 바이런이 결혼한 여자는 아나벨라 밀뱅크Annabella Milbanke였다. 어느 모로 보나 램과는 대조적인 인물이었다. 천진난만하고 세상물정에 어두웠으며, 지적이고 정숙한 체하기 좋아하는 여자였다. 이 여자의 특기는 당시 여자로서는 생각할 수도 없었던 수학이었다.

이 여자가 바이런 같은 난봉꾼과 결혼한 것은 자기 힘으로 이 불행한 죄인을 개과천선시켜 새사람을 만들겠다는 숭고한 일념에서였다. 이런 결혼의 결과는 불을 보듯 뻔했다. 1년이 채 지나지 않아 두 사람은 지독한 불화 끝에 이혼의 전 단계인 법정 별거에 들어갔다. 두 사람 사이에서 얻은 것은 오거스타 아다Augusta Ada라는 딸 하나뿐이었다. 후일 아내 밀뱅크는 바이런은 정신이 약간 이상한 사람이라고 확신한다고 주변 사람들에게 말했다한다.

그런데 정작 세상을 떠들썩하게 만든 사건이 부부의 법정 별거 중에 일
어났다. 바이런의 아버지가 결혼하기 전 어느 후작 부인을 유혹하여 딸 하
나를 두었다는 사실을 기억할 것이다. 그러니까 바이런에게는 손위 이복누
이가 된다. 그런데 바이런은 바로 이 이복누이와 불륜에 빠지게 되었고, 이
사실이 별거 중인 밀뱅크에게 들통나버렸던 것이다. 이복누이 리는 바이런
과 한 번도 만난 적이 없었기 때문에 두 사람이 처음 만났을 때는 완전히 낯
선 이성이었다.

바이런과 리의 불륜은 비록 불만 속에 별거 중인 밀뱅크가 터뜨린 스캔
들이었지만 여러 가지 증거로 보아 거의 틀림없는 사실로 여겨졌다. 바이런
자신도 죄의식을 느끼기는 했지만, 이 여자에 대한 애정은 진지하고도 깊은
것이라고 친구이자 비슷한 정신세계와 도덕 기준을 가지고 있던 시인 퍼시
셸리Percy B. Shelley(1792~1822)에게 고백한 바 있다.

그러나 이 스캔들은 사회적 여파가 상상 이상으로 컸다. 웬만한 추문에
는 면역이 되어 있던 당시 런던의 사교계에서조차 용납되지 않을 정도였다.
극소수의 친구들을 제외한 거의 모든 이들이 바이런을 완전히 따돌렸다. 급
기야 바이런은 스물여덟 살이 되던 1816년 4월 25일 친구들의 권고를 받아
들여 '잠시' 영국을 떠나기로 결정한다. 그런데 이 잠시가 '영영'이 될 줄은
바이런 자신을 포함해서 아무도 몰랐다. 바이런은 결국 두 번 다시 고국 땅
을 밟아보지 못하고 외국에서 죽음을 맞이하게 된다.

바이런은 우선 스위스로 건너가 당시 제네바에 머물고 있던 셸리 부부
와 만났다. 그런데 여기서 또 문제가 발생했다. 이번에도 여자 문제였다. 당
시 셸리의 부인 메리 고드윈Mary Godwin은 이복 여동생인 클레어 클레르몽
Claire Clairmont이란 열일곱 살 먹은 처녀를 데리고 있었다. 클레르몽은 영국에

있을 때 이미 바이런을 만나 한때 죽자 사자 쫓아다녔던 전력이 있는 여자였다. 그런데 운명의 장난이라고 할까. 바이런이 풀이 죽어 제 발로 찾아왔으니 이제 홀로 독차지할 수 있게 된 것이다. 이 여자의 정성은 헛되지 않아 1년 뒤 딸을 하나 낳아서는 바이런의 딸이라고 세상에 공표했다. 딸의 이름은 알레그라Allegra. 바이런은 말도 안 되는 소리라고 펄펄 뛰며 자기는 이 여자와 아무런 관계가 없으며, 따라서 이 여자가 낳은 알레그라와도 관계가 없노라고 강력하게 주장했다. 그러나 바이런의 전력을 잘 아는 주변 사람들은 그를 신뢰하지 않았다. 이래저래 고아 신세가 된 알레그라는 결국 이탈리아의 어느 수녀원으로 보내졌으며, 바이런이 양육비를 부담했다. 그 뒤 알레그라는 불쌍하게도 여섯 살이 되던 1822년에 열병에 걸려 수녀원에서 죽고 만다.

바이런은 클레르몽의 등살에 못 이겨 제네바에서 1년 정도 머무른 뒤 이번에는 베니스로 갔다. 이곳에서 바이런은 자포자기의 심정에서인지, 아니면 본래의 실력을 발휘해서인지 수많은 여자들과 육체 관계를 맺은 것으로 알려져 있는데, 기록에 따르면 불과 2년 정도 머무는 동안 관계한 여자들이 무려 200명 이상이었으며, 주로 하층계급의 여자들이었다고 한다.

이 장난에도 싫증이 난 바이런은 1819년부터 테레사 구이촐리Teresa Guiccioli라는 젊은 백작 부인과 조용하면서도 오래가는 관계에 들어갔다. 당시 이탈리아 상류사회에서는 젊고 아름다운 여자가 나이 많고 돈 많은 귀족과 편의상 결혼을 한 뒤, 남편에게는 결혼에 알맞은 예의를 지키면서 젊은 남자를 애인으로 두는 것이 암암리에 묵인되고 있었다.

이런 가운데서도 바이런은 계속 시를 써서 발표했고, 그의 시는 수많은 독자를 확보하는 데 성공했다. 당시 시인 바이런의 이름은 영국뿐만 아니라 전 유럽에 널리 알려졌으며, 그의 시집은 출판될 때마다 요샛말로 '베스트셀러'가 되었다. 바이런은 영문학사상 시인으로는 아마 최초의 베스트셀러 작가일 것이다. 이처럼 시집이 잘 팔려 생긴 수입금도 결코 적은 금액이 아니었으나 바이런은 이 돈을 가난에 허덕이는 친구들이나, 자기 주변을 맴도는 어중이떠중이들에게 모두 나누어주었기 때문에 항상 돈이 부족해 쩔쩔맸다.

구이촐리 백작 부인은 바이런이 일생을 통해 가장 긴 기간(그래야 결국 5년이었지만) 다른 여자들에게 한눈을 팔지 못하도록 붙잡아두었다. 그녀는 다른 바람둥이 여자들이 바이런 근처에는 얼씬도 못하게 만들 만큼 충분히 매력적이고 현명한 여자였다. 바이런도 이 여자의 보호와 감시 밑에 있는 동안에는 마음의 안정을 찾았으며, 바로 이 기간에 시인으로서 그의 이름을 후세에 길이 남게 만든 장편시이자 그의 대표작이기도 한 「돈 주안Don Juan」을 끝마치기도 했다.

그러나 이와 같은 평화와 행복도 오래가지 못했다. 바이런은 또 싫증을 느끼기 시작했다. 난봉을 피우는 데도 지쳤고, 구이촐리 백작 부인의 정성 어린 보살핌에도 지겨움을 느꼈다. 그는 삶 자체에 싫증을 느꼈는지도 모를 일이다. 신은 파멸로 이끌고자 하는 사람에게는 먼저 싫증을 느끼게 만든다고 누가 말하지 않았던가? 이런 정신 상태의 바이런이 또 무슨 엉뚱한 짓을 저지를지 아무도 모를 일이었다.

아니나 다를까. 바이런은 어느 날 느닷없이 당시 터키의 지배 아래 있던 그리스의 독립을 지원하기 위해 자비로 원정대를 조직하여 그리스로 떠나버렸다. 그는 그리스의 미솔로기Missoloughi란 곳에 도착하여 손수 군인을 모집해 훈련시키고 장비와 보급품을 조달하는 일에 참으로 놀랄 만한 통솔력과 수완을 발휘했다. 그러나 건강이 오래 지탱해주지 않았다. 열병에 걸린 바이런은 1824년, 서른여섯의 나이로 한 병사의 막사에서 죽었다. 후일 바이런의 전기 『바이런-그의 마지막 여행Byron: The Last Journey』(1843)을 저술한 그의 친구이자 팬이었던 해럴드 니콜슨Harold Nicholson은 다음과 같이 기록했다.

바이런이 미솔로기에서 달성한 것이라고는 자살뿐이었다. 그러나 이런 영웅적인 단 하나의 행동으로 그는 그리스의 해방을 가져왔다.

Lord Byron accomplished nothing at Missoloughi except his own suicide; but by that single act of heroism he secured the liberation of Greece.

오늘날까지도 바이런은 그리스에서 영웅으로 숭앙받고 있다.

이처럼 바이런의 일생이 시인답지 않게 좀 소란스러웠기 때문에 그의 생애를 다룬 전기들은 그가 세상을 뜨기가 무섭게 쏟아져 나오기 시작하여 오늘날까지 계속 출판되고 있다. 그리고 그 내용도 한결같이 바이런의 여자 관계를 폭로하는 스캔들이 중요한 주제를 이룬다. 그런데 이런 내용들은 대개 생전에 바이런과 가까이 지낸 친구들의 증언과 회고, 바이런이 남긴 편지들을 토대로 한 간접 증거에 의한 것이다. 개중에는 독자들의 흥미를 끌어 돈을 좀 벌어보겠다는 목적에서 나온 새빨간 거짓말도 있고 황당한 과장도 많았다.

그러니 바이런 자신이 솔직하고 정직하게 속마음을 털어놓는 자서전을 남겼다면 얼마나 속 시원하겠는가? 특히 세상 사람 모두가 궁금해 마지않

오드바르(Odevaere, Joseph–Denis), 〈바이런 경의 죽음〉, 1826년

는 아내 밀뱅크와의 결혼 생활, 클레르몽과의 관계, 이복누이 리와의 불륜, 구이촐리 백작 부인과의 생활 등 수많은 이야깃거리를 다른 사람이 아닌 당사자 바이런이 들려준다면 얼마나 흥미롭고 또 다행한 일이겠는가 말이다. 바이런은 이런 자서전을 살아 있는 동안 염두에 두지 않았을까? 혹 생전에 손수 집필한 자서전 원고를 남기지 않았을까?

남겼다. 바이런은 베니스에 머물며 구이촐리 백작 부인의 보호와 사랑을 받던 1819년부터 그리스 미솔로기에서 죽기 3년 전까지 상당한 분량의 자서전을 집필했고, 이 원고를 자기가 살아 있는 동안에는 절대 세상에 발표하지 말아달라는 조건을 달아 친구인 토머스 무어Thomas Moore(1779~1852)에게 건넸다. 그러나 이 친구에게 그것은 혼자만 읽고 바이런이 죽을 때까지 기다리고 있기에는 너무나 흥미진진했다. 그는 바이런 모르게 몇몇 친한 사람들에게 이 원고를 보여주었다. 원고를 읽고 난 이들의 의견은 두 편으로 갈라졌다. 한편은 원고에 포함된 내용이 도덕적으로 너무나 끔찍하고 음란하기 때문에 도저히 세상에 그대로 발표할 수 없다는 의견이었고, 다른 한편은 사람들을 불쾌하게 만들 만큼 대단하지는 않다는 주장이었다.

이런 가운데 마침내 바이런이 만리타국 그리스에서 죽었다는 소식이 영국에 전해지자, 그간 무어가 보관하고 있던 바이런의 원고를 어떻게 처리할 것인가를 놓고 아는 사람들 사이에 논란이 일었다. 여기에 관련된 사람은 우선 바이런으로부터 직접 원고를 받은 무어, 출판을 조건으로 이미 상당한 액수의 선금을 무어에게 지불한 출판사 사장 존 머리John Murray, 바이런과 케임브리지 대학교 시절부터 우정을 맺어온 존 홉하우스John C. Hobhouse, 바이런 생전에 법률 대리인 역할을 담당해온 더글러스 키네어드Douglas Kinnaird 변호사, 바이런과의 불륜으로 바이런이 영국을 떠나게 한 장본인인 이복누이 리, 그때까지도 법적으로는 정식 이혼이 되지 않아 엄연히 바이런의 아내였던 밀뱅크가 내세운 두 사람의 대리인 등이었다. 모인 사람들의 공통된 의견은 바이런 가의 체면과 시인의 명예를 생각하여 원고를 불살라 버리는 것이 좋겠다는 것이었다. 끝까지 반대한 사람은 무어뿐이었다.

그러나 반대 의견은 끝내 묵살되었다. 1824년 5월 17일 바이런이 남긴 원고는 무어 자신이 손수 베껴놓은 한 벌의 사본과 함께 일곱 명의 증인이 지켜보는 엄숙한 분위기에서 런던 시내 알버말Albermarle 가에 있는 출판사 사장 머리의 집 뜰에 피워놓은 모닥불 속에 던져졌다.

바이런의 자서전 원고가 불 속에서 가물가물 불꽃을 일으키면서 타 없어지는 동안 무어는 이제 막 바이런의 원고와 함께 불 속에 던져진 한 벌의 사본 이외에 다른 사본을 만든 일이 없음을 맹세하는 각서에 서명했다. 또

이 자서전 원고를 계약해 출판 준비를 다 해놓고 바이런의 사망 소식이 들려오기만 기다린 출판사 사장 머리도 자기는 이 원고의 복사본을 단 하나도 만든 일이 없음을 선서하는 문서에 서명했다. 이로써 바이런이 남긴 자서전은 재만 남기고 이 세상에서 완전히 사라진 것이다.

그럼에도 불구하고 사실은 그게 아니라고 생각하는 소수의 사람들이 있으니, 바로 학자라는 부류의 이상한 사람들이다. 불타 없어졌다면 없어졌겠구나 하고 믿어버리는 것이 정상인들이라면, 만사를 일단 의심해보고 과연 그럴까, 그렇지 않을 수도 있지 하는 소위 '회의적 희망' skeptical hope이 철철 넘쳐흐르는 의심의 대가들이 세상에는 있는 것이다.

바이런의 원고가 불타 없어지고도 30년이 흐른 1854년, 이번에는 셸턴 매켄지Shelton Mackenzie라는 의사가 다음과 같이 세상에 공표하여 또 한 번 사람들의 흥미를 자극했다. 즉 바이런의 자서전 원고는 사라졌지만 그 복사본은 엄연히 존재한다는 것이다. 그것도 한 벌이 아닌 무려 다섯 벌이나. 그 근거는 이러하다. 바이런은 자기가 쓴 자서전 원고를 무어에게 넘겨주기 전에 자신과 특별한 관계였던 블레싱턴Blessington 여사에게 먼저 읽을 기회를 주었다. 한번 읽어보라고 준 원고를 약삭빠른 블레싱턴 여사는 바이런이 모르는 사이에 누군가를 시켜 몽땅 베껴놓았다. 뒤늦게 이 사실을 알게 된 무어는 블레싱턴 여사를 만나 바이런의 뜻(?)을 전하며 설득했고, 이 여자도 무어 앞에서 복사본을 불태워 없앴다. 이것으로 무어는 만족하고 안심했지만, 블레싱턴 여사는 자기 누이동생도 똑같은 사본을 하나 만들어 가지고 있다는 말은 하지 않았다. 결국 이 사본에서 생겨난 복사본이 적어도 다섯은 된다는 것이 매켄지 박사의 주장이었다.

불타 없어졌다는 바이런의 자서전 원고를 읽었다고 나선 사람 중에는 미국 출신의 문인 워싱턴 어빙Washington Irving(1783~1850)도 있다. 머리 집에서 바이런의 원고를 소각한 사건이 있은 후 정확히 한 달 뒤 영국을 방문한 어빙은 슬롭퍼튼Sloperton에 살고 있던 무어의 집을 방문했으며, 이 집에서 하루를 묵는 동안 바이런이 손수 남겼다는 자서전 원고를 읽느라 밤을 꼬박 새웠노라고 일기에 기록했다. 이때 어빙이 읽은 것이 과연 무엇이었는지는 정확하지 않으나, 분명한 것은 이 세상에서 흔적도 없이 사라졌다는 바이런의 자서전이, 원본은 아닐지라도 사본 하나 정도는 어딘가에 틀림없이 존재한다고 믿는 사람들이 있으며, 거기에는 또 그럴싸한 근거도 있다는 사실이다.

만일 오늘이라도 바이런이 남긴 자서전 원고가(비록 사본일지라도) 세상에 다시 나타난다면 이것은 영문학사에서는 참으로 센세이션을 일으키고도 남을 일이다. 틀림없이 그 원고에는 추측이나 소문으로만 알려져 있는 수많은 여자들과의 관계, 특히 아내 밀뱅크와 불화한 원인이나 세상을 경악시킨 이복누이와의 불륜 등등 참으로 바이런 자신이 아니면 그 진상을 알 수 없는 내용들이 거리낌 없고 거짓 없이, 솔직하고 용기 있게 밝혀져 있을 것이 분명하기 때문이다.

그러나 종이는 불사조가 아니지 않은가. 한번 재로 변하고 나면 영영 재로 남게 마련이다. 그러나 시인 알렉산더 포프Alexander Pope(1688~1744)의 말과 같이 "우리의 가슴에 희망이 사라지는 법은 없나니"Hope springs eternal in human breasts. 더군다나 끈질긴 학자들의 탐구욕 앞에서 희망의 불꽃은 꺼지지 않고 영구히 타오르는 법이다. 학자들은 자신이 찾고 있는 자료가 일단 없어졌다는 사실을 인정하면서도, 그 사실을 비판적인 눈으로 바라보며 스스로에게 다음과 같은 질문을 계속 던지는 것이다. 그 원고가 없어졌다고 처음 말한 사람은 누구인가? 그 사람은 과연 그 사실을 알 수 있는 위치에 있었는가? 누구한테 들어서 전하는 말은 아닌가? 뒷날 호기심 많은 학자들이 캐묻는 것이 귀찮아 따돌리려는 수법은 아닌가? 혹시 그런 말을 한 데에는 어떤 저의가 숨어 있는 것은 아닌가? 제1장에서 본 바와 같이 그 유명한 '흑단나무 장롱' 속에 보관되어 있던 어마어마한 양의 보즈웰 원고들도 애초에는 모두 불살라 없어진 것으로 되어 있다가 결국 100년이 지난 후 고스란히 나타나지 않았던가!

바이런이 남긴 원고는 오늘 이 시간까지도 원본은 물론, 사본 하나도 발견되지 않고 있다. 전해오는 바와 같이 불에 타 영영 없어진 것인가? 아니면 아직도 어딘가에 숨어서 좀 더 끈질긴 학자의 손길을 기다리며 고요히 미소 짓고 있는 것일까?

8장

보들러리즘, 빅토리아시대의 한 초상

후세에 이름을 남기는 방법에도 여러 종류가 있다. 남이 애써 써놓은 글이 자기 마음에 들지 않는다고 해서 맘대로 고치거나 아예 삭제해버리는 행위가 있는데, 이를 일컬어 '보들러리즘'bowdlerism이라 한다. 이 분야에 유감없는 실력을 발휘하여 영문학사에 이름을 남겼을 뿐만 아니라, 영어사전에 "무단으로 삭제하다, 또는 정정하다"라는 뜻을 가진 "bowdlerize"라는 동사와 "저작물의 무단 삭제, 또는 정정 행위"라는 뜻의 "bowdlerism"이란 어휘를 보탠 사람이 바로 토미스 보들러Thomas Bowdler(1754~1825)라는 영국 에든버러 출신의 외과 의사이다. 이 사람은 문학에 대한 정열이 대단했으며 특히 셰익스피어를 향한 사랑과 존경은 당대 그 누구와도 비교할 수가 없을 정도였다고 한다. 그는 대학에서 셰익스피어를 가르치거나 연구하는 교수가 아닌 외과 의사였음에도 불구하고, 1888년 『가족을 위한 셰익스피어Family Shakespeare』라는 여덟 권짜리 전집을 자비로 출판할 정도로 열성적이었다.

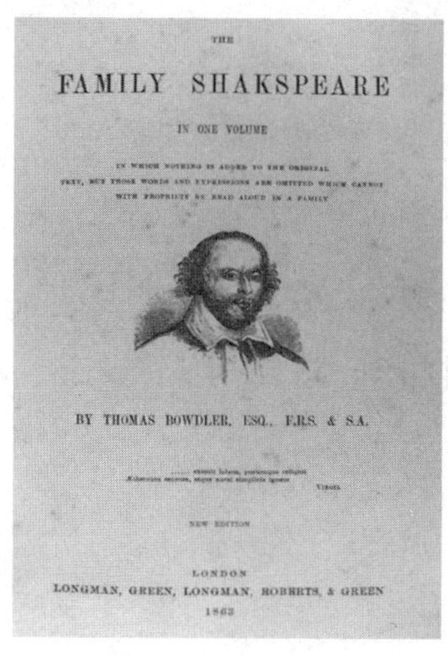

토머스 보들러의 『가족을 위한 셰익스피어』

그런데 세상만사가 다 그렇듯이 사랑도 존경심도 정열도 도가 지나치면 문제가 생기게 마련이다. 우선 보들러는 대단한 도덕가였던지라 셰익스피어 작품에 자주 나오는 음란한 말이나 표현, 상스러운 욕설 같은 것을 용납할 수가 없었다. 위에서 언급한 셰익스피어 전집을 편찬할 때도 친절하게도(?) 손수 작품에 손을 대, "가족이 모두 있는 곳에서 얼굴을 붉히지 않고 소리내어 읽을 수 없는 부분들" parts which can not with propriety be read aloud in a family을 어떤 때는 점잖은 말로 바꾸거나, 심한 경우에는 완전히 생략해버리는 수고를 아끼지 않았다. 언뜻 보면 이해가 될 듯도 하지만, 참으로 어처구니없는 일이다.

글을 쓴 작가나 문학을 연구하는 사람의 입장에서는 한마디로 용납할 수 없는 일이다. 이런 짓을 하여 유명해진 사람에는 보들러뿐만 아니라 그 이전이나 이후에도 많은 비슷한 사람들이 있는데, 공통점은 하나같이 도덕가들로서 모두 선의에 가득 찬 사람들이란 점이다. 쉽게 말해 교회의 목사님이나 중고등학교 학생주임 같은 분들이다(물론 사람 나름이긴 하지만). 그런데 다른 곳은 몰라도 문학 세계에서는 이런 도덕가들이 별로 이로운 일을 하지 못하는 것이 사실이다.

시인 로버트 번스Robert Burns(1759~1796)의 경우를 보자. 윌리엄 워즈워스보다 11년 먼저 태어나 서른일곱이란 젊은 나이로 죽은 번스는 사람들이 헤어질 때 자주 부르는 「올드 랭 사인Auld Lang Syne」이란 노래 가사를 지은 사람이다. 번스가 남긴 시가 노래 가사가 된 것만도 200편이 넘는다. 우리가 즐겨 부르는 「밀밭 사이로Comin' thro' the Rye」도 그중 하나다. 실은 우리도 모르는 사이에 번스가 작사한 노래를 많이 알고 있으며, 부르고 있기도 하다.

번스는 영국 북부 스코틀랜드 지방의 에어셔 카운티Ayrshire County에 있는 앨러웨이Alloway란 궁벽한 시골 마을에서 가난한 소작농의 아들로 태어나 학교 교육이라고는 별로 받아보지도 못했다. 하느님을 경외하는 부지런한 농부였던 아버지는 어떻게 해서든 번스를 학교에 보내려고 했지만 가난 때문에 그러지 못했다. 번스는 어려서부터 힘겨운 농장 일을 해야 했지만 문학에 대한 남다른 흥미와 소질을 보여 독학으로 많은 독서를 했다. 이런 어려운 환경에서 자라 후일 영문학사에 '스코틀랜드 국민 시인'의 자리에 오르게 된 것은 순전히 그의 노력과 타고난 시적 재능 덕분이었다.

번스는 천부의 시적 재능 이외에 방탕 기질도 있었다. 진 아머Jean Armour, 앨리슨 베그비Alison Begbie, 메리 캠펠Mary Campell 등 수많은 여인들이 길지 않은 그의 생애 동안 주변을 맴돌았으며, 이들과의 사이에서 여러 명의 아이가 태어났다. 그는 죽기 2년 전인 1794년 영국과 프랑스 사이에 전쟁이 일어나자 덤프리

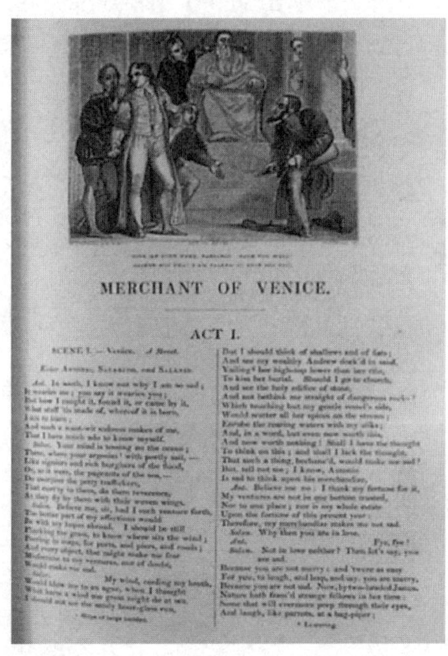

보들러판 「베니스의 상인」

스 지방의 의용군에 자원입대했고, 군인으로 근무하던 중 열병에 걸려 사망, '군인장'으로 그곳에 묻혔다.

번스는 일생 동안 300편이 넘는 시를 썼는데, 모두 사랑, 술, 일, 우정, 애국심, 음담패설 등을 주제로 한 것이었으며, 등장인물도 국민적 영웅으로 숭배받는 인물부터 술집에서 큰소리로 떠드는 술주정뱅이에 이르기까지 모든 계층을 포괄했다. 번스는 이 모든 부류의 사람들을 폭넓게 수용할 수 있는 이해심을 갖춘, 친절하고 너그러우며 쾌활하고도 순박한 사람이었다.

그런데 이 시인이 생전에 쓴 편지들을 번스가 죽고 4년 뒤인 1800년 의사인 제임스 커리James Currie가 편집하여 책으로 출판했는데, 이 사람은 보들러 이전에 이미 보들러만큼이나 남이 써놓은 글에 손대는 데 이골이 난 사람이었다. 책의 서문에서 그는 시인의 미망인과 남은 자식들을 생각해서 번스의 편지들을 그대로 세상에 내놓을 수 없었다고 솔직하게 털어놓으면서 이렇게 변명하고 있다.

나는 그의 많은 편지들을 불구로 만들지 않을 수 없었으며, 때로는 미묘한 내용이 담긴 많은 부분들을 ― 누구에 대한 지나친 찬사나 존경의 표현들 ― 잘라내지 않을 수 없었습니다.

It has been found necessary to mutilate many of the individual letters, and sometimes to exscind parts of great delicacy - the unbridled effusions of panegyric and regard.

그런데 실제 커리가 잘라낸 부분들은 "지나친" 표현만이 아니었다. 천성적으로 지나치게 결벽증이 심하고 학자연하던 커리는 번스가 사용한 표

현들이 너무 생생하다고 느껴지면 으레
손을 대 중도적이고 무난한, 그러니까
무미건조하고 생기 없는 단어로 바꾸어
버렸다. 본시 도덕가 중에서도 도덕가
였고 골수 보수주의자였던 커리에게 번
스의 거칠 것 없고 거리낌 없는 정치적
종교적 견해가 곱게 보일 리 없었다. 이
모든 것들이 커리의 눈과 손을 거치는
동안 소리 없이 사라져버렸다. 결국 이
런 편지를 통해 세상에 비친 번스는 거
세당한 번스나 다름없었다.

로버트 번스의 초상

　　커리 이후에 등장하여 번스의 편지를 모아 출판했거나 번스의 전기를
펴낸 사람들도 커리가 저지른 잘못을 반복하거나 더 악화시켰다. 그 대표격
의 인물이 로버트 체임버스Robert Chambers이다. 그는 커리가 미처 찾아내지 못
한 번스의 편지들을 출판하면서 조금이라도 하느님에게 불경한 냄새를 풍
기거나 점잖지 못하다고 판단되는 말들을 발견하는 족족 삭제하거나 자기
마음에 드는 말로 바꾸어버렸다. 예를 들어 번스가 사용한 "저주하다"라는
뜻의 "damn"이란 단어를 일률적으로 "curse"로 고쳤을 정도였다.

　　이와 같이 19세기 편집자들이나 전기 작가들의 선의에서 비롯된 고답
적이면서도 문학을 이해하지 못하는 무식한 태도는 20세기에 들어와 좀 더
개방적이고 비판적인 학자들의 비평 대상이 되었다. 이것은 번스가 남긴 원
고들 — 어느 개인이 소장한 것이건 도서관과 같은 공공 기관에 소장된 것
이건 간에 — 을 비교적 자유롭고 손쉽게 접할 수 있게 되어 책으로 출판된

것들과 일일이 대조해볼 수 있는 여건이 성립됨으로써 가능해진 일이다. 20세기의 학자들이 번스의 원고에 가해진 터무니없는 폭력 행위를 확인하고 분개, 경악한 정도는 아마도 19세기의 편집자들이 뻔뻔하고 무례하기 짝이 없는 번스의 표현들을 보고 그랬던 것과 크게 다르지 않을 것이다.

그런데 학자들을 가장 놀라게 만들고 분개시킨 것은 단어나 문구의 삭제나 변경 정도가 아니라 아예 원본 자체를 변조한 경우였다. 그중 빼놓을 수 없는 인물 중 하나가 맥르호스M'Lehose 부인으로 번스의 시에서 "클라린다Clarinda"라는 이름으로 언급되는 여자다. 번스는 이 부인에게 수많은 연애편지를 보냈는데, 이 여자는 정열과 애정이 넘치는 이 편지들을 번스가 죽은 뒤에도 오랫동안 혼자 간직하면서 친한 친구들에게만 보여주었다. 이 편지들은 여러 사람의 손을 거치는 동안 너덜너덜한 넝마가 되어버렸다. 그런데 이 여자는 이 편지들에 아주 맹랑한 짓을 하였으니, 편지에 적힌 사람들의 이름을 모두 정성스럽게(?) 잉크로 지워버리고, 구애의 말들은 가위로 도려냈으며(이렇게 함으로써 편지의 뒷부분까지 못 읽게 되었다), 그냥 웃어넘길 만한 표현들의 상당 부분도 화학약품까지 동원해 없애버렸던 것이다.

이런 불필요한 수고를 한 사람이 맥르호스 부인만은 아니다. 그런데 20세기에 들어와 과학기술의 발달과 함께 사라진 부분의 전부는 아니더라도 상당한 부분이 빛을 보게 되었다. 가위로 끊어낸 부분이야 어쩔 수 없었지만, 잉크나 화학약품으로 지운 부분은 대부분 복원되었는데, 재생시켜놓고 보니 20세기 독자들에게는 별것도 아니었다. 예를 들면 번스가 살던 당시 유행했던 약간 음란한 노래 가사에서 빌려온 것으로서, "나는 술기운에 성나 있다"I am nettled with the fumes of wine라던가, "어바니는 저주받을 거짓말을 했다"Urbani has told a damned falsehood와 같은 말 정도였다. 현재 미국 국회도서관에 보관되어 있는 번스의 어떤 편지에는 당시 영국 에든버러의 생활 모습을 생생하게 기록한 구절도 있다.

> 사람들은 집을 짓고, 사내들은 점잔 빼며 걷고, 젊은 여자들은 마음껏 미모를 뽐내며, 불량배들은 으슥한 곳에서 어정대고, 창녀들은 행인들에게 추파를 던지고.
>
> houses building, bucks strutting, ladies flaring, blackguards skulking, whores leering.

그런데 이 편지를 앞서 소유한 사람은 맨 나중에 나오는 두 단어 "whores leering"(창녀들은 행인들에게 추파를 던지고) 위에 종이를 붙여 가려놓았다고 한다.

1931년 옥스퍼드 대학교의 영문학과 교수인 딜런시 퍼거슨J. Delancey Ferguson은 위와 같은 '잘못된 친절'에서 비롯된 오류를 최대한 바로잡아 원래 그대로 되돌려놓느라 무진 애를 쓴 끝에 새로운 서간집을 한 권의 책으로 출판했다. 그는 번스의 편지들이 이처럼 수정되거나 삭제됨으로써 오랫동안 사람들은 인간 번스의 진정한 모습이 아닌 "정화된" 번스를 접할 수밖에 없었다며, "깨끗한 것" 좋아하는 그 사람들이 실은 번스를 술과 여자를 밝힌 부도덕한 사람으로 크게 과장함으로써 사실상 아주 개망나니로 보이게 만들었다고 주장했다. 번스가 생전에 이 방면에 남다른 실력을 발휘한 것은 사실이지만, 두 모습 모두 진정한 번스의 모습일 수 없다는 것은 상식으로 세상을 살아가는 우리에겐 쉽게 수긍이 가는 일이다. 번스라는 시인은 그 스스로 한 편지에서 고백한 대로 "계속 같은 죄를 범하는 허약한 인간일

너대니얼 호손

뿐" a frail, backsliding mortal merely인 것이다.

번스가 죽고 57년이 흐른 1853년 어느 날 영국 리버풀의 한 음식점에서는 미국에서 새로 부임한 미국 영사가 두 명의 영국 청년과 식사를 하며 이야기를 나누고 있었다. 이 미국인 영사의 이름은 너대니얼 호손 Nathaniel Hawthorne(1804~1864)이었고, 두 명의 젊은이는 인도에서 군인으로 근무한 경력이 있는 번스의 아들들이었다. 호손은 3년 전인 1850년 우리에게도 친숙한 『주홍 글씨The Scarlet Letter』를 발표하여 미국은 물론 영국에서도 널리 알려진 소설가였다. 아니, 소설가가 갑자기 무슨 일로 영사가 되어 영국에 건너왔단 말인가?

호손이 이런 관직을 갖게 된 데는 그럴 만한 이유가 있었다. 호손이 보두앵 대학Bowdoin College에 다닐 때 사귄 친구 중에 프랭클린 피어스Franklin K. Pierce란 인물이 있었는데, 이 친구는 졸업과 동시에 정치에 뛰어들어 마침내 미국 대통령 선거에 민주당 후보로 출마하게 되었다. 평소 호손의 글재주를 잘 알고 있던 피어스는 호손에게 선거용으로 자기의 자서전을 집필해달라고 부탁했다. 호손은 그의 요청을 받아들여 자서전을 써주었는데, 다행스럽게도 이 사람이 미국의 제17대 대통령으로 당선된 것이다. 그는 대통령이 되자 신세를 갚는 뜻에서 호손에게 영국 리버풀 영사 자리를 주었다. 그때나 지금이나, 미국이나 한국이나, 한자리 하려면 줄을 잘 서야 하는 모양이다.

평소 번스의 시를 몹시 좋아했던 호손으로서는 번스의 장성한 아들을 하나도 아닌 둘씩이나 한자리에서 만나는 것이 예사로운 일은 아니었다. 그런데 호손은 이들과 이야기를 나누다가 놀라운 사실을 알게 되었다. 두 아들의 이야기인즉슨, 체임버스가 출판한 번스의 작품집 서문에서 아버지에 대해 사실과 다르게 말함으로써 아버지를 크게 욕되게 했다는 것이었다. 번스의 두 아들은 매우 분개했다. 호손은 이런 내용을 일기에 자세히 적어 넣었다. 그는 후세 사람들이 인간 호손을 이해하는 열쇠가 될 자신의 서간문이나 일기들은 번스의 경우처럼 고약한 편집자들의 손에 들어가지 않게 해달라고 마음속으로 간절한 기도를 올렸다. 물론 하느님은 착한 호손의 기도를 들어주셨다. 다만 죽은 후 80년이 지나서였지만.

호손이 리버풀 영사로 있으면서 기록한 일기 형식의 "노트북"은 그가 수년에 걸쳐 보고 들은 사건들을 정확하게 기록한 것으로서, 후일 호손은 이 자료를 소설이나 수필을 쓰는 데 사용했다. 호손을 학문적으로 연구하는 학자들에게 없어서는 안 될 중요한 자료인 셈이다. 이 "노트북"은 1864년 호손이 죽자 몽땅 그의 미망인 손으로 들어갔다. 호손의 아내는 몇 년 후 〈아틀란틱 먼슬리Atlantic Monthly〉라는 저명한 월간 문예지에 수년에 걸쳐 야금야금 이 "노트북"의 내용을 연재했고(물론 상당한 원고료를 받았다), 나중에는 이 연재문을 모아 모두 여섯 권으로 된 책을 출판했다. 번스의 사례를 익히 알고 있던 호손의 미망인은 아래와 같은 사실을 책 서문에 분명히 밝힘으로써 독자들을 미리 안심시켰다.

나는 원고들을 있는 그대로 옮겨 적었을 뿐입니다. 새롭게 배열하지도 않았고, 순서를 변경하지도 않았습니다. 다만 몇 부분을 생략했을 뿐입니다. 그러면서도 고인의 성격이나 인품을 밝혀주는 데 조그만 도움이 될 것들은 특별히 주의하여 보존하였습니다.

I have transcribed the manuscripts just as they were left, without making any new arrangement or altering any sequence - merely omitting some passages, and being especially careful to preserve whatever could throw any light upon his character.

그런데 이 말이 새빨간 거짓말이었다는 사실이 밝혀진 것은 약 60년이 지나 미국 브라운 대학교 영문과의 랜달 스튜어트Randall Stewart 교수에 의해서였다. 스튜어트 교수는 호손의 미망인이 죽기 직전 유언으로 호손의 "노트북" 원고를 뉴욕에 있는 피어폰트 모건 도서관에 기증했다는 사실을 알고는 도서관에 찾아가 보관된 원고와 호손의 미망인이 출판한 책의 내용을 일일이 대조해보았다. 그런데 놀랍게도 원본의 수많은 부분이 잉크로 지워져 있었으며, 출판된 책에는 더 많은 부분이 아예 일언반구도 없이 빠져 있었다. 삭제된 부분이 수천 곳에 이르렀다. 호손이 번스의 장성한 두 아들을 만나 이야기를 나누며 알게 된 사실, 즉 자신이 남긴 원고를 사후 누군가가 변조할 수 있다는 우려 때문에 드린 간절한 기도 — 이런 일이 결코 자신에게 일어나지 않게 해달라는 — 는 다른 사람도 아니고 바로 호손이 평생을 사랑했고 굳게 믿어온 아내 때문에 하늘에 이르지 못하고 80년 이상 지체된 셈이니, "믿는 도끼에 발등 찍힌다"는 속담은 이런 경우를 두고 하는 말이 아니겠는가?

호손의 부인이 과연 남편이 정성들여 써놓은 원고에 어떤 짓을 했는지

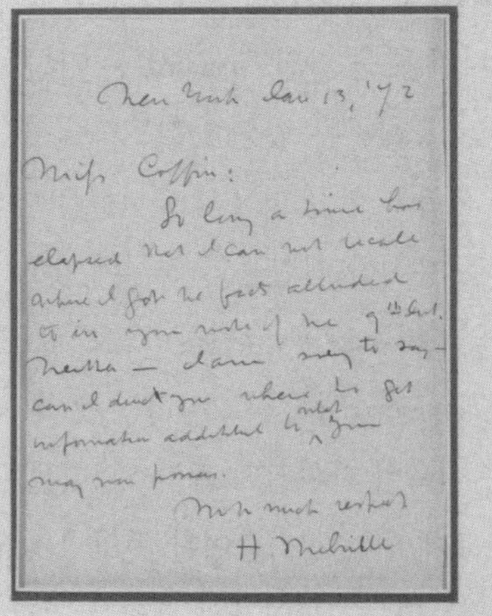

허먼 멜빌과 그의 친필 서신

알아보자. 스튜어트 교수의 끈질긴 노력 끝에 지워진 부분과 변조된 어휘나 문구들은 적외선램프 아래 하나하나 원상으로 되돌려지기 시작했다. 호손 부인이 한 일은 한마디로 자기 남편을 인간 호손으로 내버려두지 않고 좀 더 고상하고 고귀하게 보이도록 만드는 작업이었다. 1800년대를 살다 간 인간 호손이 정상적인 욕망을 가진 남자로서 주변에서 일어나는 인간적인 사건들을 아주 솔직하게 바라본 사람이었다는 사실을 말해주는 모든 증거를 없애려 들었던 것이다. 이 여자 때문에 사람들은 호손이 아주 지독한 퓨리턴(청교도)이었다는 고정관념을 가지게 된 것이다. 지독한 퓨리턴이요 깜찍한 얌전빼기는 바로 호손 부인이었다.

호손 부인은 19세기 영국에서 활약한 번스의 편집자들의 전통을 충실히 지켜, 생생하지만 상스럽다고 판단되는 구어체 어휘가 나타나는 족족 점잖고 무미건조한 문어체 어휘나 표현으로 바꾸었다. 그 결과 웅덩이란 뜻의

"puddle"은 "pool"로, 냄새를 맡았다는 뜻의 "smelt"는 "perceived"로, 퍼질러 앉았다란 뜻을 가진 "sprawled"는 간단히 "sat"로, 옴에 걸린 사람처럼 더럽다는 뜻인 "scabby"는 엉뚱하게도 "defaced" 정도로 바뀌고 말았다. 또 호손이 사용한 새롭고 힘찬 미국식 표현들은 예외 없이 뉴잉글랜드 지역의 고등교육을 받은 유식한 사람들의 정서에 맞게 바뀌었으니, 따리 붙이다, 아첨하다란 뜻의 "soft-soap"은 당연히 "praise"로, 한잔해서 얼근히 취하다란 뜻의 "boozy"는 "intoxicated"로, 땅꼬마라는 뜻의 "a little shrimp of a man"은 그냥 "little man"으로, 식욕이 가미된 먹음직스럽다는 뜻의 "eatable"은 식욕을 배제시킨 "edible"로 교체했다. 젖가슴이란 뜻의 "bosom"은 나타나는 족족 인정사정없이 제거되었는데, 젊은 여자의 그것은 말할 것도 없고 이집트 피라미드 속에서 나온 미라의 것일 때에도 매한가지였다. 매춘부라는 뜻의 "strumpet"의 운명도 마찬가지. 의자에 앉을 때 궁둥이가 닿는 부분인 "The bottoms of chair"는 "The seats of chair"로, 심지어 침대라는 단어에서도 수상한 냄새를 감지했던지 "나는 잠자리에 들었다"라는 지극히 평범하고 일상적인 표현인 "I got into bed"도 진짜 청교도답게 "I composed myself to sleep"이란 어색하기 짝이 없는 표현으로 바꾸었다.

스튜어트 교수와 피어폰트 모건 도서관 직원들의 특별한 노력으로 밝혀진 사실 가운데 호손 부인이 한 일이 진실을 탐구하는 학자들에게 얼마나 큰 해악인지를 보여주는 사례를 하나만 들어 보들러리즘의 폐해를 지적하고 이번 이야기를 마치겠다. 아래는 1851년 8월 1일자 일기의 일부분이다. 여기에는 호손이 당대 미국 문학을 대표하는 소설가이자 『모비 딕Moby Dick』(1851) 혹은 『백경白鯨』이란 소설로 우리에게도 잘 알려진 허먼 멜빌Herman Melville(1819~1891)을 매사추세츠 주 레녹스에 있는 자기 집으로 초대한 내용이 적혀 있다. 내용의 일부는 이러하다.

멜빌과 나는 시간과 영원, 이 세상과 죽은 뒤에 올 세상에 대하여 이야기를 나누었으며, 책과 출판사, 그리고 가능한 일과 불가능한 일에 대하여 밤늦도록 이야기했다.

Melville and I had a talk about time and eternity, things of this world and of the next, and books, and publishers, and all possible and impossible matters, that lasted pretty deep into the night.

그런데 여기서 갑자기 이야기가 중단되어버렸다. 호손 부인이 잉크로 까맣게 지워버렸기 때문이다. 그러나 사라진 부분은 20세기 과학의 힘으로 적외선 밑에서 다시 살아났으니 그 내용은 아래와 같았다.

그러나 솔직히 털어놓건대 우리는 성스러운 거실에서도 시가를 함께 피웠다.

and if truth must be told, we smoked cigars even within the sacred precincts of the sitting room.

이 별것도 아닌 내용이 어째서 지워졌을까? 호손의 아내는 남편이 어느 외간 남자와 자기 집의 성스러운 거실에서 담배를 피운 일이 세상에 알려지는 것이 그토록 못마땅했던 것일까? 아니면 남편이 담배를 피우는 것 자체를 평소에 싫어했던 걸까? 문장의 표현상 호손이 멜빌과 함께 시가를 피운 일은 어쨌든 호손에게도 평범한 일은 아니었던 것만은 분명하다.

위의 사실은 지극히 평범한 에피소드에 불과하지만, 다른 한편으로는 문학사적으로 매우 중요한 사실을 알려준다. 다름이 아닌 당대 미국 문단을 대표하는 두 소설가의 인간적인 관계에 대해 새로운 빛을 던져주고 있기 때문이다. 멜빌의 『모비 딕』과 호손의 『주홍 글씨』는 1년 간격으로 출판되어 미국 소설을 일약 유럽 수준으로 끌어올렸다. 이런 이유로 두 사람 사이에는 보이지 않게 경쟁 심리가 작동하였으며, 학자들도 두 사람 사이를 그다지 친밀하지 못하고 경직된 관계였다고 기록하고 있었다. 두 사람이 만나서 인간의 운명이나 영원에 대해 고상한 말은 나눌 수 있겠지만, 결코 인간적으로 친밀하거나 스스럼없는 관계를 맺지는 못했을 것이라고 여겨졌다.

그러나 지워졌다 다시 살아난 이 문장이 말해주는 것은 전혀 다른 이야기가 아닌가. 깔끔하기로 소문난 호손 부인의 거실에 단둘이 남게 되자 기회는 이때다 하고 시가를 꼬나물었다는 것은 두 사람이 거창한 철학 이야기만 나누는 사이가 아니라 실은 그런 사소한 안방 범죄(?)의 공범이 될 정도로 친밀했음을 증명하는 것이 아니겠는가?

9장

셰익스피어 연구와 마이크로필름

우리에게, 특히 젊은 세대에게 마이크로필름은 이제 그리 생소하지 않다. 본 사람도 많고, 실제로 사용하는 사람도 적지 않다. 쉽게 설명하여 영화필름 두루마리를 손바닥에 들어갈 정도로 축소한 것이라고 생각하면 틀림없다. 이것을 TV처럼 생긴 영사기에 장치하여 스위치를 넣으면 필름에 담은 글자나 그림이 화면에 나타난다. 우리나라에서도 마이크로필름의 편리함과 효율성을 인식하여 대학 도서관이나 방송국에서 귀중한 문헌이나 기록들을 마이크로필름에 담아 보관하고 있는 것으로 알고 있다.

예를 들어, 신문사에서 매일 발행하는 신문을 보관하는 일을 생각해보자. 하루 이틀도 아니고 1, 2년도 아니며 10년 20년으로 끝날 일도 아닌데, 100년쯤 되면 매일 한 부씩만 보관한다 하더라도 약 3만 6,000부, 웬만한 크기의 방 하나쯤은 채우고도 남는다. 분량도 분량이려니와 그것의 보관 상태도 시간이 지나면 큰 문제가 된다. 도서관을 생각해보자. 도서관에는 새로

마이크로필름

출판된 책들 이외에 매일 들어오는 신문만 해도 한두 종류가 아니며, 거기에 각종 잡지류와 정기간행물들이 쌓이게 마련이다. 이렇게 되면 이것들을 보관하는 일만 하더라도 커다란 문제가 된다. 부족한 공간도 문제려니와, 그 속에서 필요한 자료를 찾아내 효과적으로 사용하는 일도 현실적으로 어려워진다. 해마다 늘어나 쌓이는 정부를 비롯한 공공기관의 공문서철도 마찬가지다. 결국 일정한 시간이 지나면 소각 이외엔 별 신통한 방법이 없다.

여기서 마이크로필름이 등장한다. 신문 한 면을 가로 1센티미터 세로 1센티미터 크기의 필름에 담을 수 있으니 그 축소 정도를 쉽게 짐작할 수 있으며, 또 필름 목록을 체계적으로 분류하여 언제고 필요한 자료를 쉽게 찾아볼 수 있으니 그 편리함이란 더 말할 필요가 없다고 하겠다. 마이크로필름의 등장이야말로 컴퓨터의 일반화와 더불어 자연과학 기술이 인문학 연구에 가져다준 가히 혁명적인 혜택이라고 말할 수 있을 것이다.

불과 몇 십 년 전까지만 해도 학자가 희귀한 책이나 원고에 접근할 수 있는 방법은 두 가지 중 하나였다. 첫째는 자료를 소장한 도서관에 직접 찾아가는 일이다. 그러나 말이 쉽지 그게 어디 쉬운 일인가? 실제로는 참으로 어려운 일이다. 영문학에 관련된 자료만 하더라도 대부분은 영국이나 미국 동부의 유명한 대학 도서관에 집결되어 있는 것이 현실이다. 그곳을 찾아가 필요한 조사를 하는 일은 나와 같은 외국 사람에게만 어려운 것이 아니다. 정도의 차이는 있겠지만 그곳 학자들도 어렵기는 매한가지다. 정열과 인내심만으로 해결될 일이 아닌 것이다. 우선 필요한 것은 돈. 제아무리 학문에 대한 정열이 불타는 학자라 하더라도 빚 얻어서 영국이나 미국에 갈 수는 없는 일 아닌가? 다음은 시간이다. 그런 희귀한 문헌을 조사 연구하는 일이 어디 하루 이틀로 끝날 일인가! 한 달이고 1년이고 10년이고 시간에 쫓기지 않고 느긋하게 매달릴 때 비로소 좋은 결과가 나오는 법이다. 시간은 짧고, 조사 검토해야 할 자료는 산더미고, 뒷받침해주는 돈(고상한 말로 연구비)은 부족할 때, 학자는 고민하게 된다. 그렇다고 그 귀한 자료를 집에 가져가 필요한 만큼 연구하고 다시 가져다놓으라는 너그러운 도서관이 있을 리도 만무하다.

이런 경우 학자가 할 수 있는 일은 우선 자료를 복사하는 것이다. 다시 말해서 사진을 찍는 것이다. 지금은 성능이 좋은 복사기가 우리 주변에 많이 있어 그 편리함을 잊고 살지만, 미국의 제록스 사가 그 유명한 '제록스 복사기'를 개발하여 상품화하기 전까지는 소위 '사진 복사'photostat란 방법을 주로 사용했다. 필름 없이 직접 감광지에 실물 사진을 찍는 방법으로서 제록스 복사기와 원리는 같다고 하겠으나 특수 제작된 인화지를 사용해야 한다는 점에서 비용이 비교가 안 될 정노로 높았다. 사진 복사 방법은 여름방학을 런던이나 워싱턴에서 보내는 것보다는 돈이 적게 든다고 하겠으나 결코 수월하지만은 않은 것이, 한 장 한 장 찍는 비용도 비용이려니와 대개의 경우 수백, 수천 장을 찍어야 하기 때문에 그 수고 또한 결코 만만치 않다. 여기서 새로 등장한 수단이 다름 아닌 '마이크로필름'이다.

1930년대 처음 등장한 마이크로필름은 책이나 서류를 축소된 영화필름에 담는 것으로서 한 컷에 당시 가격으로 미화 1센트, 우리 돈으로 약 6원 정도였다. 마이크로필름의 등장과 동시에 개발된 것이 마이크로필름용 영사기로서, 마이크로필름을 소형 텔레비전 크기의 영사기에 장치하여 스위치를 넣으면 스크린에서 확대된 필름의 내용을 볼 수(읽을 수) 있게 되는 것이다. 이제 학자들은 어디에 살고, 어디에서 학생들을 가르치든 간에 원하는 자료를 마이크로필름으로 언제고 편리하게 이용할 수 있게 되었다. 학자들은 앉은자리에서 이태리 로마에 있는 바티칸도서관이나 프랑스 파리 국립도서관, 영국 런던에 있는 대영박물관, 미국 워싱턴에 있는 국회도서관에 언제고 필요한 마이크로필름을 우편으로 주문할 수 있으며, 주문하면 얼마 되지 않아 조그만 종이 상자에 포장된 해당 필름을 받을 수 있다. 그리고 그것을 대학 도서관으로 가지고 가 마이크로필름 영사기에 장치해서 원하는 만큼 느긋하게 보면서(TV 보듯이) 연구할 수 있게 된 것이다. 마이크로필름의 가격이 아무리 비싸더라도 당시 가격으로 1개당 10달러를 초과하는 법이 없었다고 하니 이 또한 얼마나 고마운 일인가?

이제는 우리나라도 이미 시작한 일이지만, 미국이나 영국의 도서관들은 이미 70여 년 전부터 여러 연구 재단의 도움을 받아 그들이 소유한 장서와 원고들 가운데 특별히 귀중한 문화적 역사적 가치가 있는 문헌들을 마이크로필름에 담는 작업을 시작했다. 제2차 세계대전이 한창 진행되는 동안 미국의 록펠러재단은 13만 달러를 특별 지원하여 독일의 공습으로 위협받던 런던의 대영박물관을 비롯해 대학 도서관 및 개인 수집가들이 소장한 장서나 원고 가운데 한번 없어지고 나면 영영 다시 볼 수 없는 귀한 문헌들 중 600만 쪽에 달하는 분량을 마이크로필름에 담아, 세계 제일의 시설과 규모를 자랑하는 미 국회도서관에 보관했다. 이 필름은 현재 원하는 학자들에게 언제나 제공되며, 원하는 부분만 복사해주기도 한다.

　미 국회도서관은 그 뒤 10여 년에 걸쳐 1600년 이전에 영국에서 출판된 영어로 쓰인 책들을 마이크로필름에 담는 계획을 수립했고, 이 계획에 동참하기를 원하는 도서관들에 매년 10만 쪽에 달하는 마이크로필름을 무상 공급했다. 이와 동시에 1825년 이전에 미국에서 발행된 모든 정기간행물과 18세기와 19세기에 걸쳐 영어로 발행된 정기간행물 중 보존 가치가 높다고 판단되는 125종의 정기간행물도 모두 마이크로필름에 수록했다.

　마이크로필름의 출현으로 학자들은 시간적 경제적으로, 그리고 심리적 육체적으로 '엄청나다'라고 밖에 표현할 수 없는 이점을 누리게 되었다. 이 외에 마이크로필름 덕을 크게 보게 된 것이 또 하나 있으니, 바로 만지기만 해도 부서질 만큼 오래된 문헌들이다. 이런 것들은 일단 마이크로필름에 수록하고 나면 아무도 다시 원본을 들추어볼 필요가 없기 때문에 이제껏 이런 희귀본들이 감수해야 했던 안타까운 손상을 면하게 된 셈이다. 모르는 사람들은 막연히 자연과학의 발달이 인문학을 잠식한다고 믿겠지만 사실은 정반대다. 알고 보면 자연과학의 발달이 가져다준 기술 덕분에 인문학 연구는 말할 수 없이 편리해졌고, 동시에 급속도로 발전했다.

　문학 연구가 본격적인 수준에 진입하게 되면 소위 '대조'(對照, collation) 작업에 반드시 이르게 된다. 대조란 한 작품의 원고가 작가의 손을 떠나 출판업자나 직업적인 서사scribe의 손에 들어간 뒤 판을 거듭하면서, 또 이 사람 저 사람의 손을 거치면서 단어나 문구가 조금씩 달라지고 변한 것들을 일일이 대조하여 가능하면 작가가 쓴 최초의 원고 상태로 바로잡는 일이다. 이 일의 중요성이야 두말할 필요도 없지만, 문학 연구에서 가장 힘들고 시간을 무진장 잡아먹는 고되고 지루한 작업이자, 가장 재미없고 아무런 영광도 따

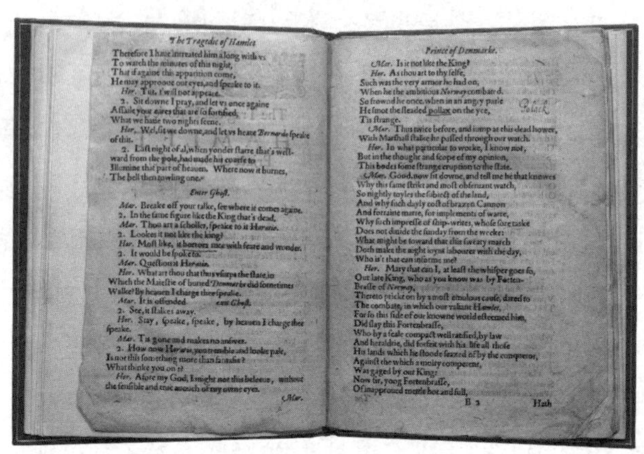

셰익스피어의 『햄릿』 초기 판본

르지 않는 분야이기도 하다.

요즈음은 그럴 리 없겠지만 특히 16세기와 17세기 영국의 인쇄업자들은 책을 인쇄하는 도중에 마음대로 내용을 고치는 못된 버릇이 있었다. 그러므로 '가장 정확한 텍스트'definitive text를 만들려는 학자들은 조금씩 다르게 인쇄된 모든 텍스트들을 한데 모아놓고 한 줄 한 줄 대조하면서 서로 다른 곳을 찾아내는 작업을 해야 한다. 여기에 따르는 육체적 정신적 고통은 조금만 상상력이 있는 사람이라면 쉽게 짐작할 수 있으리라. 이 세상 하고많은 일 가운데 하필이면 이런 일을 골라 하면서 즐거워하고 보람을 찾는 사람들이 소위 학자란 이상한 사람들이다.

이런 일을 하며 회의와 환멸에 빠진 사람 가운데 찰튼 힌만Charlton Hinman이 있다. 그는 존스홉킨스 대학교 영문학 교수로서 고서적을 뒤져야 하는 서지학(書誌學, Bibliographical Examination)이 전공이었다. 그는 홀로 가만히 생각했다. 하늘 위로는 비행기가 날고, 자동차 시동을 걸기 위해 손으로 크랭

크를 돌리는 구차한 짓을 하지 않아도 되며, 주부들도 손으로 일일이 접시를 닦지 않아도 되는 위대한 기계문명의 시대에, 어째서 자신은 케케묵어 냄새도 고약한 낡은 책들을 앞에 놓고, 글자나 문구의 미세한 차이를 찾느라 책장을 넘기고 또 넘기고, 그것을 다시 거꾸로 넘기느라 멀쩡한 눈이 짓물러야 한단 말인가?

제2차 세계대전이 발발하자 힌만 교수는 해군에 입대하여 남태평양에서 4년을 보냈다. 고요한 밤이 찾아오면 남십자성을 바라보며 보초를 서면서도 그는 존스홉킨스 대학교 연구실에 남겨둔 자신의 일에 대해 곰곰이 생각해보았다.

그런데 이 군대생활이 힌만 교수의 서지학 연구에 참으로 획기적인 도움을 주리라고 상상이라도 했겠는가? 힌만 교수가 이전의 비효율적인 대조 작업 방식을 능률적으로 바꿀 힌트를 얻은 것은 당시 해군에서 실시하던 정찰비행에서였다. 미 해군 정찰기들은 매일같이 폭격 목표 지점에 날아가 미리 사진을 찍어왔으며, 폭격이 이루어진 다음에도 같은 지점에 다시 날아가 동일한 고도와 각도에서 사진을 찍어왔다. 정보장교들은 폭격 전과 폭격 후 사진을 대조하여 그 성과를 분석 검토했다. 그런데 이 작업도 말처럼 쉽지만은 않았다. 우선 촬영 지역이 너무 광범위한데다가 같은 고도와 각도를 유지하여 동일한 지점의 사진을 찍는다는 것이 현실적으로 불가능했기 때문이었다. 어느 정도의 오차는 항상 있었고, 이 오차 때문에 폭격 지점 대조 작업은 텍스트 대조 작업처럼 시간만 무진장 잡아먹고 능률이 오르지 않는 지루한 일이 되곤 했다.

이때 한 장교가 새로운 아이디어를 냈다. 장교가 제시한 방법은 한마디로 영화(활동사진)의 원리를 이용하는 것으로, 폭격 전에 찍은 필름과 폭격

후에 찍은 필름을 각각 별개의 영사기에 장치하여 스크린에 동시에 비추어 보자는 것이었다. 두 사진 사이에 차이가 없으면 우리 눈에 선명한 화면, 즉 하나의 사진만 뚜렷하게 보이지만, 조그마한 차이라도 있으면 화면이 일그러지거나 어른거릴 것이라는 주장이었다. 그러면 이 흔들리거나 어른거리는 부분만을 자세히 조사하면 목적을 달성할 수 있다는 결론이었다. 이론은 참으로 그럴싸했다. 바로 이것이었다. 힌만 교수는 장교의 아이디어에 남다른 관심과 흥미를 느꼈다.

그렇지, 마이크로필름을 이 이론대로 사용해보는 거야. 대조할 두 권의 책을 각기 다른 마이크로필름에 수록한 후 한 면을 먼저 영사기에 걸어 스크린에 비춘 다음, 다른 책의 같은 면 필름을 그 위에 비추는 거야. 두 면이 완전히 일치한다면 화면에 어떤 이상도 보이지 않을 테고, 조그만 차이라도 있으면 — 철자가 다르다든가 — 그 부분이 일그러지거나 흔들리겠지. 이렇게 하면 구태여 전체 면을 한 줄 한 줄 전부 읽어 내려가는 고통을 덜 수 있지 않을까!

전쟁이 끝나 다시 대학으로 돌아온 힌만 교수는 미 재향군인회와 도량형 관리국, 그 밖에 다른 정부 기관들의 보조금을 얻어 이 방법을 실제로 적용한 기술을 개발하는 일에 착수했다. 그는 워싱턴에 소재한 폴저Folger 도서관 한구석에 자리를 얻어 마이크로필름을 이용한 획기적인 대조 작업 방식을 시험하기 시작했다. 폴저 도서관은 16세기와 17세기에 출판된 셰익스피어 관련 문헌이 세계에서 가장 많이 가장 체계적으로 소장된 곳이다. 세계 여러 나라의 셰익스피어 학자들이 이곳에 찾아와 필요한 자료를 얻어 연구하고 있었고, 대조 연구에도 수많은 학자가 달라붙어 있었다. 힌만 교수는 폴저 도서관 제본실에서 두꺼운 판자 조각을 얻어오고, 골목에 버려진 사과

궤짝을 주워다가 엉성하나마 마이크로필름 영사기를 설치할 받침대를 만들었다. 허술하기 짝이 없는 모양이었으나 그는 이 새로운 장치로 힘겹고 지루한 대조 작업을 빠른 속도로 진행할 수 있었다.

그러나 항공사진을 대조하던 해군 정보장교들이 겪어야 했던 어려움은 여전히 남아 있었다. 물론 공중을 빠른 속도로 날아가며 적지의 목표물을 촬영하는 것보다는 책상 위에 걸쳐놓은 책을 마이크로필름용 카메라로 찍는 일이 훨씬 쉬웠다. 그러나 서로 다른 책의 같은 페이지를 찍은 사진을 영사기에 걸어 두 페이지를 일치시키는 것도 만만한 일이 아니었다. 조금만 차이가 나도 화면 전체가 일그러지거나 아른거렸다.

수많은 시행착오를 거듭한 힌만 교수는 1949년 7월 관심 있는 직원들과 학자들이 지켜보는 가운데 자신이 개발한 마이크로필름을 이용한 대조 작업을 시험해보었다. 그는 폴저 도서관이 소장한 80종에 달하는 셰익스피어의 『오델로Othello』 초판본 대조 작업을 6주면 끝낼 수 있다는 가능성을 보여주었다. 그것은 3,000페이지 분량에 해당하는 작업으로서 일일이 손으로 책장을 넘기며 육안으로 확인힐 경우 적게 잡아도 2년에서 3년은 족히 걸리는 분량이었다.

힌만 교수는 물론이거니와 대조 연구에 전념하던 학자들은 새로운 희망을 갖게 되었다. 이제껏 셰익스피어

폴저 도서관에서 발행하는 셰익스피어 잡지

학자들을 골탕 먹인 문제이기도 했고, 동시에 학자들의 오랜 소망이기도 했던 세익스피어 작품의 표준본을 만드는 일은 힌만 교수가 개발한 방법을 좀 더 발전시키면 가능할 것 같았다. 그리고 그 희망이 오래지 않아 실현된 것은 물론이다.

10장
불을 조심하라

화재가 무섭고 두려운 재난이란 것을 모르는 사람은 없다. 그런데 화재가 가져온 손실을 누구보다도 뼈아프게 되새기며 원통해하는 사람들이 있으니 이름 하여 '학자'란 사람들이다. 특히 문학을 공부하고 연구하는 학자들에게 사실을 기록한 문서나 원고처럼 귀한 것은 없다. 그런데 이 귀중한 생명과도 같은 문헌들이 모두 불에 잘 타는 종이로(그것도 바싹 마른) 되어 있기 때문에 순간적인 부주의나 실수로 순식간에 잿더미로 변해버릴 가능성이 지극히 높고, 실제로도 그런 일은 문학사에서 일일이 체아릴 수 없을 만큼 빈번하게 발생해왔다. 실수나 부주의로 그랬다면 차라리 가슴 몇 번 쥐어뜯고 말 수도 있는 일이다. 학자들을 분통 터지게 만드는 것은 멀쩡한 사람들이 말짱한 정신으로 귀한 원고에 성냥을 그어대거나, 활활 타오르는 난로에 문서를 던져버리는 일이다. 바이런이 남긴 자서전 원고처럼!

문서와 원고가 겪는 수난이 어찌 화재뿐이랴! 종이를 망가뜨리는 원인

에는 화재 외에도 종이를 좀먹는 벌레도 있고, 썩게 만드는 습기와 곰팡이
도 있다. 또 지금은 그렇지 않지만 얼마 전까지만 해도 쥐라는 동물도 한몫
단단히 했다. 일단 쥐의 뱃속으로 들어간 문헌은 끝이다. 21세기 과학기술
이 제아무리 훌륭하다 하더라도 쥐의 뱃속에 들어가 소화되어 나온 쥐똥을
가지고는 어찌할 도리가 없다.

이집트 신화에 등장하는 불사조phoenix라는 새가 있다. 이 전설의 새는
아라비아 사막에 사는데, 600년을 살고 죽을 때가 오면 사막 한가운데 나무
더미를 쌓아 단을 만들고 그 위에 올라가 단에 불을 붙여 스스로 몸을 태워
재가 되어 죽는다고 한다. 그런데 이 새는 여기서 영영 끝나는 것이 아니라
잿속에서 즉시 다시 태어난다는 것이다. 그러나 종이는 불사조가 아니다.
한번 불에 타 재가 되고 나면 언제까지나 재일 뿐이다. 잿속을 뒤져보아야
뭐가 있겠냐마는 그래도 혹시 그 속에서 무언가 찾아낼 수도 있으리란 기대
를 버리지 않고 뒤지고 또 뒤져 실제로 무언가를 찾아낸 곰 같은 사람들이
있으니 또한 '학자'란 사람들이다.

소위 일류라고 칭할 수 있는 학자들은 사라져 없어졌다는 문헌이나 원
고의 행방을 놓고 이런 질문들을 던진다. 그 문서나 원고가 없어졌다고 처
음 말한 사람은 누구인가? 그 사람은 과연 그 사실을 알 수 있는 처지에 있
었는가? 아니면 그 사람도 누구로부터 얻어들은 것인가? 혹시 그 사람(원고
가 없어졌다고 처음 말한 사람)이 그런 말을 한 데는 다른 동기가 숨어 있었
던 것은 아닌가? 예컨대 귀찮게 달라붙거나 캐묻는 사람들을 따돌리기 위
해 일부러 그런 소문을 퍼뜨린 것은 아닌가?

패니 버니Fanny Burney(1752-1840)라는 영국 태생의 여류 소설가가 있다. 이
여자는 『에블리나Evelina』(1778)라는 소설로 유명해졌는데, 아마도 영문학사상

패니 버니(왼쪽)와 제인 오스틴(오른쪽)의 초상

최초의 여자 소설가일 것이다. 이 소설가의 뒤를 이은 사람이 바로 『이성과 감성Sense and Sensibility』(1811) 『오만과 편견Pride and Prejudice』(1813)과 같은 명작을 남긴 제인 오스틴Jane Austen(1775~1817)이다. 그런데 영국 최초의 인기 여성 작가라고 할 수 있는 버니가 생존해 있을 때 그녀의 일기 중 일부가 세상에 발표된 일이 있었다. 그러자 사람들은 일기의 일부가 아니라 전부를 읽고 싶어 했다. 그러나 일기의 원본은 이미 없어져버렸다는 소문이 이 소설가가 사망하기 전부터 떠돌았고, 사람들은 그런가 보다 하고 있었다. 모두들 그렇게 믿고 있을 때 좀 더 의심 많고 끈질긴 한 사람이 일기의 원본을 마지막으로 소유했던 사람의 아내에게 편지를 써서 알아보았더니, 1919년 화재가 났을 때 집과 함께 소실되어버렸다는 것이었다. 역시 화재였다. 그런데 불에 타 없어졌다는 버니의 일기가 뉴욕 도서관의 오웬 영Owen D. Young 장서들 가운데서 고스란히 발견된 것은 아주 최근의 일이다.

　이런 일은 버니의 경우만이 아니고 비교적 자주 있다. 하지만 그렇다고 단번에 낙천주의자가 되어버리는 것도 곤란하다. 실제로 이런 기적 같은 일이 일어나 다시 찾아낸 문헌이나 원고는 영영 사라진 것들의 1만분의 1, 아니 10만분의 1도 안 되기 때문이다. 도서관에서 발생한 화재만 따져보아도 알 수 있다. 영문학사에서 가장 오래되고 가장 웅대한 서사시인 『베어울프』 원고를 처음 보관했던 코튼 도서관 화재는 이미 제2장에서 밝힌 바와 같다. 현재 세계 최대 규모와 최고 시설을 갖추고 단일 도서관으로서는 세계에서 가장 많은 장서를 보유하고 있다는 미국의 국회도서관도 실은 지금의 위용과 명성이 있기까지 무려 세 번(1813, 1825, 1851)이나 큰 화재를 당했다는 사실을 아는 사람은 많지 않을 것이다. 그중 특히 1851년 화재 때는 미국 건국 초기의 뛰어난 사상가로서 독립선언문을 기초하고 제3대 대통령을 지낸 토머스 제퍼슨Thomas Jefferson(1743~1826)이 기증한 개인 장서들이 모조리 잿더미가 되었다. 당시 제퍼슨은 미국 전체에서 개인으로서 가장 많은 장서를 소장했던 인물로 알려져 있다.

미국에 영국인들이 이주하여 살기 시작한 소위 식민지시대 보스턴에 토머스 프린스Thomas Prince(1678~1758)라는 목사가 있었다. 목사이자 역사학자인 프린스는 일찍이 보스턴에 있는 올드 사우스Old South 교회 안에 미국 최초로 도서관을 만들고 상당한 양의 장서와 미국 개척기의 귀중한 문헌들을 모아놓았다. 그런데 그런 도서관이 있었다는 사실은 물론, 미국독립전쟁 당시 영국 군인들이 그 도서관을 불살라버렸다는 사실이 밝혀진 것은 25년이 지난 뒤의 일이다. 당시 영국 군인들이 저지른 만행을 기록한 짧막한 문서와 도서관에 보관되어 있던 윌리엄 브래드퍼드William Bradford(1590~1657) — 필그림 신도들Pilgrims을 이끌고 메이플라워Mayflower 호를 타고 플리머스Plymouth에 상륙하여 최초의 영국인 정착촌을 건설한 사람으로서 초대 총독으로 선출되었다 — 의 편지 한 묶음이 25년 뒤 캐나다 남동부의 노바스코샤Nova

Scotia 주에 있는 한 채소 가게에서 발견되었던 것이다.

제2차 세계대전이 각종 문헌에 입힌 피해는 가늠할 수 없을 정도로 크고 방대하다. 영국의 59개 공사립 도서관이 독일의 공습으로 완전히 파괴되었고, 길드홀Guildhall 도서관, 이너 템플Inner Temple, 람베스 궁전Lambeth Palace, 골드스미스Goldsmith 칼리지, 그레이스 인Gray's Inn 등을 비롯한 120여 개의 훌륭한 도서관이 엄청난 손실을 입었다. 대영박물관 도서관 하나가 입은 손실만 해도 25만여 권이었다. 대영박물관은 런던 교외에 있는 단독 건물에 그때까지 영국에서 발행된 모든 신문을 따로 보관하고 있었는데, 그곳에는 18세기부터 19세기까지 발행된 정기간행물이 가득 차 있었다. 1940년 10월 20일 독일의 폭격으로 이 건물이 날아갔다. 그 속에 보관된 귀중한 역사 자료들은 대부분 불타버렸고, 타지 않고 남은 것들도 3일 동안 계속해서 내린 비에 젖어 모두 못쓰게 되어버렸다. 3만 개에 달하는 신문철도 모두 소실되었다.

이런 신기한 일도 있었다. 위에서 말한 폭격이 있기 5일 전 독일 폭격기에서 투하된 폭탄 하나가 런던 도서출판조합 본관 지붕 위에 떨어졌다. 그곳은 영국에서 발행되는 모든 출판물의 등록처로서 출판물을 한 부씩 납본받아 보관하는 장소였다. 이 폭격으로 영국 최초의 소설가로 일컬어지는 새뮤얼 리처드슨Samuel Richardson(1689~1761)의 부인 초상화가 날아

토머스 제퍼슨의 초상

갔지만 그밖에는 별다른 피해를 입지 않았다. 오히려 큰 덕을 보았다. 부서진 벽에서 이제껏 감추어져 있던 17~18세기 영국의 출판 역사에 관한 귀중한 문헌들이 쏟아져 나왔던 것이다. 그런 자료가 그곳에 있으리라고 꿈엔들 상상이나 했겠는가! 이런 폭격이라면 백 번 맞아도 좋을 일이다.

전쟁 중에는 어느 나라나 물자가 부족해 소위 폐품 수집 운동이란 것을 벌이기 마련이다. 이런 때면 멋모르고 신나는 것이 철모르는 아이들이다. 아이들은 학교에서 폐품 수집이란 명분으로 헌 신문지나 책 같은 것을 가져오라고 하면 애국심이 발동하여 종이로 된 것이 있으면 모조리 학교로 들고 간다. 값나가고 문헌 가치가 높은 것일수록 폐품처럼 너절하고 볼품이 없는 경우가 대부분이라 이런 경우 십중팔구 희생을 당한다. 이렇게 모인 폐지들은 종이를 재생하는 펄프 공장으로 고스란히 넘어간다. 실제로 제2차 세계대전이 종점으로 치닫는 1943년 영국의 문헌 수집가들 가운데는 이런 폐품 더미 속을 뒤져 찰스 디킨스Charles Dickens(1812~1870)나 윌리엄 새커리William Makepeace Thackery(1811~1863)와 같은 유명 작가들의 초판본을 상당수 건진 것으로 기록되어 있다. 그러나 이렇게 없어진 것이 어찌 몇몇 작가의 초판본뿐이겠는가 말이다. 소설가나 시인의 정확한 전기에 없어서는 안 될 편지나 일기 같은 것들은 그 초라한 겉모습 때문에 더욱 가벼운 마음으로 종이 재생 공장의 펄프 제조기 속으로 던져졌을 것이다.

19세기만 해도 유명한 시인이나 소설가의 자필 서명autograph을 수집하는 것이 대단한 유행이었다. 오늘날 운동선수나 연예인들의 사인을 받는 일과 같은 것인데, 서명을 해주는 당사자로서는 기분 좋은 일이자 성가신 일이기도 할 것이다. 그런데 어떤 작가의 원고나 편지를 소유한 사람이 주책없이 마음이 좋아 그 작가의 '사인' 하나만 달라고 하면 편지의 맨 마지막 부분이나 작품 제목 밑에 쓰인 저자의 친필 서명을 가위로 싹둑 오려내 줘버리고 나머지는 구겨서 쓰레기통에 던져버리는 일도 허다했다. 찰스 클라크Charles C. Clark(1787~1877)는 널리 알려진 셰익스피어 학자였다. 그는 우연히 소유하게 된 "나는 작은 언덕 위에 발돋움을 하고 서 있었다"I Stood tiptoe upon a little hill는 구절로 시작하는 존 키츠의 장편시 원고를 열세 조각으로 잘라 친구들에게 한 조각씩 기념으로 나누어주고 기고만장해 하는 어이없는 일을 저지르기도 했다.

소설가나 시인이 남긴 유고는 대개 아들이나 아내를 비롯한 가족들의 손에 넘어가기 마련이다. 그 후손들이 현명하여 유고의 가치를 잘 인식하고 있는 경우에는 문제가 있을 리 없다. 하지만 대개의 경우 그렇지가 못하다. 처음 얼마 동안은 헌 종이 뭉치를 그런 대로 애써 보관하겠지만 세월이 흐르고 세대가 바뀌고, 또 이 집에서 저 집으로 이 지방에서 저 지방으로 이사를 다니다 보면 귀찮은 생각이 들기 마련이다. 그러다가 어느 날 다른 휴지 뭉치와 함께 앞마당에 쌓아놓은 후 성냥불을 그어 재로 만들어버리거나, 지나가는 엿장수나 고물 장수를 불러 처분해버리는 것이다.

지금부터 100여 년 전 조지 브린슬리George Brinsley라는 미국인이 있었다. 이 사람은 미국에서 출판된 희귀 서적들을 수집했다. 그는 집 근처에 있는 종이 공장과 계약을 맺고 수집해온 폐지들을 재생하기 전에 마음껏 뒤져볼 수 있는 권리를 얻었다. 비가 몹시 오는 어느 날 가족들이 외출했다가 집에 돌아와 보니 앞마당에는 더러운 종이들이 산더미처럼 쌓여 있었고, 브린슬리는 옷이 젖는 것도 아랑곳하지 않고 쓰레기 더미를 뒤지고 있었다. 이 미친(?) 짓의 대가로 브린슬리는 매우 희귀한 책을 한 권 찾아냈는데, 그것은 미국 대륙에 최초로 건너온 선교사들이 원주민 인디언들을 위해 만든 이른

바 '인디언 성경'이었다.

　미국 역사에서 매우 중요한 남북전쟁Civil War(1861~1865)이 발발하자 남군과 북군은 버지니아 주 동북쪽을 흐르는 불런Bull Run이라는 강을 끼고 최초의 대접전을 벌였다. 1861년 7월 21일의 소위 '불런 전투'에서 북군 어빈 맥도웰Irvin MacDowell 장군이 이끄는 부대는 뷰레가드P.G.T. Beuregard 장군이 지휘하는 남군에 참패를 당한다. 전투에 패한 북군은 워싱턴으로 퇴각하여, 그해 겨울 재정비를 위해 지금의 국회의사당이 위치한 캐피톨린 언덕Capitoline Hill에 주둔하게 되었다. 시간이 지체되면서 병사들을 위한 숙소가 필요하게 된 북군은 부득이 정부의 공공문서 보관소로 사용되어온 의사당 앞 건물을 비우게 되었다. 당시 이 건물은 미국 건국 후(영국으로부터 독립한 후) 약 70여 년 동안 미국 초대 대통령 조지 워싱턴을 비롯해 독립선언문에 첫 번째로 서명하고 매사추세츠 초대 주지사를 역임한 정치가이자 사업가인 존 핸콕John Hancock, 버지니아 주지사로서 독립사상의 최초 이론가요 독립선언문의 기초자인 동시에 3대 대통령을 지낸 제퍼슨 등 수많은 정치인, 문인, 군인, 혁명가들이 손수 쓰고 서명한 미국의 국보급 문헌과 서류들을 보관하고 있었다. 이런 문서들을 그 가치를 알 리 없는 춥고 배고픈 군인들이 손수레에 싣고 모두 다른 곳으로 옮기게 되었는데, 이 귀하고 귀한 서류들도 군인들에게는 귀찮은 종이 덩어리에 불과했다. 이들은 감독 장교들의 눈을 피해 이 종이 뭉치에 불을 붙여 언 몸을 녹였다. 서류 중 일부는 바람에 날아갔고, 구경꾼들은 호기심으로 몇 묶음쯤 집으로 가져갔지만 아무도 제지하지 않았다. 이날 하루 동안 없어진 문헌의 양과 값어치는 아마 미국 문헌 역사에서 최고, 최대였을 것이다.

　제2차 세계대전이 한창일 때 영국 옥스퍼드 대학교 퀸 메리 칼리지에서 영문학을 가르치던 제임스 서덜랜드James R. Sutherland 교수는 어느 날 서적상으로부터 자료를 검토해달라는 부탁을 받았다. 서덜랜드 교수가 의뢰받은 자료는 1735년부터 1738년까지 3년 동안 일주일에 한 번 발행되었던 〈앤 여왕의 위클리 저널Queen Anne's Weekly Journal〉이란 정기간행물이었다. 서덜랜드 교수가 놀란 것은 자기와 같은 전문가들도 18세기 초반에 이런 문학 정기간행물이 3년 동안이나 런던에서 발간되었다는 사실을 까마득히 모르고 있었으며 그가 알고 있던 어떤 도서 목록에도 이런 이름의 정기간행물에 대한 기록이 없다는 사실이었다.

서적상은 이미 이 저널의 상당 분량을 미국의 어느 대학 도서관에 팔아넘겼고, 서덜랜드 교수에게 의뢰한 것들도 그 주 안에 배편으로 미국에 보낼 예정이었다. 서덜랜드 교수는 펄쩍 뛰었다. 독일의 유보트U-Boat 잠수함이 대서양 바닥을 기세등등하게 헤집고 다니면서 군함이건 민간 여객선이건 가리지 않고 공격하는 상황인지라 혹시라도 이 문헌을 싣고 가던 배가 격침당하면 하나밖에 없는 귀중한 자료가 영영 없어져버릴 것이라는 지극히 학자다운 염려에서였다. 그러나 서적상은 이런 충고에 귀를 기울일 사람이 아니었다. 이제껏 보낸 물건들 중 단 한 건도 손실된 것이 없으며, 어차피 보험에도 들어놓았기 때문에 손해날 일은 하나도 없다는 것이었다.

자신의 충고가 통하지 않는다는 사실을 확인한 서덜랜드 교수는 할 수 없이 자리에 주저앉아 밤새도록 저널을 샅샅이 뒤져보면서 중요한 내용을 노트에다 옮겨적기 시작했다. 다음날 예정대로 우체국으로 보내져 대서양을 오가는 배에 선적된 저널은 대서양 한가운데에서 독일 잠수함의 공격을 받은 배와 함께 수장되고 말았다. 결국 〈앤 여왕의 위클리 저널〉로 알려진 그 귀중하고도 희귀한 정기간행물은 서덜랜드 교수의 기억과 옮겨적은 약간의 노트만을 남긴 채 영영 바다 속으로 사라져버린 것이다.

　서덜랜드 교수의 경우는 그래도 하워드 로리Howard Lowry 교수에 비하면 위안이 되는 것이다. 로리 교수는 소위 빅토리아시대 영문학의 권위자로서 우스터Wooster 칼리지의 교수였으며 나중에 학장까지 지낸 사람이다. 제2차 세계대전이 일어나기 몇 해 전 로리 교수는 런던을 방문하여 어느 호텔에 묵었다가 같은 호텔에 투숙한 한 은행가와 사귀게 되었다. 그런데 이 은행가는 상대가 영문학자라는 사실을 아는지 모르는지 대화 도중 걸핏하면 조지 메러디스라는 이름을 입에 올렸다. 메러디스로 말할 것 같으면 앨저넌 스윈번이나 크리스티나 로세티Christina Rossetti(1830~1894) 등과 더불어 빅토리아시대 영국 문단에서 이름을 날린 유명한 시인이자 소설가로서, 돈이나 주무르는 은행가가 쉽게 입에 올릴 이름은 아니었다.

　로리 교수는 이 은행가와 좀 더 가까워지자 어느 날 솔직하게 물었다. 당신이 그토록 입에 자주 올리는 그 메러디스는 도대체 누구이며, 그 사람을 어떻게 그리 잘 아느냐고. 은행가는 메러디스가 유명한 사람이라는 사실은 알고 있었지만 정확히 어떤 사람이었는지는 잘 모르고 있는 눈치였다. 은행가의 설명에 따르면 메러디스는 첫 번째 결혼에 실패한 후 — 로리 교수는 이 첫마디에 깜짝 놀랐다. 실제로 메러디스의 첫 번째 부인인 메리 니콜스Mary E. Nicolls는 아들 하나를 낳아 남편에게 맡겨놓고 다른 남자와 눈이 맞아 달아나버렸고, 이 사실을 아는 사람은 전문 연구자들을 빼면 매우 드물었기 때문이다 — 재혼을 하려 했는데 그 상대자가 바로 자기의 장모였다는 것이다. 장모의 부모는 메러디스라는 남자가 글재주는 좀 있을지 몰라도, 아무래도 결혼에 한 번 실패하고 전처 소생의 자식까지 딸린데다 여러모로 보아 딸을 배곯게 할 위인이라 판단해 끝내 결혼을 승낙하지 않았다는

것이다. 결국 장모는 메러디스가 아닌 다른 남자, 그러니까 이 은행가의 장
인과 결혼하게 되었다.

그런데도 메러디스는 은행가의 장모를 향한 애정을 버리지 못한 채 충
실한 친구처럼 지내다가 나중에는 그 여자의 딸, 그러니까 은행가의 아내와
도 아주 가깝게 지냈다는 것이다. 심지어 은행가가 결혼식을 올리는 날에는
그의 아내가 될 사람 ― 은행가의 처 ― 에게 긴 축하 편지까지 보냈으며,
그 편지를 자신이 지금도 가지고 있다는 것이었다.

여기까지 들은 로리 교수는 흥분을 주체할 수 없었다. 은행가의 말이
사실이라면 자신은 이제껏 메러디스에 관해 알려지지 않은 새로운 사실을
알게 된 것이 아닌가! 은행가는 메러디스의 전기를 쓴 누구도 알지 못했던
생생한 이야기를 털어놓고 있었다. 이제 그는 메러디스가 평생토록 애정을
품은 한 여인의 딸에게 보낸 장문의 편지를 두 손에 쥐고 읽게 될 것이었다!
로리 교수는 한동안 흥분을 진정시킨 다음 은행가에게 자기의 신분을 정식
으로 밝혔다. 그러고는 가슴 조이면서 그 편지를 보여줄 수 없느냐고 청했
다. 그러자 은행가는 지금까지의 신바람 나던 음성과 표정을 누그러뜨리며
이렇게 대답했다. "죄송합니다, 교수님. 좀 더 일찍 이런 이야기를 나눌 것
을요. 어쩌지요? 바로 3주일 전에 그 편지를 메러디스가 처녀 적 제 아내에
게 보낸 75장의 편지들과 함께 난로 속에 넣어버렸습니다. 보관하기도 귀찮
고, 더 이상 편지를 읽을 사람도 없을 것 같아서요. 저에게는 아무짝에도 쓸
모없는 헌 종이 뭉치였으니까요."

역시 불이었다. 꺼진 불도 다시 보자!

2부 | 문학사의 미스터리

11장

브론테 자매가 살았던 공상의 세계

우리나라 독자들에게 『제인 에어』의 작가로 잘 알려진 19세기 영국의 여류 소설가에 샬럿 브론테가 있다. 샬럿의 여동생은 에밀리 브론테로, 우리에게는 『폭풍의 언덕』의 저자로 알려졌다. 그 아래가 앤 브론테Anne Brontë(1820~1849)인데 앤은 『애그니스 그레이Agnes Gray』(1848)와 『와일드펠 저택의 세입자The Tenant of Wildfell Hall』(1848)란 두 권의 소설을 남겼다. 이처럼 한 가족으로 태어난 세 자매가 모두 후세에 길이 남을 걸작을 남긴 것은 아마 세세문학사를 통틀이 보이도 유례가 없는 일일 것이다. 이들이 받을 수 있었던 교육이 지극히 제한되어 있었고, 가정환경이 비참할 만큼 불운했다는 사실을 감안하면 더욱 그렇다. 한마디로 기적이라고 해도 크게 잘못된 말이 아니다.

샬럿과 에밀리 사이에 패트릭 브랜월Patrick Branwell(1817~1848)이란 남동생이 하나 있었는데, 이 친구는 아무런 작품도 남기지 못했을 뿐만 아니라 술

브론테 자매의 초상

주정뱅이에 아편중독자로 서른한 살에 죽었다.

일찍 죽는 것이 이 집안 전통이었나 보다. 큰언니 샬럿이 서른아홉 살로 가장 오래 살았고, 남동생 패트릭이 서른하나, 에밀리가 서른, 막내 앤이 스물아홉 살로 죽었다. 어머니 마리아 브랜월Maria Branwell은 샬럿이 다섯 살 되던 해에 죽었는데, 이때 샬럿 위로 언니가 둘 더 있었다. 그러니까 마리아는 딸 다섯과 아들 하나를 남기고 1821년 세상을 떠난 것이다. 샬럿은 채 마흔을 채우지 못한 짧은 생애 동안 어머니와 두 언니, 하나뿐인 남동생과 두 여동생을 차례로 잃는 비극을 참고 견디다가 아버지마저 죽은 1885년(아버지는 유일하게 여든네 살까지 장수를 누렸다)에 세상을 떠났다.

샬럿이 서른한 살 되던 1847년은 『제인 에어』가 출판되어 영국 문단에서 대성공을 거둔 해였다. 성공의 감격이 채 가시기도 전에 비극은 연달아 찾아왔다. 우선 이듬해인 1848년 남동생 패트릭이 지병인 폐결핵으로 사망했다. 패트릭은 살아 있는 동안 샬럿은 물론, 에밀리와 앤의 속을 무던히도 썩였다. 한때 리즈와 맨체스터에서 철도 회사 직원으로 일했던 패트릭은 타고난 괴팍한 성격과 게으름으로 얼마 지나지 않아 업무상 중과실 태만죄를 저질러 해고된 뒤 술을 퍼마시기 시작해 곧 알코올중독이 되었으며, 그것도 부족하여 아편에 맛을 들여 중독자가 되었다.

패트릭이 죽은 해인 1848년이 채 지나기도 전에 이번엔 에밀리가 죽었다. 다음해 여름 막내 앤도 죽었다. 여덟 명의 가족 가운데 여섯 명이 죽고 이제 이 집안에 남은 사람이라고는 서른두 살의 노처녀 샬럿 브론테와 당시 일흔하나였던 아버지 패트릭 브론테Patrick Brontë(1777~1861) 둘뿐이었다.

영문학사에는 물론이고 어쩌면 세계문학사에도 남을 뛰어난 소설가를 한 명도 아니고 무려 세 명씩이나, 그것도 독특하게 모두 딸로 배출했다는 점에서 세계기록을 세운 브론테 가의 운명도 참으로 기구하다 아니할 수 없다. 가족이 모두 요절하는 내력이 있는 집안에서 유일하게 여든넷의 장수를 누린 패트릭 브론테에 대해 우선 좀 알아보기로 하자.

평생의 직업은 목사라고 하면 되겠다. 좀 더 구체적으로 말할 것 같으면, 아일랜드에서 출생했으나 마흔세 살 되던 1820년 영국으로 건너와, 음침한 기후와 풍토의 요크셔 지방에 있는 하워스Haworth라는 빈촌에서 성공회 소속 분교구 목사Perpetual Curate로 일생을 산 사람이다. 브론테Brontë라는 쓰기도 괴상하고 발음하기도 이상한 성姓은 영국으로 건너오기 전 아일랜드에 있을 때 '브런티'Brunty였던 것을 발음은 그대로 두고 철자만 영어답게 고친 것이 그 모양이 되어버린 것이다.

그런데 괴상한 것은 그의 성만이 아니었다. 죄 짓기 좋아하는 버릇없는 양들을 천국으로 인도하는 것이 직업인지라 자연히 어느 정도 독선이나 강압이 있을 수 있었겠지만, 패트릭 브론테는 정도가 크게 지나쳤던 모양이다. 일차적으로 독선과 고집에 희생된 사람은 자녀들이었다. 브론테 목사는 다섯 딸 모두를 성직자의 딸들만 모아서 교육하는 교회 학교에 강제로 입학시켰다. 교회 학교는 학생들이 의무적으로 기숙 생활을 해야 하는 소위 '기숙학교'로서 규율이 지독하게 엄격하고 까다로웠다. 브론테 자매는 학교에 가는 것을 무척 싫어했다. 샬럿의 두 언니가 일찌감치 세상을 뜬 원인 중 하나가 바로 이 끔찍한 학교생활이었다고 기록되어 있을 정도이다. 기숙학교의 숨 막히는 생활을 샬럿은 나중에 『제인 에어』에서 생생하게 묘사했다.

오로지 하늘나라만 생각했지 지상에서 자식들의 소망이나 기대가 무엇인지 아랑곳하지 않는 목사 아버지 밑에서 자라야 했던 브론테 남매가 행복할 리 없었다. 술주정뱅이에 아편쟁이까지 되어버린 아들 패트릭은 오늘날의 눈으로 보면 차라리 쉽게 이해되는 경우다. 한마디로 반항이었다. 하지만 딸들의 경우는 또 달랐다. 요즘처럼 대놓고 반항을 할 수도 없고, 그렇다고 가출할 수 있는 여건도 아니었다. 그저 참고 견디는 수밖에 다른 도리가 없었다. 결과는 한마디로 참담했다. 다섯 딸 모두 일찍 세상을 하직한 것도 그렇지만, 어느 누구도 결혼을 하지 못한 것이다. 아들 패트릭도 장가를 못 가고 죽었다. 샬럿만은 다행히 서른여덟 살 되던 해인 1854년 아버지가 봉직하던 하워스 교회의 부목사였던 아더 니콜스Arthur B. Nichols와 결혼했는데, 그녀가 죽기 1년 전의 일이다. 말이 1년이지 실제로는 식을 올리고 세 달도 채 못 살고 죽은 것이다.

1855년 서른아홉의 나이로 세상을 떴을 때 샬럿은 이미 영국은 물론, 유럽 전체에 이름이 알려진 소설가가 되어 있었다. 유명해진 것은 샬럿만이 아니었다. 이 집안 자매에 관한 너무나 비극적이고 낭만적인 사연과 이야기들 때문에 이들이 남긴 편지나 원고 또는 일기 같은 것은 문학 애호가나 연구자들의 지대한 관심사가 되었다.

샬럿의 남편인 아더 니콜스 목사는 샬럿이 남긴 문서와 원고들을 유명한 여류 소설가이자 당시 샬럿의 전기를 집필하고 있던 엘리자베스 가스켈

Elizabeth Gaskell(1810~1865) 여사에게 넘겨주었다. 그런데 이 가스켈 여사가 넘겨받은 문서들 속에는 이상한 원고 한 뭉치가 포함되어 있었다. 그것은 어마어마한 분량의 원고 뭉치였는데, 문제는 글이 쓰인 종이의 크기였다. 가장 큰 것이 8절판(15센티미터×24센티미터)밖에 안 되었고, 작은 것은 가로 세로가 채 3센티미터가 안 되는 것도 있었다. 조그만 종이 위에 깨알만한 글씨로 적혀 있었기 때문에 성능이 우수한 확대경을 이용하지 않고서는 도저히 내용을 판독할 수 없었다. 확실하진 않았지만

샬럿 브론테의 초상

그 내용은 단편적인 이야기들과 희곡, 시, 또는 중세 기사들의 무용담 같은 것들이 분명했다. 가스켈 여사는 다른 할 일도 많았기 때문에 이 조그만 종이 위에 새까맣게 적힌 수백 장이 훨씬 넘는 원고들을 자세히 검토할 시간이 없었다. 다만 이런 괴상한 원고가 존재한다는 사실을 샬럿이 죽은 지 2년 후 출판된 『샬럿 브론테의 생애Life of Charlotte Brontë』(1857)에서 간단히 언급하고는 이 원고와 문서들을 니콜스 목사에게 돌려주었다.

그 후 40년의 세월이 흐르는 동안 이 원고 뭉치에 대해 관심을 표명한 사람도, 들어본 사람도 없었다. 그런데(놀라지 마시라!) 이 원고 뭉치는 어느 결에 당대 영국 최고의 문헌학자인 와이즈의 수중에 들어가 있었다(이 책을 샀건 빌렸건 간에 와이즈를 생소하게 느끼는 독자가 있다면 그 이유는 다음 두 가지 중 하나일 것이다. 순서대로 읽지 않았거나, 건망증이 심해 치매의 경지로 들어선 경우). 어쨌든 누가 뭐래도 이 방면에서 와이즈의 실력은 인정해줄

만하다.

와이즈는 와이즈답게 원고의 금전적 가치에만 관심을 두었지 그 내용을 해독하는 일 따위에는 흥미가 없었던 모양이다. 그는 원고 뭉치에서 돈이 될 만하다고 판단되는 조그만 책자 형태의 원고들만 골라 자기의 개인 소장품으로 애슐리 도서관에 보관하고, 나머지는 책자별로 표지를 그럴듯하게 붙여서 런던 고서적 시장에 내보냈다. 제일 큰 것이 손바닥만 했고, 작은 것은 그 절반에서 손바닥 크기의 10분의 1이 되는 것들도 있었다. 거기에 쓰인 글자는 이미 언급했듯이 육안으로 식별이 곤란한 것이 대부분이었다. 각기 크기가 다른 책자들은 10여 쪽에서 많은 것은 50쪽이 넘는 것도 있었다. 이런 물건이 시장에 나오자 브론테 집안이나 이 원고의 내력을 아는 서적 수집가들은 기회를 놓치지 않고 너도나도 사겠다고 달려들었다. 그 바람에 가격은 치솟을 대로 치솟았고, 정체가 애매한 이 원고들은 미국과 영국의 수집가들에 의해 순식간에 산지사방散之四方이 나버렸다.

수집가들 가운데는 우리가 이미 잘 알고 있는 미국인도 끼어 있었다. 짐작이 가겠지만 미국 시카고의 백만장자로 고문헌 수집에 남다른 정열과 취미가 있던 존 렌이었다. 그는 대서양 건너편에서 이런 물건들만 골라 추천해주는 와이즈의 손을 거쳐 이 원고 가운데 상당한 분량을 구입해 소장하게 되었는데, 다행스럽게도 가짜가 아닌 진짜들이었다. 이 원고들은 그의 유언에 따라 렌의 장서들이 텍사스 대학 도서관으로 옮겨졌을 때 포함되어 있었다.

텍사스 대학 도서관, 렌, 그리고 와이즈하면 떠오르는 인물이 또 하나 있다. 그렇다, 바로 패니 래치포드. 텍사스 대학 도서관 직원으로 와이즈와 렌 사이에 오간 편지들을 검토해 책으로 내놓아 와이즈의 속임수를 세상에 폭로한 그 유명한 아가씨 말이다. 이 영리한 아가씨의 눈에 이번에는 브론테 남매들이 남긴 것으로 되어 있는 이 괴상한 원고 뭉치가 들어왔다. 그중 하나는 크기가 가로 세로 5센티미터를 넘지 않는 35쪽의 책자였다. 거기에 적힌 글자 크기는 너무 작아 도서관에서 사용하는 확대경을 통해서만 판독이 가능했다. 여러 증거로 보아 그것은 샬럿이 스물한 살 때 쓴 것이었다. 브론테 가족들이 하나같이 좀 괴짜였다는 사실은 래치포드뿐만 아니라 이미 세상이 다 아는 일이었다. 그러나 이번 경우는 장난치고도 좀 심하다고 래치포드는 생각했다. 도대체 무슨 의도로 이런 짓을 했을까? 래치포드는 이 수수께끼를 풀어보기로 작정했다.

우선 래치포드는 책에 적힌 글자들을 하나하나 확대경으로 확인해가면서 타이프라이터를 사용하여 옮겨 적기 시작했다. 이렇게 만들어진 원고는 100여 장이 넘었다. 이 원고를 검토해본 래치포드는 더 깊은 미궁으로 빠져들었다. 거기에는 "웰레슬리"Wellesley, "카슬레이"Castlerea, "타운센드"Townshend 와 같이 18세기에서 19세기에 걸쳐 영국 역사에 실제로 등장하는 장군, 정치가, 또는 귀족들의 이름이 등장하고 있었다. 이 이름들은 막연하나마 어떤 이야기의 구성에 의해 연결되어 있는 듯하였고, 배경은 때로는 영국 본토, 때로는 아일랜드, 때로는 유럽 대륙으로 설정되어 있었다. 결론적으로 말해 등장인물은 실제 인물들이었고 이야기는 완전히 꾸며낸 이야기였던 것이다.

이 단계에서 래치포드가 내릴 수 있는 결론은 다음과 같은 것이었다. 즉 아무런 연관성이나 일관성이 없어 보이는 이 원고들은 이 이야기를 직접 쓴 브론테 남매들에게는 지극히 조리 있고 흥미 있는 이야기였을 뿐만 아니라, 아주 구체적이고도 명확한 의도를 가지고 쓴 것이 틀림없다는 것이다.

그렇다면 이런 추측도 가능했다. 지금 자신이 검토하고 있는 한 묶음의 원고로 된 이 책자는 독립적인 것이 아닌 연속적인 긴 이야기의 일부이며, 자기는 현재 이 긴 이야기의 중간에 뛰어들어 있다는 것. 이제부터 래치포드가 해야 할 일은 이 책의 앞부분 이야기와 뒤에 계속되는 이야기가 담긴 원고를 찾아내는 일이었다.

그런데 그 일이 어디 말처럼 쉬운 일인가 말이다. 이들이 남겨놓은 수천 장에 달하는 괴상한 원고 뭉치들을 남보다 먼저 손에 넣은 와이즈가 이미 20여 년 전에 자기 편리한 대로 쪼개어 팔아버렸기 때문에 원고들은 영국은 물론 미국 각지로 분산되어버렸다. 래치포드는 흩어진 이 원고들을 수소문하고 추적하는 데 20년을 소비했다. 참으로 "훌륭하다!"고 밖에는 더 표현할 말이 없음을 필자는 고백한다. 그녀는 본업이 이런 일을 해야만 하는 교수도 아니었고, 그럴 의무도 없는 사람이었다. 학생들이 요구하는 책이나 꺼내주고, 빌려간 책을 기한 안에 회수하기만 하면 월급을 받을 수 있는 도서관 직원일 뿐이었다. 그러나 래치포드는 일단 의심과 호기심이 발동하자 기꺼이 이 일에 매달려 20년을 보냈다. 강산이 두 번이나 변한다는 긴 세월이다. 나는 명성이 드높은 학자들의 이름을 여럿 알고 있다. 한국 학자들도 있고 외국 학자들도 있다. 이미 죽은 사람들도 있고 아직 내 주변에 살아 있는 사람들도 있다. 그러나 이 글을 쓰면서 래치포드에게서 다른 학자에게 느껴보지 못한 특별한 존경심과 부러움을 느낀다.

래치포드는 우선 이 흩어진 원고들의 행방부터 수소문하기 시작했다. 그녀는 곧 브론테 남매들이 남긴 이 조그만 책자들을 가장 많이 소유한 사람이 미국 필라델피아에 거주하는 헨리 보넬Henry H. Bonnell임을 확인했다. 신기하게도 보넬 역시 그 즈음 브론테 자매 연구에 몰두해 있었다. 래치포드가 이런 방법으로 여기서 하나, 저기서 둘 주워 모은 원고들은 어느 결에 100여 개나 되었다. 어떤 것은 대서양을 건너 영국의 소도시 리즈Leeds에 있는 도서 관에, 또 어떤 것은 미국의 신시내티에 사는 어느 이름 없는 개인의 소장품 에 들어 있었다. 물론 래치포드가 찾아내지 못한 것들도 상당수 였다.

래치포드는 20여 년에 걸친 조사와 연구를 토대로 1941년 드디어 『브론 테 남매의 어린 시절로 짠 거미집The Brontë's Web of Childhood』이란 제목의 흥미 진진한 저서를 세상에 내놓았다. 이 책이 나옴으로써 비로소 일반 독자들은 물론, 관심 있는 학자들조차 괴상하게만 생각했던 이 원고 뭉치의 내용과 그 뒤에 숨은 놀랍고도 가슴 아픈 사연이 밝혀지게 된다.

이야기의 시작은 1826년, 브론테 목사의 아들 브랜월이 아홉 살 되던 해 였다. 그해 아버지는 아들에게 생일 선물로 나무로 된 장난감 병정 세트를 사주었다. 패트릭의 누나 샬럿(당시 열 살)과 여동생 에밀리(여덟 살)와 그 아 래 동생 앤(여섯 살) 세 자매는 제각기 그 병정들 가운데 마음에 드는 것 하 나씩을 골라 자기의 '것'pet으로 정했다. 샬럿은 자기 것에 워털루 전투에서 프랑스 나폴레옹 군을 격파하여 영국을 구출한 위대한 장군이자 한때 영국 수상까지 역임한 정치가인 "웰링턴 공작"Duke of Wellington(1769~1852)의 이름을 붙였다. 브론테 남매는 이 웰링턴 장군을 주인공으로 삼고 다른 병정들을 등장인물로 하여 기나긴 연속극을 꾸미기 시작했다. 배경은 전쟁과 국제적 인 음모로 가득 찬 아프리카 대륙.

다른 집 아이들과 달리 집안에 어머니가 없는 브론테 목사네 아이들은 밖에 나가 활발하게 뛰어놀 생각은 하지 않고, 집 안에서 책을 읽거나 이런 공상적인 놀이에만 열중했다. 어느 모로 보나 우울하고 침울한 분위기에 싸 인 집안이었고, 요크셔 지방의 기후도 그랬다. 긴 겨울 동안에는 하루 종일

기분 나쁜 바람소리가 그치는 법이 없었다. 외롭고 쓸쓸한 아이들의 상상력이 펼치는 공상의 세계는 시간이 갈수록 깊이를 더해갔으며, 이들은 자신들이 만들어낸 허구 세계의 매력에 푹 빠져 지칠 줄 몰랐다. 브론테 자매들은 날마다 새로운 내용을 더하고 새로운 사건을 꾸며내 등장인물들을 더욱 바쁘게 만들었다.

이런 전쟁극 놀이를 약 3년 동안 계속한 뒤 아이들은 또 다른 주제를 개발해냈다. 남매들은 유명한 장군이나 귀족, 또는 정치가 대신 이번에는 신문기자나 문인, 역사가를 주인공으로 내세웠다. 우선 패트릭은 당시 영국 문인들에게 대단한 영향을 끼쳤던 월간지 〈블랙우드 매거진Blackwood's Magazine〉을 모방한 새로운 잡지를 하나 창간하기로 결정한다. 이 잡지는 아이들의 공상이 만들어낸 왕국의 수도 "유리 마을"Glass Town에 거주하는 시민들을 위해 알맞은 기삿거리와 논평을 싣게 되어 있었다. 한 가지 주목해야 할 사실은 이 잡지의 크기가 장난감 병정들이 손에 들고 읽을 수 있을 만큼 작아야 했다는 점이다.

이 잡지에 글을 쓰는 사람은 처음에는 브론테 자매 모두였으나, 얼마 후부터는 전적으로 샬럿이 떠맡게 된다. 매월 한 권의 잡지를 내는 일은 곧 한 권의 책을 쓰는 일이나 다름없었다. 잡지 크기가 장난감 병정의 손에 들릴 수 있을 만큼 작아야 했음을 고려하면, 판형과 글자 크기를 얼마나 작게 해야 했을지 짐작할 수 있을 것이다.

브론테 남매들은 이처럼 공상의 세계에서 사춘기를 보냈다. 시간이 흐를수록 공상은 점점 더 세련되고 복잡하게 변해갔다. 이런 가운데 다른 남매들은 공상의 배경과 대상을 다른 곳으로 옮기거나 변화시켰지만, 샬럿만은 아프리카 니제르Niger에 위치한 "유리 마을"과 그곳 주민들을 떠나지 않고 계속해서 가상의 이야기와 역사를 써냈다. 샬럿이 열일곱 살이 되었을 때는 이런 식으로 쓴 소설만 열두 권이 넘었다.

래치포드는 다음과 같이 결론지었다.

이 조그만 책들 속에는 문학사에서 가장 주목할 만한 꿈같은 이야기들이 들어 있습니다. 동시에 이것들은 현존하는 언어로 쓰인 것들 중에서 한 문학 천재가 어떻게 성장하는가를 보여주는 가장 정확한 기록이기도 합니다.

These little books hold in their tiny script the most remarkable romance in literature and the most accurate record of the evolution of genius extant in any language.

브론테 자매의 경우와 같이 한 집안에서, 그것도 여성의 사회적 진출이 거의 불가능했던 시대에 가난한 집안에서 태어나 별다른 교육도 받지 못한 채 자매 모두 훌륭한 문인이 된 사례는 영문학에서는 물론, 세계문학사에서도 찾아볼 수 없다. 한마디로 기적이다. 한 인간으로서의 생애도 그렇고, 예술가로서의 성장 과정도 그렇다. 브론테 자매는 가장 예민한 사춘기 10여 년 동안을, 그들이 몸담은 실제 현실이 아니라 만들어낸 공상의 세계 속에서 살았다. 그들에게는 이 공상의 세계가 아무런 위안이나 행복도 주지 못하는 현실의 세계보다 훨씬 더 절실했다. 브론테 자매는 이 공상의 세계에서 벌어진 일들을 충실하게 기록하는 동안, 자기도 모르게 후세에 길이 남을 작품을 쓸 작가로 성장했던 것이다. 알고 보면 세상에는 공짜가 없다. 기적도 없다.

12장

삼비를 찾아서— 콘래드의 소설 속 마을

사람은 누구나 집을 떠나 먼 곳을 여행하고 싶어한다. 이처럼 세상을 두루 돌아다니고픈 욕망은 우리 인간의 타고난 본능 가운데 하나일 수도 있다. 그런데 이 여행이 문학 연구와 깊은 관계가 있다고 말한다면 독자들은 우선 의아하게 생각할 것이다. 아니, 연구는 책이 있는 교실이나 연구실, 또는 도서관에서 이루어지는 것이 아닌가? 여행 가서(놀러 가서) 무슨 연구란 말인가? 의아하게 생각할 것 없다. 이미 앞에서 밝혀두지 않았던가. 문학 연구가 꼭 난로가 있는 따뜻한 서재나 도서관에서만 이루어지는 것은 아니라고. 이런 식의 연구는 이미 많이 이루어졌으며, 지금 이 시각에도 누군가가 계속하고 있다.

문학을 업으로 하는 사람들은 말할 것도 없겠지만, 그저 문학을 좋아하는 사람들이 소설가나 시인이 쓴 작품을 읽고 시인의 고향이라든가 소설의 배경이 되는 고장을 직접 찾아가는 일도 일종의 문학 연구다. 우리나라에서 영문학을 전공하는 사람치고 영국에 가서 셰익스피어나 워즈워스의 생가를 방문하지 않고 돌아온 사람은 별로 없으리라. 대단한 학자가 아니더라도 조금만 문학에 흥미와 소양을 가진 사람이라면 단지 이런 곳에 다녀왔다는 사실만으로도 느끼고 배우는 것이 적지 않음을 인정할 것이다. 하물며 그 작가를 전공하거나 연구하는 학자들에게 이런 여행의 가치는 아무리 높이 평가해도 지나치지 않다.

멀리 외국으로 갈 필요도 없다. 우리나라 문인이나 국문학을 연구하는 학자들 가운데 고산 윤선도孤山 尹善道(1587~1671)가 한때를 보낸 전남 완도군의 보길도를 다녀오지 않은 사람은 별로 없을 것이다. 자연경관만을 보기 위해서라면 보길도나 울릉도나 별 차이가 없으리라. 이효석李孝石(1907~1942)의 단편소설「메밀꽃 필 무렵」으로 유명해진 강원도 평창군 봉평면에서는 해마다 메밀꽃 축제가 열리며 의외로 많은 사람들이 찾는다고 들었다. 꼭 그곳에 가야만 메밀묵이나 막국수를 먹을 수 있어서가 아닐 것이다. 『춘향전』의 배경이 되는 전북 남원에는 이몽룡이나 성춘향이 실제 인물이라도 되는 듯이 광한루와 오작교도 만들어놓고 사람들을 불러 모으고 있다. 우리만 이런 일을 하는 게 아니다. 이탈리아의 베로나는 『로미오와 줄리엣Romeo and Juliet』의 배경 도시이다. 이곳에도 그럴듯한 발코니가 달린 돌집을 하나 지정해놓고 그 집이 줄리엣이 살았던 집이며, 바로 그 발코니 위에서 줄리엣이 밤에 몰래 찾아온 로미오와 사랑의 대화를 나누었다고 선전한다. 사실 여부에 관계없이 이곳을 찾는 관광객들은 그저 기쁘고 감격하여 기념사진을 찍기에 바쁘다. 이런 곳이 국내외를 통틀어 어디 한두 곳이겠는가?

문학을 사랑하는 사람들에게 문학작품에 등장하는 장소나 인물 또는 사건들은 아무리 사소할지라도 마음속에 강렬하게 남아, 스스로를 속이면서까지 사실로 받아들이고 싶은 법이다. 그런데 지금까지 순전히 허구로 알고 있던 사실이나 사건이 실제 사실로 판명되는 경우 그것은 흥미로움의 수준을 넘어 신비함으로까지 발전한다. 제1장에서 예일 대학교의 천시 팅커 교수가 아일랜드로 건너가 불타 없어진 것으로 되어 있던 흑단나무 장롱을 발견하고, 그 안에서 제임스 보즈웰의 무진장 많은 친필 원고를 찾아냈을 때의 흥분과 스릴을 상기해보라! 문학 연구를 겸한 여행, 돈과 시간과 정열만 있다면 이것이야말로 한번 해볼 만한 일이 아닌가?

단정하여 말할 수는 없겠지만 지금까지 행해진 문학 연구 여행 가운데 가장 긴 여정으로 기록된 것은 아마도 "삼비"Sambir라는 소설 속의 마을을 찾아 나선 존 고든 박사Dr. John D. Gordon의 여행일 것이다. 그렇다면 "삼비"는 과연 어디에 있고, 고든 박사는 누구이며, 무엇 때문에 이런 긴 여행을 했을까?

1887년 어느 날, 남태평양 보르네오 섬 모처에서는 우연이자 숙명인 두 사나이의 만남이 있었다. 한 남자는 폴란드 태생의 선원으로 싱가포르를 출발한 아랍인 소유의 상선 바이다Vidar 호의 1등 항해사였고, 또 다른 한 사람은 네덜란드 국적의 무역상이었다. 이 두 사람 가운데 전자가 바로 영문학사에서 해양 소설가로 우리에게 비교적 잘 알려진 조지프 콘래드Joseph Conrad(1857~1924)이고, 무역상은 콘래드가 발표한 최초의 소설인 『올메이어의 우행Almayer's Folly』(1895)에서 침울한 얼굴로 등장하는 올메이어라는 인물로서 콘래드가 소설가가 되는 데 가장 큰 영향을 끼친 실존 인물이다. 콘래드의 말을 들어보자.

"내가 만약 올메이어를 잘 알게 되지 못했더라면, 세상에 인쇄된 글 가운데 내가 쓴 글은 단 한 줄도 없었으리라는 것은 거의 확실하다.”

It is almost certain there would never have been a line of mine in print, if I had not got to know Almayer pretty well.

다시 말해 콘래드가 올메이어를 만나지 못했다면 콘래드라는 소설가는 이 세상에 없었을 거라는 말이다.

콘래드가 올메이어를 만난 것은 1887년에서 1888년에 이르는 1년 동안이었다. 그가 첫 번째 소설 『올메이어의 우행』을 쓴 것이 1889년에서 1894년까지 5년간이었음을 감안해볼 때, 콘래드가 올메이어로부터 받은 인상은 크고 강렬한 것이었음을 짐작할 수 있다. 이 5년은 콘래드가 아프리카 콩고 강을 왕복하는 상선에서 2등 항해사로 일하던 시기와 열병에 걸려 휴직

조지프 콘래드

한 뒤 영국의 글래스고와 런던에서 요양하던 시절, 그리고 마지막으로 영국과 호주를 정기 왕복하던 상선 바이다 호에서 1등 항해사로 근무한 기간을 포함한다.

여기서 주목해야 할 점은 콘래드가 영어를 모국어로 하는 영국인이 아닌 폴란드인이었으며 집안이 가난하여 열일곱 살 때부터 배를 타야 했고, 정식으로 학교를 다니거나 영어를 공부할 시간도 여유도 없는 선원이었다는 사실이다. 그에게 꿈이 있다면 오직 선장이 되어 월급도 많이 받고, 누구

의 간섭이나 지시도 받지 않고 자유롭게 배를 부리는 지위에 오르는 것이었
다. 영어를 배우거나 공부할 수 있는 기회라고는 간혹 영어를 구사하는 동
료 선원이나 상인들을 만난 것이 전부였을 것이다. 서른 살에 1등 항해사가
된 것만으로도 콘래드로서는 대단한 성공이었고, 엄청난 고생과 노력의 결
과였다. 그런데 그가 처음으로 쓴 영어 소설이 엉뚱하게도 런던에서 출판되
어 세상에 나온 것이다. 기적이 따로 없었다. 이때부터 콘래드는 선원 생활
을 청산하고 창작에 전념하게 된다. 그 뒤 30여 년 동안 콘래드는 영문학사
에 길이 남을 수많은 불후의 명작들을 남긴다.

우리가 올메이어에 대해 좀 더 알고자하는 이유는 콘래드가 선원 생활
을 청산하고 작가가 되는 데 결정적인 역할을 한 인물이라는 점과 함께, 허
먼 멜빌이 그랬듯이 콘래드 역시 소설의 소재를 자신이 직접 경험한 선원
생활과 관찰로부터 얻었다는 점에 있다. 실제로 콘래드 소설에 나오는 인물
들은 대개 콘래드가 선원 생활을 하면서 이런저런 곳에서 만난 사람들이 모
델이며, 소설의 배경 또한 하나같이 선원 생활을 하면서 살았거나 방문한
지역이다.

작가 콘래드의 발전 과정과 그의 작품을 좀 더 깊이 이해하는 방법은
가능한 한 실제 인물들과 사건에 접근하여, 그가 소재를 어떻게 취사선택하
고 또 어떻게 변화시켜 소설에 사용하였는가를 살펴보는 것이다. 콘래드가
만난 올메이어와 소설 속의 올메이어는 과연 어떻게 다르며, 얼마나 같은
가? 콘래드는 자서전에서 올메이어를 보르네오에서 만난 사실과 그의 외모
등에 대해서는 자세히 기록했지만, 보르네오 어디에 살았는지, 가족이나 가
정생활은 어떠했는지는 언급하지 않았다. 콘래드를 연구하는 학자들은 그
런 것을 알아내고자 나섰다.

첫 번째로 등장하는 사람은 최초의 콘래드 전기 『조지프 콘래드의 생애와 문학Life and Letters of Joseph Conrad: Life and Letters』(1927)을 쓴 장 오브리Georges Jean-Aubry(1882~1950)라는 학자다. 이 사람은 1924년 콘래드의 전기를 쓰기로 작정하고 우선 보르네오 섬을 찾아가 콘래드가 1등 항해사로 일할 당시 바이다 호의 선장이었던 크레이그Mr. Craig를 찾아낸다. 크레이그 선장은 이미 일흔 살이 넘은 노인이었는데, 자기가 데리고 있던 콘래드는 기억했지만 올메이어에 대해서는 알지 못했다.

그러나 장 오브리는 크레이그 선장의 증언을 통해 소설에 나오는 올메이어와 라캄바 추장Rajah Lakamba 사이의 분쟁 현장인 "삼비"라는 마을이 실제로는 보르네오 섬 정글에 있는 불룽간Bulungan이라는 사실을 확인했다. 이외에도 콘래드가 소설에서 "판타이 강"Pantai River이라고 부른 강이 실제로는 불룽간 강Bulungan River이고, 이 강을 따라 약 40마일 올라간 정글 속에 바로 불룽간 마을이 있다는 사실도 알아냈다. 장 오브리는 이 정도의 수확으로 만족하고 불룽간을 직접 방문하는 일은 포기하고 돌아온다.

장 오브리가 포기한 일을 기어이 해낸 사람이 바로 이 에피소드의 주인공인 고든 박사다. 당시 뉴욕 시립도서관 사서였던 고든 박사는 콘래드가 선원에서 소설가로 변신한 과정과 동기에 남다른 흥미와 호기심을 느꼈다. 그는 1939년 여름, 그러니까 장 오브리의 콘래드 전기기 출판된 지 12년 후 소설 속의 "삼비", 즉 불룽간을 직접 찾아가기로 결정한다. 그는 이 여행에 부인과 누이동생을 대동한다. 모험과 관광을 겸한 여유 있는 문학 연구 여행이었다.

그는 우선 비행기로 미 대륙을 동부에서 서부로 횡단한 뒤 호주로 갔고, 다시 자바Java 섬에 있는 수라바야Soerabaja에 도착했다. 여기까지는 비록

장거리지만 비행기를 이용한 쾌적한 여행이었다. 다음부터가 문제였다. 그는 당시 보르네오에서 유전을 개발하고 있던 네덜란드 석유 회사를 찾아가 불룽간까지 갈 수 있도록 도와달라고 요청했다. 석유 회사 직원들은 고든 박사 일행의 이야기를 듣고 감탄하면서도, 보르네오 정글 어딘가에 위치해 있다지만 지도에도 나오지 않는 그런 "신의 버림을 받은" 후미진 곳을 구태여 찾아가겠다는 사람들을 의심스러운 눈으로 바라보았다. 하여간 이들은 고든 박사 일행에게 그곳에 가는 방법을 자세히 알려주었다.

고든 박사 일행은 일단 비행기로 수라바야를 출발하여 자바 해를 횡단했다. 이 바다가 바로 콘래드가 바이다 호의 1등 항해사로 일하고 있을 때 정기적으로 운행하면서 연안에 위치한 정박지에 들러 상품과 승객들을 싣기도 하고 내려주기도 하던 곳이었다. 얼마 뒤 비행기는 드디어 보르네오 섬 북동쪽 불룽간 강 초입에 위치한 타라칸Tarakan이란 작은 섬에 도착했다. 목적지인 불룽간(소설 속의 "삼비") 마을은 여기서 강을 따라 약 40마일(64킬로미터) 떨어진 정글에 위치한 것으로 되어 있었다.

타라칸에서 일하고 있던 네덜란드 석유 회사 직원들은 이 낯선 손님들을 친절하게 맞아주면서도, 여행 목적이 "오래전에 이곳 말레이 사람들 틈에 살면서 어떤 네덜란드 무역 상인을 소재로 한 영어로 소설을 쓴 폴란드 출신 선원의 흔적을 추적하는 데 있다"는 이야기를 듣고 도무지 이해하지 못하겠다는 표정이었다. 그들은 고든 박사 일행이 당시 말레이 군도에서 유행하는 열병에 걸려 정신이 약간 이상해진 것이 아닌가 하고 걱정하는 듯한 기색을 애써 감추려들지 않았다. 그러고는 이렇게 정신이 돈 사람들은 비위를 건드리지 않고 그저 기분을 맞춰주는 것이 상책이라고 생각했던지 강을 거슬러 올라가는 데 필요한 발동선 한 척과 길을 안내할 원주민 두 사람을 구해주었다. 만사가 순조롭게 진행된다면 고든 박사 일행이 "삼비"에 도착하는 것은 이제 시간문제였다.

발동선으로 강을 거슬러 올라가는 동안 고든 박사 일행이 볼 수 있었던 것이라곤 강 양쪽에 빽빽하게 들어선 우거진 열대 종려나무의 무성한 잎들뿐이었다. 이따금 원주민 마을이 나타났으며, 해가 질 무렵에는 강물에 나와 목욕을 하는 원주민들의 모습도 눈에 띄었다. 나무를 땔 때는 연기와 음식을 장만하는 냄새도 강을 타고 흘러왔다. 이 모든 것들이 고든 박사 일행에게는 너무나도 이국적인 정취였지만, 한편으로는 이들을 불안하게도 만들었다. 안내원으로 동행한 두 말레이인은 영어를 한마디도 하지 못했고, 고든 박사 일행도 말레이어를 모르기는 마찬가지여서 그 길고 지루한 여행을 하는 동안 서로 단 한마디의 의사소통도 할 수 없었다. 이제 그들은 꼼짝없이 보르네오 정글의 포로가 된 셈이었고, 지도에도 없는 마을을 찾아 나선 오지 탐험가 신세가 되어버렸다. 그나마 밤이 깊어지면 이곳에서도 남십자성과 북두칠성을 볼 수 있다는 것이 큰 위안이었다. "삼비"도 어차피 이 하늘 아래 어느 곳에 있음이 분명했다.

고든 박사 일행이 드디어 목적지인 불룽간 마을에 도착해보니 그곳에는 피스크 부인Mrs. Fisk이라는 미국인 선교사가 살고 있었다. 고든 박사는 수라바야에서 네덜란드 석유 회사 간부가 써준 소개장을 피스크 부인에게 보여주고 안내를 부탁했다. 불룽간 마을은 짐작했던 대로 여러 혼혈 민족이 살고 있는 원시 마을이었으며, 정글 깊숙이 자리잡고 있었다. 소설 속 "삼비"의 모습 그대로였다.

이제 고든 박사가 할 일은 올메이어에 대해 잘 아는 사람이나 그의 친척을 찾아내는 것이었다. 그런데 이곳에서 10년 넘게 살았다는 피스크 부인의 대답은 고든 박사를 완전히 실망시키고 말았다. 자신은 이곳에 사는 동안 올메이어란 이름이나 그의 장인이라는 톰 린가드Tom Lingard 선장에 대해 단 한 번도 들어본 적이 없다는 것이었다. 그곳에 주둔한 네덜란드 경비대 소속의 벨후어 중위Lieut. Boelhouwer는 무언가 알고 있을지도 모른다는 피스크 부인의 소개로 그를 찾아가 보았지만 결과는 마찬가지였다. 천신만고 끝에 여기까지 찾아온 고든 박사는 큰 실망을 맛보았다. 모든 것이 수포가 되어 버렸다.

그런데 구원의 손길은 엉뚱한 곳에 있었다. 이들의 이야기를 무심히 듣고 있던, 문서 기록을 담당하는 원주민 출신의 서기 판게마난Pangemanan이라는 사람이 린가드 선장에 대해 들어본 적이 있다고 나선 것이다. 이 서기는 린가드 선장 뿐만 아니라, 사람들이 "대왕 짐"Tuan Jim이라고 부르는, 허풍 떨기 잘하는 린가드 선장의 조카를 실제로(들어서가 아니라) 안다고 말했다. 판게마난의 설명에 따르면 이 두 사람은 처음 얼마 동안 동업자로 일하다가 무슨 이유에서인지 크게 다툰 후 갈라서게 되었고, 그 뒤 린가드 선장은 곧 영국으로 돌아가고 조카 짐은 계속 이곳에 남아 중국 상인들에게 빌려준 돈에서 나오는 이자로 떵떵거리며 살다가 1925년에 죽었다는 것이었다. 짐은 원주민 여자와 결혼하여 몇 명의 자녀도 낳았다고 했다.

실제로 콘래드의 소설 『올메이어의 우행』에서도 린가드 선장은 무역 독점권이 붕괴되자 유럽으로 돌아간 것으로 되어 있었다. 그런데 이 서기가 무심코 이야기하는 "대왕 짐"은 콘래드의 걸작 소설 가운데 하나인 『대왕 짐Lord Jim』(1900)의 주인공, 바로 그 인물이 아닌가? 고든 박사는 흥분하지 않을 수 없었다. 이런 것을 횡재라고 하던가?

그러나 고든 박사를 경악시킬 또 다른 일이 기다리고 있었다. 이 판게마난이란 원주민 서기가 올메이어를 잘 알고 있었던 것이다. 우선 밝혀진 사실은 "올메이어"Almayer라는 영어식 이름은 원래 네덜란드어로 "Olmeijer"인데 콘래드가 영어로 그 철자만을 바꾸어놓았다는 것이었다. 판게마난은 올메이어뿐만 아니라 그의 가족에 대해서도 소상히 알고 있었다. 그의 설명을 따르면 올메이어는 자식을 여럿 두었는데 그중 딸 하나가 앤드루 그레이Andrew Gray라는 사람과 결혼하여 현재 보르네오 중부 동쪽 해안에 있는 베로우 Berouw에서 살고 있다는 것이었다. 고든 박

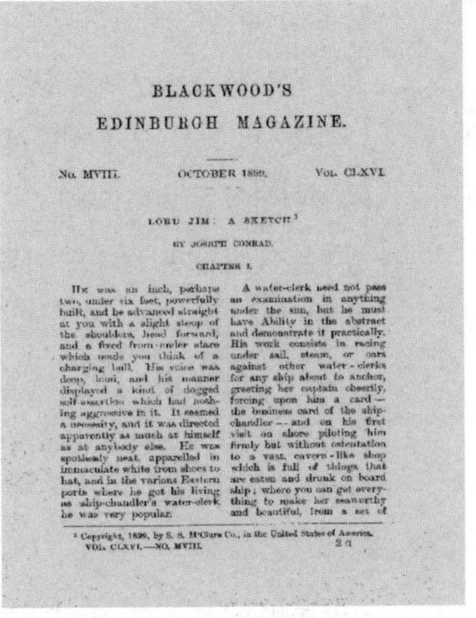

〈블랙우드 매거진〉에 실린 콘래드의 『대왕 짐』

사는 고생고생하여 "삼비"를 찾아온 보람을 톡톡히 거두고 있었다.

그런데 이게 또 웬 날벼락인가? "삼비"로 알고 천신만고 끝에 찾아온 불룽간이 실은 "삼비"가 아니었던 것이다. 판게마난의 말에 의하면 올메이어나 린가드 선장이 살았던 마을은 불룽간이 아니고 베로우 강 상류에 있는 베로우라는 곳이었다. 베로우라면 보르네오 섬 중부 동쪽 해안에 있는 지역으로, 고든 박사 일행이 비행기를 타고 무심히 지나친 곳이 아닌가? 최초의 콘래드 전기를 쓴 장 오브리가 크레이그 선장을 인터뷰했을 때 크레이그 선장이 착각을 한 것이었다. 이제 고든 박사가 할 일은 보르네오 섬 북쪽에서 남쪽으로 온 길을 되돌아가는 것이었다.

진짜 "삼비", 즉 베로우 마을은 불룽간보다 더 접근하기 어려운 지역이었다. 차라리 불가능하다는 표현이 더 적절했다. 그러나 올메이어의 자손들

을 만날 수 있을지도 모른다는 희망과 기대로 고든 박사는 모든 고통과 위험을 무릅쓰고 베로우로 향했다. 그런데 정작 베로우에 도착해 접한 소식은 다시 한 번 그를 크게 실망시켰다. 올메이어의 사위인 그레이와 그의 부인(올메이어의 딸)이 오래전 그곳을 떠나 자바 섬에 있는 말랑Malang으로 이주했다는 것이었다. 그래도 이들 사이에서 태어난 아들(올메이어의 손자) 하나가 이곳에 남아 살고 있으며, 지금은 말랑으로 부모를 방문하러 갔지만 내일이면 돌아올 것이라는 이웃의 말을 듣고 그는 다시 용기를 되찾았다. 다음날 참으로 기적적으로 올메이어의 손자를 만난 고든 박사는 그 결과를 다음과 같이 기록했다.

올메이어의 손자는 땅딸막한 체격의 남자로, 햇볕에 탄 피부와 웃음이 매력적인 남자였다. 그는 콘래드인가 뭔가 하는 어떤 사람이 자기 할아버지를 소재로 책을 썼다는 소문을 들었다고 했다. 그는 그 책을 구하려고 애를 썼다고 말했다. "책 제목이 '콘래드의 우행' 이라 했던가요? 저는 그 책을 구하려고 싱가포르까지 사람을 보냈지요." 올메이어의 손자는 자기는 실제로 어머니 쪽 가족에 대해서는 아는 것이 별로 없노라고 실토했다. 그리고 말랑에 거주하는 부모가 내가 그곳을 방문하면 만나줄 뿐만 아니라 모든 질문에 기꺼이 응할 것이라고 말했다. 자기의 부모도 어느 소설가가 유포한 허위 사실들을 바로잡기를 원하기 때문이라는 것이다. 그는 이런 사람이 간다고 전보를 쳐주겠다고까지 말했다. 우리는 악수를 했다. 나는 드디어 올메이어의 손자와 악수를 한 것이다!

Olmeijer's grandson, short, thick-set, with a clear tan skin and an agreeable smile, said, Yes, he had heard that a certain Conrad had written a story about his grandfather. He had tried to get the book - wasn't it called

"Conrad' s Folly"? - sending even to Singapore for it. He confessed that he really knew little about his mother' s family. But his parents would certainly see me at Malang to answer all may questions; they too wanted to clear up the falsehoods that this writer had circulated. He would telegraph them that I was coming. We shook hands - I shook hands with a grandson of Almayer' s.

이제 달려갈 곳은 올메이어의 딸과 사위가 살고 있다는 자바 섬의 말랑이었다. 자바 섬의 수라바야에서 자바 해를 횡단하여 보르네오 섬 북쪽 끝 동부 해안에 있는 타라칸까지 가서, 다시 발동선으로 불룽간까지 갔다가 베로우로 돌아가 말랑까지 가는 거리는 모두 합치면 약 1,600마일(2,560킬로미터)이었다. 만약 처음부터 올메이어의 딸이 말랑에 살고 있다는 사실을 알았다면 수라바야에서 불과 50마일만 여행하면 되는 것이었다. 문학 연구 여행의 최장거리 세계신기록은 이렇게 세워진 것이다.

마침내 말랑에서 고든 박사가 만난 올메이어의 사위 그레이는 여든 살이 넘은 활달한 스코틀랜드 출신 노인이었다. 그는 크레이그 선장은 잘 알고 있었으나, 콘래드라는 사람은 만나본 적이 없다고 했다. 다음으로 고든 박사가 만난 이는 올메이어의 열한 자녀 가운데 셋째 딸인 요하나 엘리자베스Johanna Elizabeth였다. 그녀는 자기 아버지의 이름은 성확히 밀해 윌리엄 찰스 올메이어William Charles Olmeijer로, 자바 섬에서 태어나 베로우로 이사해 살았으며, 열대수의 수지를 말린 고무 비슷한 물질인 구타, 등나무, 고무 등의 무역에 종사했고, 모든 사람들로부터 대단한 존경을 받았다고 말했다. 고든 박사는 이 모든 증언을 듣고 다음과 같이 결론을 내렸다.

분명해진 사실은 콘래드의 첫 번째 소설 『올메이어의 우행』은 윌리엄 찰스 올메이어라는 사람의 일생에 관한 기록은 아니며, 다만 그 사람의 독특한 개성이나 성격이 소설가에게 심어준 강력한 인상을 확대한 것일 뿐이라는 것이다.

Clearly, "Almayer's Folly" was not a record of the life of William Charles Olmeijer but an expansion of the impression made upon the novelist by the man's personality.

고든 박사는 이 긴 여행의 출발지라고도 할 수 있는 수라바야에 올메이어의 무덤이 있다는 사실을 듣고 쓴웃음을 짓지 않을 수 없었다. 딸의 말에 따르면 올메이어는 소설에서처럼 아편중독으로 죽지도 않았고, 크레이그 선장의 증언처럼 밀림에서 거대한 뱀을 사냥하다가 입은 상처로 죽지도 않았으며, 단지 암에 걸려 수술을 받고 얼마간 살다가 죽었다는 것이다.

수라바야의 페넬레Peneleh 묘지는 나무 한 그루 풀 한 포기 없는 지극히 평범하고 황량한 묘지였다. 올메이어의 무덤 또한 다른 무덤과 별다르지 않은 평범한 것이었다. 그 무덤 앞에는 다만 다음과 같은 문구가 적힌 대리석 묘비가 있었다.

이곳에 카렐 올메이어가 누워 있다. 그는 1799년 그리세에서 태어나 1877년 자손들의 깊은 애도 속에 죽었다.

Here lies Carel Olmeijer, who was born at Grisse in 1799 and died in 1877, deeply regretted by his children.

　이 묘비명을 읽는 그 순간 고든 박사는 전 세계를 통틀어 올메이어의 무덤이 보르네오 섬 수라바야에 있다는 사실을 아는 유일무이한 콘래드 학자였다.

13장
말로우의 피살과 사건 현장의 여인

    윌리엄 셰익스피어와 동시대 사람으로서 셰익스피어에 버금가는 극작가가 영문학사에 또 있다고 한다면 누구인지 무척 궁금할 것이다. 그 인물은 바로 이번 이야기의 주인공 크리스토퍼 말로우Christopher Marlowe(1564~1593)이다. 공교롭게도 셰익스피어와 같은 해 출생했고, 셰익스피어처럼 극작가이자 배우였으며, 한때 서로 교분도 나누었던 것으로 전해지는 사람이다.

    말로우는 아주 조숙한 천재 시인이었다. 그는 셰익스피어가 본격적으로 위대한 작품을 세상에 발표하기 전에 셰익스피어의 소위 4대 비극에 비견할 만한 네 편의 비극 『탬벌린 대왕Tamburlain the Great』(1587), 『파우스트 박사 Dr. Faust』(1592), 『몰타 섬의 유태인The Jew of Malta』(1593), 『에드워드 2세Edward the Second』(1953) 등과 같은 작품을 불과 6년 사이에 연달아 발표했다. 말로우가 작품에서 구사한 무운시blank verse는 당대에는 아무도 넘볼 수 없는 최고 수준에 이른 것이었다. 만약 셰익스피어가 말로우처럼 일찍 죽고 반대로 말로우가 셰익스피어만큼 오래 살아 작품 활동을 했다면, 현재 셰익스피어가 영문학사에서 시인으로 누리고 있는 최고의 지위는 아마 말로우에게 돌아갔을지도 모를 일이다. 문제는 말로우가 스물아홉의 젊은 나이에 죽었다는 데 있다. 좀 더 자세히 말할 것 같으면 살해당한 것이다. 그것도 칼에 찔려서.

기독교 신자들에게 성경이 그러하듯이, 전 세계 영문학도들이 읽든 안 읽든 가지고 있는 두 권으로 된 두툼한 『노튼 앤솔로지The Norton Anthology of English Literature』라는 일종의 교과서가 있다. 여기에 기록된 말로우의 사망 원인은 아래와 같다.

1593년 5월 30일 데트포드에 있던 불이라는 과부가 경영하는 여관에서 계산서를 놓고 벌어진 말다툼 끝에 말로우는 단도에 찔려 죽었다.

On May 30, 1593, at the inn of the Widow Bull in Deptford, Marlowe was killed by a dagger thrust in an argument over the bill.

한마디로 말해 대시인의 죽음치고는 별로 명예롭지 못한 죽음이다. 계산서를 놓고 옥신각신하다가 그만 누군가의 칼에 맞아 죽은 것이니. 그런데 당시 런던 사회에서는 말로우의 비명횡사에 대해 "젊은 나이에 참 안됐다"고 애도하기보다는 오히려 "그놈 참 잘 죽었다"는 식의 냉소적인 반응을 보인 사람들이 적지 않았으니 그 주류가 바로 퓨리턴들puritans이었다.

우리가 청교도로 번역하여 부르는 '퓨리턴'이란 마르틴 루터Martin Luther(1483~1546)의 종교개혁 이후 생겨난 신교도들 가운데 특별히 어떤 종파에 속하지 않으면서 오직 인간 사회의 더러운 곳을 깨끗이 하겠다는 숭고한 이상을 가진 사람들을 말하는데, 이는 가톨릭교도나 다른 종파의 신교도들이 경멸하는 뜻에서 붙여준 이름이었다. 이 세상을 정화하겠다고 나선 퓨리턴들의 눈에 세상을 가장 오염시키는 장소가 있었으니 바로 엘리자베스 여왕 시대부터 우후죽순처럼 생겨난 런던 시내의 극장들이었다. 이들에게는 극장이야말로 신성모독을 일삼는 무신론자들의 집합소요 인간 타락의 온상이며, 온갖 죄악의 발원지였다. 그러니 극장의 생명인 대본을 쓰는 극작가는 물론, 이 대본을 가지고 무대에 서서 사람들을 감동(현혹)시키는 배우라는 작자들이야말로 신의 천벌을 받아 마땅한 존재들이었다. 이런 참에 말로우가 대낮에 칼에 맞아 죽었으니 참으로 쾌재를 부르고도 남을 통쾌한 일이었을 것이다.

말로우가 이처럼 청교도들의 증오 대상이 된 데는 그가 극작가였다는 점 이외에, 그의 자유분방한 사생활에도 그 이유가 있었다. 그는 구두 수선공의 아들로 태어났으나 어려서부터 남달리 총명하여 장학생으로 케임브리지 대학교에 입학했다. 졸업 후에는 마땅히 신교 목사가 되어야 함에도 불구하고 성직자가 되기를 거부하고 극장 주변을 어슬렁거리면서 빈둥빈둥 놀고먹었다. 뒤에 밝혀진 일이지만 엘리자베스 여왕의 특별한

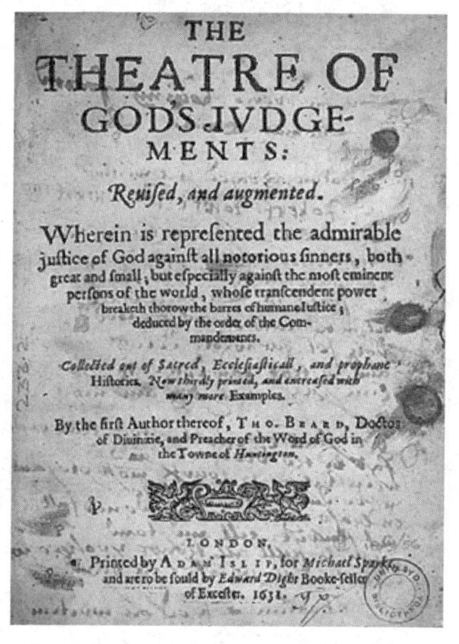

토머스 비어드의 『신의 심판대』

신임 아래 지금으로 말하자면 비밀첩보원 같은 역할을 담당했었다고도 전해진다.

말로우의 죽음에 대해 최초로 비교적 자세한 기록을 남긴 사람은 토머스 비어드Thomas Beard란 인물로, 세상에서 둘째가라면 통곡할 지독한 퓨리턴이었다. 그는 말로우가 죽은 지 4년 뒤에 출판된 『신의 심판대The Theatre of God's Judgements』(1597)에서 신을 모독하거나 믿지 않는 불경한 사람들에게 가차 없이 내려진 전율할 만한 하느님의 심판 사례를 100여 건이나 소개했는데, 여기에 말로우가 빠질 리 없었다. 어디 한번 읽어보자.

사실은 이렇다. 말로우는 런던 거리에서 평소 유감이 있는 친구를 만나자 그를 자기의 단도로 찌르려고 했다. 말로우의 의도를 간파한 상대방은 공격을 피하고 칼을 쥔 말로우의 손목을 붙잡았으며, 이 과정에서 말로우는 자기 자신이 뽑아든 칼에 머리를 심하게 찔렸고, 그 결과 의사들의 노력에도 불구하고 그 자리에서 죽었다. 그가 죽는 모습은 처참했다. 그는 마지막 숨을 헐떡이면서도 불경스러운 욕설을 퍼부었으며, 숨을 거두는 순간에 그의 입에서 최후로 흘러나온 한마디도 신에 대한 저주의 말이었다. 참으로 눈 뜨고 보기 어려운 끔찍한 광경이었다. 그것은 분명 신의 심판이기도 했다. 그런 불경스러운 생각을 해낸 머리를 그런 불경스러운 글을 쓴 손을 사용하여 벌하였으니 말이다.

It so fell out, that in London streets as he supposed to stab one whom he owed a grudge unto with his dagger, the other party perceiving so avoided the stroke, that withal catching hold of his wrist, he stabbed his own dagger into his own head, in such sort, that notwithstanding all the means of surgery that could be wrought, he shortly after died thereof. The manner of his death being so terrible (for he even cursed and blasphemed to his last gasp, and together with his breath an oath flew out of his mouth) that it was not only a manifest sign of God's judgement, but also a horrible and fearful terror to all that beheld him. But herein did the justice of God most notably appear, in that he compelled his own hand which had written those blasphemies to be the instrument to punish him, and that in his brain, which had devised the same.

장소는 런던 거리. 말로우는 상대방을 찌르려고 빼든 단도에 오히려 자기 자신의 머리를 찔려 죽은 것이다. 그런데 이 글에는 사건 발생의 동기나 원인에 대해서는 별다른 언급이 없고, 오히려 말로우의 최후가 얼마나 비참했고 흉악했는가를 보여주는 데 초점이 모아져 있다.

비어드의 이 글이 인기를 얻게 되자 많은 사람들이 이와 비슷한 글을 써서 발표했는데, 그때마다 말로우의 처참한 죽음에 대한 묘사와 논평은 강도를 더해갔다. 다시 말해 말로우는 죽은 뒤 그를 시기하거나 증오하는 사람들의 펜에 의해 계속 처참한 살해를 당한 셈이다.

비어드 글이 나오고 3년 뒤인 1600년, 윌리엄 본William Vaughn이라는 또 다른 지독한 청교도가 『황금 숲Golden Grove』이라는 책을 냈는데, 이 책에서 그는 말로우의 죽음에 대해 지금까지 세상에 알려지지 않았던 새로운 정보를 사람들에게 제공했다.

사실은 이렇다. 장소는 런던 시내에서 약 3마일 떨어진 데트포드란 시골마을. 잉그람이란 사람이 한 상 크게 차려놓고 말로우를 초대했다. 말로우가 그곳에 갔을 때 그는 테이블에 앉아 노름을 하고 있었다. 말로우가 이 친구를 단도로 찌르려

하자 그는 재빨리 알아차리고 칼을 피했다. 이어 그는 자신을 방어하기 위해 차고 있던 단도를 꺼내 말로우의 눈을 찔렀다. 어찌나 깊이 찔렀던지 칼을 빼냈을 때 칼끝에는 무엇인가 뇌 비슷한 것이 딸려 나왔다. 말로우는 그 자리에서 죽었다.

It so happened, that at Deptford, a little village about three miles distant from London, as he meant to stab with his poniard one named Ingram, that had invited him thither to a feast, and was then playing at tables, he quickly perceiving it, so avoided the thrust, that withal drawing out his dagger for his defence, he stabbed this Marlowe into the eye, in such sort, that his brains coming out at the dagger's point, he shortly after died.

비어드의 주장과 달리 말로우가 살해된 곳은 런던 거리가 아니라는 것과 말로우는 자기 칼이 아니라 잉그람의 칼에 눈을 찔려 처참하게 죽었다는 새로운 주장 이외에, 우리가 여기서 주목해야 할 사실은 데트포드라는 지명이다. 이곳은 당시 런던 교외에서 가장 이름난 윤락가였다. 당시 이 사실을 접한 독자들은 누구나 쉽게 상상력을 동원하여 이곳에 출입하는 사람들이 어떤 부류이며, 이곳에서 무슨 짓을 하는지 알 수 있었을 것이다. 보나마나 일요일이 되어도 교회에 가지 않는 무신론자에다 술, 도박, 계집질에 이골이 난 불량배들이라고 단정했을 것이다.

아닌 게 아니라 말로우의 죽음과 행실이 좋지 않은 여자를 결부시킨 글은 이전에도 있었다. 프란시스 메레스Francis Meres라는 신교도 목사는 『팔라디스 타미아Palladis Tamia』(1598)라는 일종의 명문선집名文選集에서 이렇게 기록했다.

향락주의자요 무신론자인 프랑스의 비극 시인 로델이 끔찍한 종말을 맞이하였듯이, 우리 영국의 비극 시인 말로우도 그의 향락주의와 무신론 때문에 비극적인 죽음을 맞았다. 시인 리코프론이 어느 연적의 총에 맞아 죽었듯이, 말로우도 그의 음란한 사랑의 라이벌인 한 사창가 심부름꾼 칼에 찔려 죽었다.

As Lodelle, a French tragical poet, being an Epicure and an atheist, made a pitiful end: so our tragical poet Marlowe for his Epicurism and Atheism had a tragical death. As the poet Lycophron was shot to death by a certain rival of his: so Christopher Marlowe was stabbed to death by a bawdy servingman, a rival of his in his lewd love.

그후 약 1세기가 지나 이번에는 옥스퍼드 대학교에서 출판한 『아테나에 옥소니엔시스Athenae Oxonienses』라는 일종의 백과사전에서 좀 더 구체적으로 말로우의 죽음과 평판 나쁜 한 여자를 결부시켰다.

사정은 이렇다. 말로우는 어떤 여자와 깊은 사랑에 빠져 있었는데, 이 여자에게는 이미 애인이 있었다. 그 남자는 이 집에서 일하는 심부름꾼으로서 포주라고 하면 알맞은 사람이었다. 자기의 사랑을 순수한 것으로 생각한 말로우에게 이런 남자의 존재는 일종의 모욕이었다. 말로우는 칼을 빼들고 그를 찌르기 위해 달려들었다.

For so it fell out, that he being deeply in love with a certain woman, had for his rival a bawdy servingman, one rather fit to be a pimp, than an ingenious Amoretto as Marlowe conceived himself to be. Whereupon Marlowe taking it to be a high affront, rushed in upon, to stab, him, with his dagger.

이처럼 세월이 흐르면서 사람들의 초점은 말로우가 자초한 끔찍한 천벌에서, 말로우와 생전에 친밀한 관계를 가졌으며 말로우의 죽음에 직접적인 원인이 된 "어떤 여인"에게로 옮겨갔다. 이와 같은 사실을 입증하는 결정적인 글을 마지막으로 인용하고 다음 이야기로 넘어가보자. 윌리엄 쳇우드William R. Chetwood라는 신교 목사는 『영국의 연극British Theatre』(1750)이라는 책에서 마치 자기가 말로우의 피살 현장에서 사건을 목격한 듯이 이렇게 기록했다.

> 평소 품행이 좋지 않은 여자와 은밀한 관계를 가졌던 말로우가 어느 날 예고 없이 그 여인의 방으로 들어갔을 때 그 여자는 다른 남자와 애무를 하고 있었다. 이에 격분한 말로우는 단도를 빼어들고 그 남자를 찌르려 했다. 그러나 이 과정에서 그 남자는 칼을 든 말로우의 손을 비틀어 그 칼로 말로우의 머리를 찔렀다. 말로우는 그 자리에서 죽었으니, 1592년의 일이다.

> Having an intrigue with a loose woman, he came unexpectedly into her chamber, and caught her in the embraces of another gallant. This so much enraged him, that he drew his dagger and attempted to stab him; but in the struggle, the paramour seized Marlowe, turned the point into his head, and killed him on the spot in 1592.

위의 이야기들을 종합해볼 때 분명해지는 사실은 말로우가 행실이 좋지 않은 여자와 어울렸다는 것, 이 여자 때문에 사단이 발생하여 칼로 상대방을 찌르려 하다가 그 칼에 자기 머리를 찔려 즉사했다는 것이다.

여기서 우리를 놀라게 하는 것은 말로우가 펜에 잉크를 찍어 종이 위에 적는 것으로 만족하는, 우리가 보통 상상하는 그런 연약한 시인이 아니었다는 사실이다. 그는 행동이나 기질로 보아 영문학사를 통틀어 유례를 찾아보기 힘든 악동이었음에 틀림없다. 그러나 청교도들의 주장처럼 천벌을 받아 젊은 나이에 비참하게 죽은 시인으로 간단히 치부해버리기에는 짧은 생애 동안 남긴 작품들이 너무나 훌륭하다는 데서 문제가 커진다.

지금까지 살펴본 말로우의 사망에 관한 기록들은 하나같이 청교도나 신교 목사들이 자신들의 의도에 따라 사실을 왜곡하거나 꾸며낸 것일 수도 있다. 이 불행한 천재의 극적인 죽음에 의문을 품고 보다 객관적으로 이 문제를 파고들기 시작한 것은 19세기에 접어들어, 그러니까 말로우가 죽은 지 200년이 훨씬 지나서부터다.

여기에 최초로 등장하는 학자가 제임스 브로턴James Broughton이다. 이 사람은 우선 말로우가 피살된 장소로 언급되는 런던 교외 데트포드에 있는 성 니콜라스 교회를 찾아가 말로우라는 사람의 장례 기록이 교회 문서 보관소에 남아 있는지 확인해줄 것을 부탁한다. 교회 목사는 과연 수백 년에 걸쳐 보관되어온 장례 목록 가운데서 거짓말처럼 다음과 같이 적힌 말로우의 사망 기록을 찾아내 읽어주었다.

1593년 6월 1일. 크리스토퍼 말로우 프란시스 아처에게 살해됨.

Ist June, 1593. Christopher Marlowe, slain by Francis Archer.

대단한 수확이었다. 말로우가 살해당한 것이 분명해졌다. 게다가 지금까지 언급된 적이 없던 살해자의 이름까지 정확하게 나왔으니! 이제부터 할 일은 말로우를 죽인 프란시스 아처에 대해 알아보는 일이었다. 과연 그 사람이 지금까지 기록된 바와 같이 어떤 윤락가의 심부름꾼이자 말로우가 좋아한 여자의 정부였는지 확인하는 절차만 남은 것이다. 그런데 어디에도 아처에 관한 기록은 없었다.

　나중에 밝혀진 사실이지만 아처는 애초에 존재하지 않았다. 엘리자베스시대 사람들이 사용한 필체에 대해 아무런 지식이 없었던 목사가 "프리저"Frezer 또는 Frizer라고 적은 것을 "아처"Archer라고 잘못 읽어준 것이었다. 뒤늦게 학자들이 그 기록에 달려들어 "프란시스 아처"Francis Archer가 아니고 "프란시스 프리저"Francis Frizer라는 사실을 밝혀냈지만, 그에 대한 기록은 전혀 찾을 수가 없었다. 그럴 수밖에 없는 것이(이것도 나중에 밝혀진 사실이지만) "프란시스"란 세례명조차도 잘못 기록된 틀린 것이었다. 서기의 실수인지 교회 기록 담당자의 실수인지는 알 길이 없었으나 이 사실이 밝혀지는 데만도 간단히 수십 년이 걸렸다. 그동안 틀린 이름을 가지고 허탕을 친 학자들의 노고를 생각해보라!

　말로우의 죽음에 대한 미스터리를 푸는 행운과 영광은 결국 20세기에 들어와 미국의 존 핫슨John L. Hotson 박사가 차지하게 된다. 핫슨 박사는 하버드 대학교에서 영문학을 전공해 1924년 박사학위를 받고, 어떤 목적에서인지는 모르지만 그 길로 영국으로 건너가 런던에 있는 공공문서 보관소의 어두컴컴한 방에 산처럼 쌓여 있는 오래된 문시 디미를 뒤지기 시작한다. 이곳은 중세부터 19세기까지 작성된 법률 문서와 공공 기록들이 보관되어 있는 곳으로, 수백 년 동안 아무도 손을 댄 적이 없는 먼지 더미였다. 그 속에서 원하는 문서를 찾아내는 일이란 아무리 그 분야의 전문가라 할지라도 거의 불가능한 일이었다.

　핫슨 박사가 그 속에서 말로우의 죽음을 기록한 공문서를 발견한 것은 순전히 요행이었다. 왜냐하면 핫슨 박사가 찾고자 하는 기록은 애초부터 말로우의 죽음과는 하등 연관이 없는 다른 기록이었기 때문이다. 우연히 손에 잡힌 문서를 들여다보던 그의 시선은 한순간 "잉그람 프리저"Ingram Frizer라는 이름 위에 머물렀고, 그는 이 "프리저"라는 성이 말로우를 살해한 사람의 성으로 처음에 "아처"라고 잘못 읽어 수많은 학자들을 크게 골탕먹인 성이라는 사실을 기억해냈고, 이어 "잉그람"이라는 세례명은 1600년 윌리엄 본이 말로우의 죽음에 대해 쓴 글에 등장하는 살해자의 세례명이라는 사실을 신통하게도 기억해냈다.

핫슨 박사는 애초의 계획을 중단하고 새로 나타난 이름에 매료되어 그와 관련한 서류를 더 찾아보기로 마음먹었다. 그런데 정작 천신만고 끝에 찾아낸 "잉그람 프리저"와 관련한 한 건의 서류는 말로우의 살해와는 전혀 관계가 없는 부동산 매매 서류였다. 핫슨 박사가 크게 실망한 것도 당연한 일이었다. 그러나 말로우가 살던 시대의 런던에 프리저가 살았다는 사실은 이제 분명해졌다. 이 사람이 말로우를 살해한 사람일 수도 있다는 생각에 이르자 핫슨 박사는 계속해서 서류 더미를 뒤져나갈 수밖에 없었다. 대부분의 서류는 300년 이상 된 것들이었으며, 가뜩이나 알아볼 수 없는 필적들은 오랜 세월 동안 잉크가 날아가 희미해지는 통에 판독이 거의 불가능했다. 핫슨 박사의 말마따나 그 작업이야말로 "눈을 지치게 만드는 고된 사냥" arduous and eye-wearing hunt이었다.

핫슨 박사는 우선 엘리자베스시대에 살해당한 사람들의 기록을 찾기 시작했다. 며칠 동안 조사해보았지만 프리저란 이름은 찾을 수 없었다. 이때 핫슨 박사에게 섬광처럼 떠오른 생각은 말로우가 살해당한 사람이기도 하지만 처음 칼을 빼어들고 상대방을 공격한 사람일 수도 있으며, 그렇다면 상대방은 말로우를 죽이고 정당방위를 내세워 사면을 요청했으리라는 것이었다. 핫슨 박사는 피곤함도 잊은 채 이번에는 여왕의 사면자 명단을 뒤지기 시작했다. 라틴어로 기록된 사면자 명단을 하나하나 읽어 내려가던 핫슨 박사의 시야에 마침내 무언가가 걸려들었다. "1593년 여름"으로 시작되는 라틴어 문장을 읽어내는 데 약간의 시간이 걸렸지만 핫슨 박사는 다음과 같은 내용이 적힌 공식 법률 문서(소문이 아닌)를 찾아내고야 말았다.

…… 6월 28일 여왕은 정당방위를 인정하여 잉그람 프리저에게 사면을 허가함.

…… The Queen 28th day of June granted pardon to Ingram Frizer for homicide in self-defence.

그러나 일이 여기서 끝난 것은 아니었다. 핫슨 박사가 찾아낸 것은 사면자 명단에 불과했기 때문에 여기에 부속된 또 다른 서류 — 살인 사건의 동기, 경위, 증인들의 증언 및 심문에 관한 기록과 현장에 있었으며 이 사건을 유발시킨 장본인으로 알려진 "어떤 여자"a certain woman에 관한 기록 등 — 를 찾아내야 했던 것이다. 그런 서류들은 다른 곳에 보관되어 있었고, 그곳에 들어가려면 기록 보관소 담당자로부터 별도의 허가를 얻어야 했다. 핫슨 박사는 즉시 필요한 서식을 작성해 제출했으나 그때는 이미 오후 4시 25분, 기록 보관소의 하루 업무가 끝나 문을 닫을 시간이었다. 핫슨 박사는 할 수 없이 하루를 더 기다려야만 했다.

날이 밝기가 무섭게 핫슨 박사는 기록 보관소로 달려가 담당 직원이 출근하기를 기다렸다. 그날 일착으로 문서 열람을 요청한 사람이 핫슨 박사임은 말할 필요도 없을 것이다. 과연 그동안 수고하고 기다린 보람이 있고도 남았다. 핫슨 박사의 손에 들어온 서류에는 말로우의 죽음에 관한 정황이 소상하게 기록되어 있었다. 살인 현장과 원인, 살해 경위, 증인들의 증언과 가해자 잉그람 프리저의 진술 내용 등이 빠짐없이 적혀 있었고, 이제까지 전해 내려온 이야기와 근본적으로 상치되지는 않았다.

때는 1593년 5월 30일 아침 10시경. 장소는 데트포드의 런던 거리에 있는 엘리노어 불Eleanor Bull이라는 과부의 여관(이 집이 술집인지 여관인지, 또는 더 요상한 집이었는지는 확실하지 않았다). 여기서 말로우는 다른 세 사람과 어울려 "백개몬"backgammon이란 노름을 하던 끝에 그중 한 사람인 프리저와 말다툼을 벌인다. 말로우가 먼저 허리에 찬 단도를 뽑아들어(오늘날 우리들이 손목에 시계를 차고 다니듯이 당시의 남자들은 항상 허리에 단도를 휴대했다) 잉그람을 찌르려 했으나, 잉그람이 오히려 말로우의 손을 비틀어 칼을 빼앗아 말로우의 눈을 찌른다. 말로우는 그 자리에서 즉사한다. 이것이 전부였다.

다만 죽어 숨이 넘어가는 순간까지도 신을 저주했다던가, 눈에서 칼을 뽑아낼 때 칼끝에 무엇이 주렁주렁 딸려 나왔다는 이야기는 기록에 없었다. 그리고 꼭 있어야 할 "어떤 여인"에 관한 이야기도, 그런 여인의 증언도 없었다.

이것이 말로우의 죽음에 얽힌 진상이며, 『노튼 앤솔로지』에 단 두 줄로 기록되어 사실로 확정되기까지의 과정이다.

그렇다면 이제껏 말로우의 피살 현장에 있었으며 말로우와는 그렇고 그런 관계였고 그의 죽음에 직접적인 동기와 원인을 제공한 것으로 끈질기게 이야기되어온 "어떤 여자", "음란한 여자"a lewd love, "행실이 좋지 않은 여자"a loose woman의 정체는 무엇이며, 대체 어디로 간 것일까? 아직도 학자들에게 남겨진 숙제인가? 아니면 처음부터 없었던 인물인가? 우리나라 속담을 무색케 하는 "아니 땐 굴뚝에서 나온 연기"란 말인가?

말로우의 죽음과 관련해 언급된 한 여인은 결국 말로우를 미워하고 시기한 퓨리턴들과, 엄연한 사실만으로는 만족할 수 없는 세상 사람들의 낭만적 상상력이 만들어낸 가공의 인물이 아닐까. 현재까지 밝혀진 바로는…….

14장
천문학자가 푼 문학사의 수수께끼

영문학을 전공한 사람이 아니더라도 문학에 어느 정도 흥미를 가진 사람이라면 "영시의 아버지"로 추앙받는 제프리 초서라는 이름쯤은 들어보았을 것이다. 이 사람이 바로 그 유명한 『캔터베리 이야기The Canterbury Tales』의 저자라는 사실도 알 것이다. 그러나 초서가 이 작품 외에 트로이전쟁으로 유명한 기원전 13세기경의 트로이 왕국에서 있었던 남녀의 연애 사건을 소재로 또 하나의 명작인 장시 『트로일러스와 크리세이드Troilus and Criseyde』를 쓴 시인이라는 사실을 아는 사람은 그리 많지 않으리라.

모르는 사람에게는 이 작품의 존재가 대수롭지 않게 여겨질지 모르겠지만, 이 작품 또한 『캔터베리 이야기』 못지않게 훌륭하다는 것이 전문가들의 평가다. 사실은 못지않은 정도가 아니라 오히려 『캔터베리 이야기』를 능가하는 작품이라고 주장하는 학자도 여럿 있다. 그 이유는 『캔터베리 이야기』가 미완성으로 끝난 단편소설들의 모음이라면, 『트로일러스와 크리세이드」는 구성과 기교가 흠잡을 데 없는 완벽한 작품이기 때문이다. 『캔터베리 이야기』가 다소 산만한 일종의 단편소설집이라면, 길이나 구성, 등장인물들의 성격 묘사 등을 볼 때 『트로일러스와 크리세이드』는 운문으로 쓰인 영문학사 최초의 장편소설이라고 불러도 좋을 것이다.

초서를 비롯한 중세 영문학연구의 대가 윌리엄 커William P. Kerr 교수의 말을 들어보자.

『트로일러스와 크리세이드』는 문학 기교가 승리를 거둔 가장 위대한 현대적인 작품이다. 다시 말해 미겔 데 세르반테스나 헨리 필딩Henry Fielding(1707~1754) 이후 이들의 영향을 받은 후계자들이 남긴 장편소설들과 맞먹는 작품이다. 이것은 분명 비극적인 장편소설이며, 동시에 당대의 다른 시인들이 쓴 과장되고 부풀린 영웅 이야기들의 거짓을 지적하는 희극의 신 탈리아의 예리한 시선도 무난히 통과할 수 있을 정도로 구성에 허점이 없는 작품이다.

Troilus and Criseyde is the first great modern book in that kind where the most characteristic modern triumphs of the literary art have been won: in the kind to which belong the great books of Cervantes, of Fielding, and of their later pupils. It is a tragic novel, and it is also strong enough to pass the scrutiny of that Comic Muse who detects the impostures of inflated heroic and romantic poetry.

부연하자면 『트로일러스와 크리세이드』는 그 길이나 고도의 복선이 깔린 구성 및 등장인물들의 복잡한 성격과 심리 갈등 묘사 등으로 볼 때, 비록 운문으로 쓰이긴 했지만 영문학사상 장편소설의 효시가 되는 작품이라 할 수 있으며, 그것도 세르반테스의 『돈 키호테Don Quixote』(1605)나 헨리 필딩의 『톰 존스Tom Jones』(1749) 같은 걸작들과 비교할 수 있는 수준의 작품이라는 말이다.

본론으로 들어가자. 1923년 어느 날 아침, 장소는 미국 프린스턴 대학교 영문학과 로버트 루트Robert K. Root 교수의 연구실. 『트로일러스와 크리세이드』의 배경인 트로이에서 사건이 발생한 때로부터 3000년 내지 4000년의

제프리 초서의 초상

세월이 지나고, 초서가 위의 제목으로 한 편의 장시를 발표하고 약 550년이 흐른 뒤였다. 루트 교수로 말할 것 같으면 당시 프린스턴 대학교 영문학 교수로서 초서를 위시해 중세 영문학의 권위자였다. 그날도 그는 연구실에 앉아서 중세 영어Middle English로 쓰인 『트로일러스와 크리세이드』의 새로운 교과서를 편찬하기 위해 한 줄 한 줄 읽어 내려가고 있었다.

중세 영어란 영어 발달사에서 고대 영어Old English(450~1200)와 현대 영어Modern English(1500~현재) 사이에 위치하는 형태의 영어로, 철자법이나 발음에서 현재 우리에게 익숙한 현대 영어와는 많은 차이가 있다고는 하겠지만, 처음부터 아예 겁을 집어먹고 포기해버릴 만큼 그렇게 대단한 차이가 나지는 않는다. 독자들이 참고할 수 있도록 『트로일러스와 크리세이드』에 나오는 중세 영어의 원문을 한 구절 소개하고, 이어 현대 영어로 옮겨놓은 같은 연을 제시하고자 한다.

중세 영어

The bente moone with hire hornes pale,
Saturne, and Jove, in Cancro joyned were,
That swych a reyn from heven gan avale,
That every maner womman that was there
Hadde of that smoky reyn a verray feere;
At which Pandare tho lough, and seyde thenne,
"Now were it tyme a lady to go henne!"

현대 영어

The curving moon, with her two horns all pale,
And Saturne, Jove, and Cancer so united
That all the rains of heaven now assail
The earth, and all these ladies were frightened,
Who by the smoky rain were thus benighted;
But Pandar only laughed at them and cried,
"Now it was time for a lady to go home!"

- 필립 크라프(Philip Krapp) 번역

위 시를 우리말로 번역하면 아래와 같다.

두 개의 뿔을 가진 창백한 달이,
토성과 목성과 함께 게(蟹)자리에서 만나니,
비는 억수로 대지를 공격하고,

빗속에 갇힌 여자들은 모두 겁에 질려 있는데,

뚜쟁이 판다만은 즐거워하며 외치기를,

"이 여자 집에 돌아갈 시간인데 어쩐담!'

『트로일러스와 크리세이드』 제3권에 나오는 위 내용의 이해를 돕자면 이야기는 이렇다. 남자 주인공 트로일러스가 여자 주인공 크리세이드를 연모하여 상사병을 앓게 되자 크리세이드의 삼촌뻘 되는 판다루스Pandarus는 트로일러스를 돕기 위해 자기 집에 은밀하게 트로일러스를 숨겨놓고는, 좋은 음식을 차려놓고 크리세이드를 비롯한 여러 숙녀들을 초대했다. 저녁을 먹고 나서 모두가 막 집으로 돌아가려는데, 운명의 장난이라고나 할까 비가 억수로 내리기 시작했던 것이다. 판다루스는 크리세이드만을 잘 설득하여 그날 밤을 자기 집에서 보내게 만들었고, 결국 그날 밤 트로일러스와 인연을 맺도록 했다. 이런 일을 꾸민 판다루스라는 이름에서 '뚜쟁이' 또는 '포주'라는 나쁜 뜻을 지닌 오늘날의 영어 단어 'pander'가 생겨났다.

루트 교수의 시선이 멈춘 곳은 바로 이 부분이었다. 루트 교수는 초서의 작품에는 프톨레마이오스 천문학Ptolemaic Astronomy에 대한 언급이 수없이 많으며, 이 중세 천문학은 초서의 작품과 밀접한 관계가 있다는 사실을 잘 알고 있었다. 우선 초서는 계절의 변화를 표현하는 데 바로 이 프톨레마이오스 천문학에 나오는 술어를 사용했다. 우리가 잘 알고 있는 『캔터베리 이야기』의 서문General Prologue에서만 해도 봄이 왔다는 것을 "the yonge sonne hath in the Ram his halve cours yronne"이라고 표현했다. 이것을 현대 영어로 옮겨본다면 "the young sun has run his course half through the Ram"이 된다. 다시 우리말로 옮기면 "어린 태양이 양자리를 반쯤 지났을 때"가 된다.

황도 12궁을 표현한 삽화

　　이 시기는 태양이 지구를 중심으로 한 바퀴 도는 과정에서 거쳐가게 되는(이때는 지동설이 아닌 천동설을 믿었다) 열두 자리 가운데 하나인 양(Ram 또는 Aries) 자리를 반쯤 지났을 때로, 4월 11일경이 된다. 태양이 지나가는 열두 자리는 소위 황도대(黃道帶, Zodiac)라고 불리는 원형 띠로서, 각 자리의 이름은 다음과 같다. 양Ram, 소Taurus, 쌍둥이Gemini, 게Cancer, 사자Leo, 치녀Virgo, 저울Libra, 전갈Scorpis, 궁수Sagittarius, 염소Capricornus, 물병Aquarius, 물고기Pisces.

　　중세 문학을 연구하다보니 자연히 루트 교수도 중세 천문학에는 어느 정도 도가 터 있었다. 그는 판다루스가 크리세이드를 저녁 식사에 초대한 날 초승달이 게자리에 들었다는 사실을 토대로 이 시기 태양은 이미 양자리를 지나 쌍둥이자리에 들어섰을 것이며, 대략 5월 15일쯤에 해당한다는 결론에 도달했다. 루트 교수는 그날의 연구를 그 정도로 마무리 지었다. 모든 것이 분명했다.

다음날 다시 이 부분을 들여다보던 루트 교수에게 새로운 의문이 하나 떠올랐다. 이 연에서는 분명 초승달뿐만 아니라 다른 두 개의 혹성, 즉 토성 Saturn과 목성Jove이 함께 게자리에 있다고 쓰여 있는데, 그런 대로 중세 천문학에 일가견이 있던 루트 교수의 눈에 예사롭게 보이지 않았던 것이다. 그의 상식으로는 이해가 불가능했다. 어째서 초서는 이처럼 세 개의 천체, 즉 달, 토성, 목성을 한자리에 모이게 만들었을까? 아무래도 시인 초서가 무심코 저지른 실수 같지는 않았다. 그렇다면 혹시 이 작품을 쓸 당시 그런 현상이 실제로 영국에 일어났던 것은 아닐까? 남이 보면 아무것도 아닌 문제에 루트 교수는 집요하게 매달렸다. 학자란 본시 이런 사람들이 아닌가?

앞에서도 잠시 언급했지만 『트로일러스와 크리세이드』 이야기는 호메로스의 전설로 전하는, 지금으로부터 3000년 내지 4000년 전 고대 트로이 왕국이 배경이다. 하지만 초서 작품의 인물 묘사와 분위기는 어디까지나 트로이와는 거리가 먼, 14세기 영국 런던과 흡사하다. 그렇다면 달, 토성, 목성이 동시에 게자리에 나타난 것도 초서가 살던 시대, 그것도 영국 런던에서 실제로 일어난 일이 아닐까? 그럴 수도 있었다. 추리가 여기까지 미치자 루트 교수는 흥분하기 시작했다. 바로 여기에 지금까지 초서 학자들이 풀어내지 못한 문제의 해답이 들어 있을 가능성을 발견했기 때문이었다.

초서의 『트로일러스와 크리세이드』는 뛰어난 작품임에도 불구하고 학자들을 애먹이는 문제가 하나 있었으니, 바로 정확한 집필 연대를 알 수 없다는 것이었다. 지금까지 학자들은 그저 이 작품이 1373년에서 1386년 사이에 쓰였을 것이라는 막연한 추측으로 만족해온 터였다. 일반인들에게는 별

것 아닌 것으로 생각되겠지만 이 작품이 쓰인 정확한 연대를 증명한다면 그것은 문학자로서 대단한 발견이며, 문학사에 커다란 공헌을 하는 것이었다.

그날 오후 프린스턴 대학교에서는 교수 회의가 있었다. 필자의 경험으로 말할 것 같으면 교수 회의란 제각기 연구실에서 별의별 문제를 놓고 고민하던 학자들이 잠시 모여 먼 곳에서 들려오는 학장이나 총장의 목소리를 한쪽 귀로 듣고 한쪽 귀로 흘려보내면서 머리를 식히는 시간이다. 교수 회의가 끝나고 각자 연구실로 흩어지는 순간 루트 교수는 우연히 천문학과의 헨리 러셀Henry N. Russell 교수를 만나 이 문제를 털어놓았다. 루트 교수는 단도직입적으로 러셀 교수에게 물었다. "이처럼 달, 목성, 토성이 황도의 한자리에 동시에 들어서는 일도 있을까요?" "물론이지요. 흔한 일은 아니지만." 러셀 교수는 아주 간단하게 대답했다. 그는 이어서 "다음에 만날 때 그런 일이 초서가 살았던 14세기 영국에서 실제로 일어났는지도 알려드리지요" 하고 덧붙였다. 루트 교수는 고맙다는 말과 함께 자기의 질문을 너무나 쉽게 받아들이는 러셀 교수에게 한편으로는 감탄하고 한편으로는 의아해하며 연구실로 돌아왔다.

1주일 정도 지난 후 러셀 교수는 여러 가지 계산식과 도표가 그려진 몇 장의 종이를 들고 루트 교수의 연구실 문을 두드렸다. 러셀 교수의 말에 따르면 천문학 계산에서 하나의 표준이 되는 뉴콤의 행성 도표Newcomb's Planetary Tables를 근거로 약간 복잡한 계산을 시도해보았는데 해답이 나왔다는 것이었다. 지금까지 천하에 제일 쓸모없는 일만 하는 사람들로만 보였던 이 "별장이들"Star-Gazers이 그 순간처럼 루트 교수의 눈에 존경스럽고 대단해 보인 적은 없었다.

러셀 교수의 설명에 따르면 달이 게자리에 들어서는 것은 지극히 예사로운 일이었다. 다만 여기에 두 개의 혹성이 동시에 자리 잡는 일은 분명 드물었다. 목성과 토성이 게자리에서 만나는 일은 약 200년이란 기간 사이에 60년마다 일어나는데, 이 기간은 그런 일이 결코 일어날 수 없는 약 600년 이상의 시간이 지난 다음에야 오는 것이었다. 러셀 교수가 뉴콤 도표를 근거로 산출한 결과를 보면 초서의 어린 시절이 우연히도 바로 이 600년 주기의 끝과 일치하기 때문에 적어도 초서의 어린 시절을 기준으로 그 이전 600년 동안에는 이런 현상이 일어나지 않았다는 것이었다. 그러니까 초서 이전에 이 현상이 발생한 가장 가까운 시기는 769년이고, 이후 600년 안에는 그런 일이 일어나지 않았으며, 그 뒤에야 이 두 혹성이 60년마다 만나는 200년 주기가 찾아오게 되는 것이다. 그리하여 토성과 목성이 게자리에서 만나게 되는 다음번 해는 1385년, 좀 더 정확히는 1385년 4월 13일이라는 계산이 나온다는 것이었다. 이 날은 태양이 쌍둥이자리를 막 지나는 때로, 그 며칠 뒤에는 두 혹성이 게자리에 들어가 6월 말까지 함께 자리하게 되고, 여기에 합세하는 달은 창백한 초승달로서 그 시기는 5월 중순이었다. 간단했다.

중세의 많은 지식인들이 그러했듯이 시인 초서도 천체의 운행과 변화에 통달해 있었다. 그리고 이들은 천체 운행의 이변 현상이 곧바로 지상에 사는 인간의 생활에 지대한 영향을 끼친다고 믿었다. 새로운 유성meteor의 출현이나, 위의 경우처럼 목성과 토성이 황도의 한자리에 모이는 것과 같이 흔치 않은 이변은 지상의 인간에게 엄청난 천재지변이나 정치적 사회적 변동 또는 개인적 재앙을 예고하는 불길한 징조로 받아들여졌다. 초서의 탄생을 1342년으로 추정할 때 그의 나이 마흔셋 되던 해에 나타난 것으로 되어 있는, 목성과 토성이 동시에 게자리에 들어서는 천상의 이변이 당시 런던 사람들에게 가져온 충격은, 오늘날 76년을 주기로 지구에 접근한다는 핼리

혜성Halley's Comet의 출현을 놓고 신문에서 떠들썩하게 보도하는 정도에 비할 바가 아니었음이 분명하다. 그렇기 때문에 초서도 이런 희귀한 이변을 당시 쓰고 있던 작품에 이용했을 것이라는 추측은 사실에 가까웠다. 실제로 그는 이 이변을 비극적인 종말을 가져올 두 남녀의 결합이 이루어지는 날 밤과 일치시킴으로써 극적 효과를 거두었다.

천문학자 러셀 교수는 자신의 계산이 밝혀낸 대단한 문학사적 업적을 전혀 의식하지 못했다. 당시까지 별다른 근거도 없이 막연하게 1373년에서 1386년 사이로 추측해온 『트로일러스와 크리세이드』의 집필 연대는 (작품 전체가 아니라면 최소한 제3권만이라도) 이제 결코 1385년 5월 중순 이전일 수 없었다. 이 발견은 천문학사에서는 별것 아닐지 몰라도 문학사 연구에서는 획기적인 일이었다. 매일 관측소에서 빈 하늘만 바라보며 늙어가는 동료 교수에게 루트 교수가 이러한 이야기를 해주었을 때, 러셀 교수는 자기에게는 별것도 아닌 간단한 계산이 문학사에 그처럼 중요한 공헌을 했다는 데 대해 이렇게 말했다.

나는 내가 문학사에 퍽 중요한 공헌을 했다는 사실에 몹시 흥분이 됩니다.

I am very much thrilled to find that I contributed something of importance to literary history.

러셀 교수의 빈틈없는 계산으로 초서의 『트로일러스와 크리세이드』 제3권에 묘사된 폭풍우 몰아치던 저녁의 연도와 계절을 알게 된 루트 교수는 즉시 프린스턴 대학교 도서관으로 달려가 중세 역사가인 토머스 월싱엄

Thomas Walsingham이 기록한 육중한 부피의 저서인 『중세 연대기The Chronicle of the Middle Ages』를 찾아 1385년을 훑어보았다. 과연 거기에는 거짓말처럼 그해에 일어난 천체 이변에 대한 기록이 있었으며, 그 이변이 당시 영국인들의 마음속에 얼마나 큰 공포를 불러 일으켰는지도 상세하게 적혀 있었다.

기록에 의하면 런던 시민들은 이미 두 달 전부터 이 이변(목성과 토성이 게자리에 동시에 들어서는)에 대해 알고 기다렸다고 한다. 아닌 게 아니라 예상한 대로 1385년 6월 14일 오후 3시를 기해 영국 전체에 지금까지 아무도 경험해보지 못한 끔찍한 폭풍우가 몰아쳤다고 한다. 그러니까 『트로일러스와 크리세이드』 제3권에서 판다루스의 단단한 저택을 뒤흔들고, 연약한 여자인 크리세이드가 공포에 떨며 집에도 가지 못하게 만든 그 무서운 폭풍우는 초서라는 뛰어난 시인의 상상력이 만들어낸 현상의 진실만이 아니라, 엄연한 실제 사실, 그것도 보통의 사실이 아닌 대단한 역사적 사실이었던 것이다.

15장
셸리와 허깨비

퍼시 셸리는 영문학사에서 조지 바이런, 윌리엄 워즈워스, 존 키츠 등과 더불어 19세기 전반 영국 낭만주의를 대표하는 시인으로 우리에게 잘 알려진 인물이다. 그런데 셸리는 좋은 시를 써서 사후 불멸의 명성을 누리는 천재 시인이긴 하지만, 소위 천재라는 사람들이 대개 그렇듯 그 일생이 유별나고도 불행했다. 그는 불과 서른 살의 짧은 생애를 사는 동안에도 항상 엉뚱한 생각과 행동으로 수많은 문제를 일으켜 자기 자신은 물론 주위 사람들까지 한시도 평안치 못하게 한 불행한 사람이었다.

서양 문예사조사에서 19세기 전반에 해당하는 소위 낭만주의시대Age of Romanticism란 간단하게 정의할 수 없는 다양한 양상이 복합된 시대이긴 하지만, 인간의 본성에서 이성이나 합리성보다는 이제껏 억압되고 경시되어온 감정이나 감성을 강조함으로써 인간의 비합리성 내지 비합리적인 면에 시선을 돌리게 된 시대라고 말할 수 있다. 따라서 인간의 상상력과 느낌을 동

퍼시 셸리의 초상

원하여 창조한 예술작품들이 문학뿐만 아니라 미술, 음악 등 예술 분야에서 각광받게 되었다.

그런데 인간의 상상력은 위대한 예술작품을 생산해내는 것과 같이 좋은 방향으로만 작용하지 않고 그 작품을 창조하는 예술가를 혼돈에 빠뜨리거나 심지어 파괴하기까지 한다. 다시 말해 이 시기에 속한 시인, 화가, 음악가들 가운데는 훌륭한 작품을 남겼음에도 불구하고 기성 사회질서나 도덕에 적응하지 못하고 이탈하거나 또는 항거하는 과정에서 지극히 불행한 생애를 보낸 사람들이 적지 않다. 이런 예술가들의 사생활에 관한 이야기는 때로 사실과 무관하게 상상에 상상을 보태 나중에는 걷잡을 수 없이 황당한 루머로 변해버린 예가 허다하다. 바이런이 이복누이와 이상한 관계를 가졌다거나, 이 스캔들 때문에 결국 영국을 떠나 이태리 베니스에 살면서 200명이 넘는 여자들과 관계를 가졌다느니(아니라느니) 하는 이야기들은 바이런 자신의 방정치 못한 생활에도 원인이 있겠지만, 평범한 이야기로는 만족하지 못하는 인간의 낭만적 호기심 내지 상상력에도 책임이 있는 것이다.

이런 면에서 볼 때 셸리의 행적 또한 주변 사람들에게 숱한 억측과 오해를 남기기에 충분한 것이었다. 그는 바이런과 마찬가지로 영국에서 알아주는 귀족 가문에서 태어났으나 어려서부터 사고와 행동이 극히 진보적이고 자유분방했다. 한마디로 매우 극단적이었다. 30년이란 짧은 일생을 사는 동안 그는 항상 기성 권위에 도전하고 기존 질서에 항거했다. 그는 열여덟 살에 옥스퍼드 대학교에서 퇴학 처분을 받았는데, 그가 쓴 「무신론의 필요성The Necessity of Atheism」이란 글 때문이었다. 당시만 해도 옥스퍼드 대학교의 존재 이유가 목사를 양성하는 데 있었음을 감안하면 이런 학생을 그대로 내버려 둘 리 없다는 건 짐작하고도 남는 일이다. 학교 당국은 셸리에게 글을 철회할 것을 요구했지만, 그는 그 요구를 거절하여 결국 퇴학을 당하고 말았다. 셸리는 이 사건으로 크게 실망하고 분노한 부모와도 영영 화해하지 못하고 죽고 말았다. 속 썩이는 자식은 그때에도 있었다.

옥스퍼드 대학교에서 퇴학당한 자존심 강한 셸리는 집에서 나와(또는 쫓겨나) 런던 시내의 한 여관에서 임시로 머물던 중 해리엇 웨스트브룩Harriet Westbrook이라는 열여섯 살짜리 여관집 딸과 사랑에 빠져 에든버러로 달아나 그곳에서 결혼했다. 당시 신랑 셸리의 나이는 열여덟. 역시 천재는 만사에 조숙한가 보다. 그 뒤 이 젊은(어린) 부부는 한곳에 정착하지 못하고 영국 각지를 전전했는데, 부모가 마지못해 보내주는 얼마 되지 않는 돈으로 어렵게 생활을 꾸려갔다. 이들은 얼마 후 영국으로부터 독립하기 위해 투쟁 중이던 아일랜드로 건너가 셸리가 손수 쓴 「아일랜드인들에게 고함Address to the Irish People」이라는 인쇄물을 나누어주어 당국의 미움을 샀으며, 아일랜드 가톨릭교도 해방운동에 동참했고, 전 세계 피압박 국민들과 가난한 민중의 생활을 개선하는 정치 운동에 관여했다. 이래저래 어디를 가나 셸리의 일거일동은 주변의 관심과 주의를 끌기에 충분했다.

때는 1813년 2월, 당시 셸리 부부는 영국 각지를 전전한 끝에 웨일스에 있는 타니롤트Tanyrallt라는 시골 마을에 머물게 되었다. 정착한 지 얼마 되지도 않아 두 사람은 마을 사람 전부에게 알려져, 이내 입방아에 오르게 되었다. 작고 깡마른 체격에 어울리지 않는 셸리의 괴상한 복장과 남의 눈에 띄는 행동거지, 거기다가 그들 부부가 가진 정치적 종교적 신념에 대한 좋지 않은 소문이 작은 시골 마을 사람들을 경악시키고 경계심을 갖게 하기에 충분했던 것이다. 그러던 어느 날 드디어 사건이 터지고 말았다.

그해 2월 어느 날(나중에 26일로 밝혀졌다) 폭풍우가 몰아치는 밤이었다. 그날 밤 셸리는 자기에게 어떤 위험이 다가오고 있음을 감지했을까? 그는 무슨 이유에선지 권총을 (그것도 하나가 아닌 둘을) 장전하여 몸에 휴대하고 어둠 속에 앉아 있었다. 밤 11시쯤 되었을 때 과연 괴한이 창문을 통해 침입하는 모습이 눈에 들어왔다. 괴한은 셸리를 보고 권총을 발사했으나 다행히도 셸리를 맞히지 못했고, 이에 셸리도 괴한을 향해 준비한 권총을 발사했지만 불발이었다. 이어서 이 심야의 침입자와 셸리 사이에 치고받는 격투가 벌어졌다. 셸리는 괴한에게 얻어맞고 마루에 쓰러졌으나 재빨리 다른 권총을 발사하여 이번에는 괴한을 죽이지는 못했지만 부상을 입히는 데 성공했다. 괴한이 입은 부상의 종류나 정도는 알 수 없었으나, 하여간 괴한은 비명을 남기고는 폭풍우가 치는 어둠 속으로 사라졌다. 이 서부활극이나 탐정소설에나 있을 법한 이야기는 때 아닌 총성을 듣고 잠이 깨 달려나온 아내와 이웃 사람들에게 셸리가 들려준 내용이다. 이웃 사람들은 셸리의 말에 반신반의하면서 두 시간쯤 집 안팎을 수색하다가 별다른 성과 없이 모두 돌아갔다.

사람들이 모두 돌아간 뒤에도 셸리는 경계를 풀지 않았다. 이번에는 권총 한 자루와 칼로 무장했다. 과연 새벽 4시쯤 다시 괴한이 창가에 나타나 느닷없이 셸리를 향해 권총을 쏘았다. 총탄은 창문 커튼을 뚫더니 다행히도 입고 있던 잠옷을(어느 부분인지는 확실하지 않다) 관통했다. 셸리도 즉각 응사했으나 이번에도 불발이었다. 셸리는 이럴 줄 알고(?) 준비한 칼을 들고 괴한에게 돌진했다. 그 순간 셸리의 남자 하인이 달려왔으며, 괴한은 도주

해버렸다. 이상의 이야기는 사건이 일어난 지 2주일 뒤 셸리의 아내 웨스트 브룩이 마을 사람들에게 전한 사건의 전말이다.

그러나 정작 사건의 핵심 인물인 셸리 자신의 이야기는 전혀 달랐다. 그의 설명에 따르면 창문을 열고 침입하려는 괴한에게 먼저 총을 발사한 것은 셸리 자신이었다. 이어 도주하는 괴한을 추격하기 위해 문밖으로 달려나가보니 괴한은 정원 한구석에 있는 나무에 기대어 선 채 셸리를 바라보며 빙긋이 웃더라는 것이다. 셸리는 자신의 설명을 사람들이 믿어주지 않자 나무 판때기 위에 펜과 잉크를 사용하여 괴한이 나무에 기대어 선 모습을 스케치하기까지 했다. 마을 사람들이 현장 조사를 해보니 잔디 위에 약간의 격투 흔적 같은 것이 남아 있었다. 그러나 발자국은 한 사람의 것밖에 발견할 수 없었고, 찾아낸 한 발의 총탄 흔적도 집안에서 발사된 것이 분명했다.

폭풍우 치던 날 밤의 소동으로 마을 사람들은 시를 쓴다는 셸리라는 이름의 이 창백한 청년이 아무래도 정신이 이상한 게 틀림없다고 생각했다. 셸리의 친구들조차도 이 소동은 상상력이 유달리 뛰어난 셸리가 만들어낸 또 하나의 상상일 거라고 의견을 모았다. 그러나 당사자인 셸리에게는 그날 밤의 사건이 커다란 충격이었던 것 같다. 그는 그 사건이 일어난 다음날부터 병이 나 자리에 드러누워 며칠 동안 일어나지 못했고, 병상에서 일어나서도 서둘러 다른 곳으로 이사해버렸다.

이처럼 셸리가 생전에 어떤 환상 또는 허깨비를 자주 보았고, 또 그것에 시달렸음은 여러 가지 증거로 확인할 수 있는 사실이다. 그는 어느 모임에 참석했다가 별안간 마루를 뒹굴며 자신이 상피병(Elephantiasis, 피부가 팽창, 경화하여 코끼리 피부처럼 변하는 병)에 걸려 죽게 되었노라고 통곡한 적도 있고, 또 다른 모임에서는 느닷없이 동행한 자기의 두 번째 부인(첫 부인 웨스트

브룩은 셸리가 바람을 피우자 강물에 몸을 던져 자살했다)인 메리 고드윈의 가슴을 가리키면서 가슴에 달린 두 눈이 자기를 노려본다고 고래고래 소리를 질러 사람들을 놀라게 하기도 했다. 셸리의 이런 괴상한 행동을 전하는 수많은 이야기들은 대개 그의 친구들의 증언에 따른 것이며, 후일 셸리의 전기 작가들이 취합한 것들이기에 사실로 받아들이는 것이 타당할 것이다. 셸리를 연구하는 학자들에게는 천재 시인의 이 같은 이상성격(異常性格, Abnormal Personality)이 더할 수 없는 매력과 흥미를 불러일으키는 요소이기도 했다.

이야기는 다시 폭풍우 치던 1813년 2월 26일 밤, 웨일스의 타니롤트 마을로 돌아간다. 그날 밤 일어난 사건은 결국 여러 가지 정황으로 판단해볼 때 당시 심신이 온전치 못한 셸리의 상상력이 만들어낸 자작극으로 받아들여졌고, 셸리의 집에 침입했다는 괴한도 피해의식에 시달리던 셸리가 상상해낸 허깨비Hallucination 정도로 낙착된 채 세월이 흘러갔다.

그런데 예기치 않은 일이 일어났다. 사건이 있은 지 꼭 50년 뒤인 1862년, 타니롤트에서 소녀 시절을 보냈다는 두 여자(자매)가 새로운 사실을 발표한 것이다. 자매는 그 사건이 실제로 있었다고 주장했다. 사건이 있던 해, 마을 우편국장의 아들인 로버트 윌리엄스Robert Williams라는 청년이 그날 밤 셸리의 집에 침입하여 권총을 발사한 장본인이 자기라고 은근히 자랑하며 말했다는 것이었다. 사연은 다음과 같았다.

어디서 굴러왔는지 알 수도 없는 셸리라는 뜨내기가 밤이 되면 집에서 나와 근처 목장을 쏘다니면서 병들어 신음하는 양이 있으면 인간적인 연민에서 쏘아 죽이곤 했다는 것이다. 셸리의 주제넘은 짓에 화가 난 목장 주인들은 일종의 특공대를 조직했는데, 목적은 이 건방진 젊은이를 겁주어 마을을 떠나게 만드는 것이었다. 윌리엄스는 그날 밤 행동 대원이 바로 자기였다고 주장했다.

1905년 사건의 전모가 미국의 한 잡지에 소개되었을 때 여인들의 인터뷰 기사와 함께 사건이 일어났던 날 밤 셸리가 나무판자 위에 펜과 잉크로 그렸다는 스케치 ― 침입한 괴한이 나무 둥치에 기대어 웃고 있는 모습을 그린 ― 사진도 함께 게재되어 증언의 신빙성을 더했다. 이와 같은 사실을 뒤늦게 세상에 알린 두 여인도 윌리엄스의 주장에 얼마간 의심을 품었던 것으로 되어 있긴 하지만, 어쨌든 이 증언은 사실로 받아들여졌고 이후 셸리의 전기 작가들은 이것을 사실로 기록하게 되었다.

그런데 이 사건의 진위는 후일 한 학자에 의해 다시 한 번 뒤집히게 되었으니, 학자들의 의심에는 끝이 없는 모양이다. 처음부터 윌리엄스의 주장에 의심을 품었던 미국 듀크 대학교 영문과 교수이자 당대 셸리 연구의 최고 권위자인 뉴먼 화이트Newman I. White 교수는 어느 해 여름 방학을 이용하여 현지 답사를 했다. 조사 결과 화이트 교수는 윌리엄스가 1860년대까지 타니롤트 마을에 인접한 고원에 농장을 소유하고 있었고, 마을에서 이 농장에 접근하려면 험준한(거의 수직에 가까운) 절벽을 기어올라야 했다는 사실을 알아냈다. 1813년 당시 스무 살 청년이였던 셸리와 한바탕 드잡이를 한 괴한의 나이를 동갑으로 가정하여 스무 살로 잡는다면, (1860년대에) 이미 일흔 살을 넘긴 그 노인이 과연 어떻게 힘한 절벽 위 농장을 매일 오르내릴 수 있었을까? 화이트 교수는 우선 자신이 침입자라고 고백했다는 윌리엄스의 나이가 사건에 어울리지 않음을 발견했다.

화이트 교수는 윌리엄스의 주장을 세상에 전한 두 여인을 만나보기로 했다. 화이트 교수가 이 두 여인 가운데 한 사람을 찾아내 인터뷰를 했을 때 다른 한 여인은 이미 죽고 없었다. 인터뷰에 응한 여인은 자기가 윌리엄스의 이야기를 들은 것은 사실이지만, 그 이야기가 진실인지는 그때나 지금이나 확실하지 않다고 말했다. 분명한 것은 어느 모로 보아도 타니롤트와 어울리지 않는 셸리라는 젊은이가 어린 아내를 데리고 그 마을에 정착해 살 때, 우편국장 아들인 윌리엄스가 그런 이야기를 퍼뜨리고 다닌 것이 확실하다는 주장이었다.

이쯤에서 조사를 끝낼 화이트 교수가 아니었다. 그는 타니롤트 마을의 공문서 기록 보관소에 찾아가 케케묵은 서류 더미를 뒤진 끝에 윌리엄스의 사망기록을 찾아내고야 말았다. 화이트 교수가 짐작한 그대로였다. 로버트 윌리엄스, 1810년 태어나 1878년 사망. 사망 당시 나이는 예순여덟이었다. 사건이 발생한 해가 1813년이고 윌리엄스의 출생이 1810년이니, 그가 셸리의 집에 침입했을 때의 나이는 간단히 세 살이라는 계산이 나온다.

결국 화이트 교수는 셸리와 관련하여 1813년 웨일스 지방 타니롤트 마을에서 있었다던 사건은 셸리 자신의 망상에서 나온 자작극임을 다시 한 번 확인했고, 그 뒤 셸리 학자들도 이 문제에 더 이상 매달리지 않게 되었다.

그런데 처음부터 이 사건의 진위를 가릴 중요한 단서로 — 윌리엄스의 나이 말고도 — 날씨가 있었다. 사건이 있던 날 밤은 사납게 폭풍우가 몰아쳤다고 되어 있었다. 그럼에도 셸리는 자기 집에 침입하여 자신을 공격한 괴한을 분명히 "보았다"고 주장했다. 심지어는 뜰에 서 있는 나무 둥치에 기대어 미소를 지으며 자기를 바라보았다고 주장하면서, 괴한의 모습을 스케치까지 했다는 것이다. 이 으스스한 이야기에 폭풍우까지 덧붙여지면서 멜로드라마적인 효과가 증폭된 것은 사실이나, 폭풍우가 치는 밤 과연 괴한이건 귀신이건 상대를 식별할 수 있을 만큼 빛이 충분했는가가 문제였다. 그날 밤 폭풍우가 몰아친 것이 사실이라면, 달의 유무 내지 달빛의 밝기가 사건의 진위를 가리는 열쇠라고 할 수 있었다.

초서의 『트로일러스와 크리세이드』와 관련한 에피소드처럼 이번에도 영문학자는 천문학자를 찾아갔다. 화이트 교수는 영국 케임브리지 천문대의 한 천문학자에게 1813년 2월 26일 웨일스 지역의 달 뜨는 시각을 알아보았다.

이 천문학자의 계산에 따르면 그 지역의 달 뜨는 시각은 새벽 3시 45분 경이었다. 화이트 교수는 결과를 재확인하기 위해 이번에는 뉴욕에 있는 헤이든 천문대에 찾아가 다시 한 번 같은 부탁을 했다. 이번에는 새벽 5시 50분이었다. 화이트 교수가 뉴욕과 웨일스의 시차를 고려했느냐고 묻자, 천무대 직원은 얼굴을 붉히면서 3시 50분으로 수정했다. 그리고 단정적으로 말했다. "어쨌든 그날 그 지역에서 달은 새벽 5시까지 뜨지 않았습니다." 한두 시간의 시차 문제가 아니었다.

이것으로 그날 밤 괴한의 첫 번째 침입이 있었을 때(새벽 1시) 하늘에는 전혀 달빛이 없었음이 두 천문학자의 계산으로 밝혀졌다. 두 번째 공격(셸리의 주장대로 새벽 4시)이 있었을 때도 달빛이 전혀 없었거나, 백 보 양보해도 막 떠오르는 시간대였다는 결론에 도달한다. 그날 밤 폭풍이 있었다면 더욱 말할 필요도 없고, 천 보 양보하여 폭풍우가 없었다 하더라도 달빛 하나 없는 깜깜한 밤이었음이 분명했다. 전등이 전혀 없던 당시 시골 마을 사정을 감안하면, 그런 암흑 속에서는 셸리든 누구든 아무것도 볼 수 없었을 것이라는 견해가 지극히 과학적이요 합리적이다. 불쌍한 셸리가 또 하나의 허깨비를 본 것이 틀림없다.

16장

보이니치 필사본의 미스터리

중세 영문학을 전공하는 학자들에게, 좀 더 구체적으로 말해 14장에서 다룬 "영시의 아버지"로 일컫는 초서와 같은 시인을 공부하는 학도들에게 존 맨리 교수John M. Manly는 하늘 같은 존재다. 그의 가장 큰 업적은 여덟 권으로 된 방대한 저서 『캔터베리 이야기 원문The Text of the Canterbury Tales』이다. 남이 써놓은 작품을 모아놓은 것이 뭐 그리 대단한 일이냐고 고개를 갸우뚱할 사람도 있겠으나, 그것은 사정을 몰라도 한참 모르는 소리다.

우선 『캔터베리 이야기』의 원고가 무려 80개가 넘고, 그 가운데 초서가 직접 쓴 것은 하나도 없으며, 내용도 서로 조금씩 다르다는 데 문제가 있다. 손으로 쓴 원고라는 것 자체가 지금 우리가 알고 있는 그런 것이 아니다. 인쇄술은 물론 지금과 같이 종이도 없던 시대였기 때문에, 당시의 모든 문서와 기록은 송아지나 양의 가죽을 벗겨 말린 푸르스름한 가죽에 잉크 비슷한 것으로 적은 것이었다. 그렇게 쓴 원고가 하루 이틀도 아니고 500년 이상의 세

월을 견뎌냈으니, 만지기만 해도 부서질 상태에 적힌 글자 대부분을 판독할
수 없는 것도 차라리 당연한 일이라 하겠다. 그중 어떤 것은 보관하는 사람
의 부주의로 상태가 더욱 엉망인가 하면, 또 어떤 것은 일부가 수백여 년 전
쥐의 뱃속으로 들어가 쥐똥이 되어버린 것도 있다. 제아무리 과학이 발달한
21세기라 하더라도 이 서생이 잡수어버린 부분은 재생시킬 방법이 없다.

　　이렇게 완전히 마멸되었거나 떨어져나간 부분을 제외한 남은 글자만이
라도 일정하다면 그래도 문제가 적겠는데, 그게 또 그렇지가 않다. 원고들
마다 조금씩 내용이 다르다는 것이 이 분야에 종사하는 학자들을 무한히 괴
롭히는 요소다. 그 이유는 이렇다.

　　그때는 지금과 같은 인쇄술이 없었을 뿐만 아니라 독자층도 아직 형성
되지 않은 중세시대였다. 중요한 원고가 하나 입수되면 그것을 갖고 싶은
몇몇 사람들은 원고를 베껴서 나누어 가져야 했다. 여기서 원고를 여러 벌
베껴 쓰는 것을 직업으로 하는 소위 서사(書士, scribe)가 생겨났다. 맨리 교수
가 대조한 80개가 넘는 초서의 『캔터베리 이야기』 원고들은 모두 이처럼 일
일이 손으로 베껴 쓴 것이었으며, 초서가 손수 쓴 것으로 증명된 원고는 현
재 지구상에 단 하나도 남아 있지 않은 것으로 되어 있다.

　　우선 A라는 서사가 손에 들어온 원고를 놓고 베끼다보면 자연히 한두
개의 분명치 않은 단어가 나왔을 것이다. 양심 있는 서사라면 하던 작업을
중단하고 저자에게 달려가(전화가 없었던 시대이니) 확인했겠지만, 그때나
지금이나 어디 양심 있는 사람이 그리 많겠는가? 거기다 일의 고됨에 비해
보수는 형편없었을 것이고. 이 서사는 자기가 알거나 혹은 생각나는 어휘나
문구를 슬쩍 집어넣었을 것이다. 이번에는 B라는 서사가 A서사가 베껴놓은
원고를 얻어 작업을 시작한다. 작업 중에 그는 친구가 찾아왔거나 용변을

보기 위하여 잠시 자리를 비운다. 돌아와 다시 작업을 시작하면서 몇 줄 건너뛰었다는 사실을 모를 수도 있다. 일의 단조로움을 달래기 위해 이 서사가 한잔했다면 사정은 더욱 악화될 것이다. 이번에는 C라는 서사가 B서사의 원고를 가지고 작업을 시작한다. 그런데 이 C서사는 A와 B서사의 오류에 더 큰 과오를 첨가한다. C서사는 본시 시인이 될 소질이 다분한 사람이었기 때문에 원고를 베끼다가 마음에 들지 않는 어휘나 문구가 나오면 자기 마음대로 아예 고쳐버린다. 이런 식으로 만들어진 원고들이 서사들의 손을 거치면 거칠수록, 세월이 흐르면 흐를수록 더 많은 오류를 축적하게 된 것도 어쩌면 자연스러운 결말이다.

이런 역사를 가진 80개가 넘는 『캔터베리 이야기』 교본들을 일일이 대조하여 초서가 처음 썼을 것으로 여겨지는 가장 이상적이고 결정적인 원문을 완성하는 고되고 지루한 작업을 맨리 교수는 동료인 에디스 리커트Edith Rickert와 함께 묵묵히 해냈다. 그들은 우선 산재한 원고들을 수집한 다음, 수집한 원고들을 작성된 시대별로(A→B→C→D) 늘어놓고, 이번에는 거꾸로 가까운 시대부터 거슬러 올라가면서(D→C→B→A) 서로 대조하여 발견되는 오류를 바로잡아 가능한 한 가장 정확한 원문을 확정 짓는 작업을 해야만 했다.

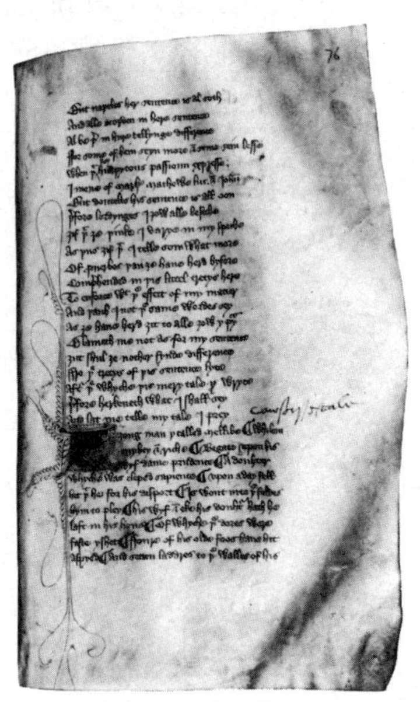

제프리 초서의 『캔터베리 이야기』

수백 년이 지나는 동안 퇴색 변질된 양피지 위에 적힌 거의 판독 불가능한 글자들, 아직 통일되지도 체계가 확립되지도 않은 중세영어의 문법과 철자와 발음, 서사마다 제각기 다르고 독특하여 때로는 판독이 불가능한 필체 등등은 보통의 열성과 지능을 가진 사람은 도저히 감당해낼 수 없다. 이런 일은 아서 도일Arthur C. Doyle(1859~1930)의 탐정소설에 등장하는 명탐정 셜록 홈스Sherlock Holmes처럼 시적 상상력과 수학적 두뇌를 겸비한 사람에게나 가능한 일이라 하겠는데, 맨리 교수가 초서 연구의 대가가 되기 전에 대학에서 수학을 전공했고 한때 수학을 강의한 수학 교수였다는 거짓말 같은 사실을 뒤늦게 알게 된 필자는 그저 놀라 벌어진 입을 다물지 못할 뿐이다.

이쯤 되면 이런 일을 하는 사람은 문학 연구가라기보다는 차라리 암호해독가라 할 수 있겠는데, (놀라지 마시라!) 제1차 세계대전이 막바지에 다다른 1917년 미국 육군이 역사상 최초로 통신병과 산하에 암호국을 설립했을 때, 당시 시카고 대학 영문학과 주임교수로 있던 맨리 교수가 육군 중령 계급으로 초대 국장 자리에 임명됐던 것이다. 맨리 교수는 제1차 세계대전이 끝난 뒤에도 그 자리에 남아 제2차 세계대전이 끝날 때까지 암호 관련 일을 맡아 보았다. 그는 전쟁 중 휘하에 자기가 잘 아는 이 방면의 유능한 영문학자 40여 명을 발탁하여 임무를 수행했다. 맨리 교수와 이들이 관여한 미 육군 암호국의 일은 일종의 군사기밀로서 전쟁이 끝난 뒤에도 공개되지 않았기 때문에 더 자세히 일 수 없는 것이 유감이다.

맨리 교수가 암호국 국장으로 가기 몇 년 전에 있었던 일이다. 윌프레드 보이니치Wilfred M. Voynich라는 희귀 도서만을 취급하는 서적상이 이탈리아에서 한 뭉치의 오래된 원고를 미국으로 들여왔는데, 이 원고가 훗날 "보이니치 필사본"Voynich Manuscript이란 이름으로 세상을 떠들썩하게 만든 그 유명한 원고였다. 이 원고를 처음 살펴본 맨리 교수가 "이 세상에서 가장 신비스러운 원고"the most mysterious manuscript in the world라고 말한 것만 보아도 그 속에 무엇이 있기는 있는 모양이었다. 보이니치는 이 원고를 이태리 어느 고성에서 찾아낸 보물상자에서 발견했는데, 함께 발견한 편지에 따르면 그의 손에 들어오기 전까지는 17세기에 활동한 유명한 두 학자의 소유물이었고, 특별한 증거를 제시하지는 않았지만 중세 영국의 대학자였던 로저 베이컨Roger Bacon(1214?~1294)의 저술이라는 것이었다.

영국에는 베이컨이란 인물이 둘 있다. 하나는 "지식은 힘이다"Knowledge is power라는 유명한 말을 남긴 17세기의 문인, 사상가, 정치가인 프랜시스 베이컨Francis Bacon(1561~1626)이고, 다른 하나는 바로 이 괴상한 원고의 필자라는 13세기의 철학자, 연금술사, 거기에 강신술사necromancer로 알려진 복잡한 인물 로저 베이컨이다. 이 사람은 시대를 앞서 간 과학자로서, 그가 죽은 뒤 수백 년이 지나서야 등장하는 망원경과 현미경 같은 기계를 이미 예견했을 만큼 뛰어난 인물이었다고 한다.

어쨌든 이 원고는 '로저 베이컨'의 작품이 아니라고 반박할 만한 뚜렷한 증거도 없었기 때문에 보이니치의 주장대로 로저 베이컨의 저술로 간주되었다. 문제는 그 내용이었다. 세로가 30센티미터 이상인 2절판(folio) 크기의 116쪽이나 되는 이 원고를 검토해본 중세 문헌의 대가들은 모두 하나같이 고개를 설레설레 흔들고 두 손을 번쩍 들었다. 도대체 무슨 내용의 글인지 힌트조차 찾아낼 수 없었기 때문이었다. 몇몇 쪽에는 이상한 그림이 그려져 있고 그림을 설명하는 듯한 글도 적혀 있었는데, 지금까지 발견된 고문서 어디에서도 찾아볼 수 없는 괴상한 내용이었다. 그림을 자세히 검토해보면 어떤 것은 나무, 어떤 것은 나무뿌리, 그리고 어떤 것은 잎사귀 같아 보였으며, 또 어떤 것은 비밀 종교의 색채가 농후한 천문학적 도표 같기도 했다. 또 어떤 것은 현대 생물학에서 다루는 세포나 난자, 정자 등을 나타내는 것 같았다. 전체적으로 볼 때 이 원고의 내용은 중세 의학에 관한 논문으로서 약초에 관한 설명이 아니면, 천문학의 전신인 중세 점성학 논문 같아 보였다. 그러나 여기에 쓰인 글을 해독할 수 없으니 어느 누구도 원고의 내용에 대해 자신 있게 말할 수 없었다.

'보이니치 필사본'에 도전한 수많은 학자들은 모두 중도에 손을 들어버리곤 했다. 그러나 세상에는 지독하게 끈질긴 사람도 있는 법. 당시 펜실베이니아 대학교에서 중세 역사와 철학을 가르치던 이 분야의 거물 윌리엄 뉴볼드William R. Newbold 교수가 그러했다. 끈기 있게 원고에 매달려 그 일부를 해독한 뉴볼드 교수는 자신의 연구 결과를 1921년 미국 필라델피아에서 열린 미국 철학회American Philosophical Society 연례 학술발표회에서 발표하여 다른 학자들의 절망과 부러움을 샀다. 그는 이 원고가 '로저 베이컨'의 저술이 분명하며, 다음과 같은 내용을 담고 있다고 밝혔다.

이 원고는 13세기 한 수도승이, 현미경이 발명되기 수백 년 전에 이미 현미경 비슷한 기구를 가지고 발견한 것들을 시대를 앞선 천재 사상가들에게 닥칠 위험을 피하기 위해 남들이 쉽게 알아볼 수 없도록 암호로 바꾸어 기록해놓은 것이다. 유례를 찾아보기 이 어려운 발견들은 그 천재가 20세기의 생물학자나 조직 생물학자들이 밝혀놓은 생식세포, 난자, 정자 그리고 유기적 생명체의 일반적 구조에 관한 이론을 그때 이미 예견하였음을 보여주고 있다.

In this manuscript the thirteenth-century friar, to avoid the dangers then awaiting the unconventional thinker, had secretly recorded discoveries made with a compound microscope - constructed centuries before its known invention - discoveries in which this unparallelled genius had anticipated the theories of 20th century biologists and histologists concerning germ cells, ova, spermatozoa, and the general mechanism of organic life.

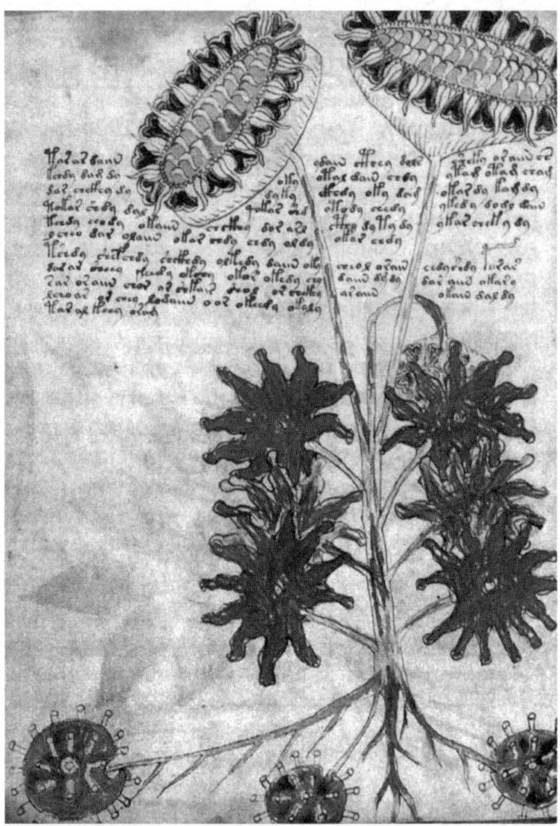

보이니치 필사본의 한 쪽

　다시 말해 이 원고는 13세기의 수도승인 베이컨이 현미경이 없던 시절에 이미 우리가 알고 있는 생명체 구조를 앞서 관찰하고, 당시 이런 새로운 지식인에게 가해지는 종교적 박해나 탄압을 피하려 암호문으로 쓴 것이라는 주장이었다. 뉴볼드 교수의 이런 주장을 처음 들은 학자들은 그가 제시하는 암호문 체계와 해독 방법에 대해 약간의 의문은 제기했지만, 자신의 무식이 드러나는 것이 두려워서인지 아니면 너무나 어려운 문제를 풀어준 데 감사하는 마음에서인지 더 이상 물고 늘어지지 않았다. 방법이야 어떻든 이 끈질긴 동료 학자의 집념 덕분에 그간 미궁에 빠졌던 문제의 실마리가 풀렸다는 데 다 같이 기뻐했던 것이다.

　그 뒤 뉴볼드 교수는 5년 동안 침식을 잊다시피 하면서 '보이니치 필사본'의 나머지 부분을 해독하려 애쓰다가 애석하게도 완성을 보지 못하고 죽었다. 그가 죽기 전까지 심혈을 기울여 연구한 내용을 담은 노트와 기록들은 뉴볼드 교수의 동료 교수이자 제자였던 롤랜드 켄트Roland Kent 교수가 1928년 한 권의 책으로 출판했다. 이 책으로 뉴볼드 교수의 이름뿐만 아니라 당시까지 그 이름만 겨우 알려졌던 인물인 '로저 베이컨' 또한 대단한 명성을 얻게 되었다.

　이야기는 다시 맨리 교수로 돌아간다. 맨리 교수는 누구보다 '보이니치 필사본'에 관심이 많은 학자였다. 그는 뉴볼드 교수의 연구 결과와 암호판독 방법에 의구심을 가지고 있었다. 제2차 세계대전의 종전과 함께 다시 시카고 대학교 영문학과로 복귀한 맨리 교수는 그동안의 암호해독 경험을 살려 직접 '보이니치 필사본'에 도전해보기로 결심한다. 그는 켄트 교수가 펴낸 책을 구입하여 뉴볼드 교수가 '보이니치 필사본'을 해석하는 데 사용한 자료와 암호해독 방식을 자세히 검토하기 시작했다. 맨리 교수가 하나하나

자세히 검토해보니 뉴볼드 교수가 사용한 암호해독 방식에 여러 가지 문제가 있음이 차츰 드러났다. 의구심과 실망감이 더욱 커져만 갔다.

문제는 암호 체계였다. 암호에 관한 맨리 교수의 지식과 경험으로 판단해볼 때 뉴볼드 교수가 제시한 해독 방식은 도무지 체계가 없어 한 문장을 이렇게 읽어도 되고, 저렇게 읽어도 되었다. 이 점을 재확인하기 위해 맨리 교수는 자신이 한때 책임자로 있던 미 육군 암호국에 근무하는 프리드먼W. F. Friedman 대위에게 그간의 사정을 설명하는 편지와 함께 '보이니치 필사본'의 일부분을 보내 해독을 부탁했다. 프리드먼 대위는 암호판독가로서 당시 미 육군 통신병과의 1인자로 알려져 있었다. 프리드먼 대위는 '보이니치 필사본'의 일부를 뉴볼드 교수가 해독한 방식으로 해석해보았다. 15분이면 충분했다. 그런데 해석된 내용이 너무나 뜻밖이었다. "파리스 장군은 베스타 여신들처럼 아름다운 여인들의 유혹에 빠졌노라."Paris is lured into loving Vestals. 기막힌 일이 아닌가? 20세기의 과학적 발견을 앞지른 700여 년 전의 과학 논문에서 이따위 경박한 문장이 튀어나오다니! 있을 수 없는 일이었다.

무릇 어떤 문장이 암호문이 되기 위해서는 그 구성 법칙이(그러니까 해독하는 방법도) 하나여야 한다는 것은 상식이다. 그러나 맨리 교수가 뉴볼드 교수의 암호해독 방법을 사용하여 원고 내용을 검토하고 내린 결론은, '보이니치 필사본'에 사용되었다는 암호 체계가 암호문으로서의 기본 원칙을 충족시키지 못한다는 것이었다. 쉽게 말해서 암호문으로서의 원칙이 지켜지지 않았기 때문에 어떤 때는 이렇게, 또 어떤 때는 저렇게 가져다 붙여도 된다는 말이다. 게다가 뉴볼드 교수는 '보이니치 필사본'의 원문을 옮겨 적을 때 일부러 그랬는지는 알 수 없으나 여러 곳에서 자신이 주장하는 판독 체계에 맞추어 원문과는 다르게 적고 있었다. 이것도 맨리 교수 같은 사람이니 밝혀냈지, 아무런 사전 지식이 없는 사람이라면 암호문으로 작성된 잘 보이지도 않는 골치 아픈 원고를 그 누가 일일이 대조하여 잘못을 찾아냈겠는가? 더군다나 당시 뉴볼드 교수의 학문적 업적과 명성은 거의 절대적이어서, 학자로서의 그의 업적이나 인격에 의문을 제기하는 일은 상상도 할 수 없는 일이었다.

그러나 어찌하랴. 거짓은 감출 수 없는 일, 결국 드러나고야 마는 것을! 결론적으로 말해 뉴볼드 교수는 '보이니치 필사본' 연구에 너무나 열중한 나머지, 또 자기가 갖고 있던 베이컨에 대한 지나친 존경심 — 중세인으로서 시대를 초월한 그의 의학적 과학적 지식에 대한 존경심 — 때문에 학자로서의 객관적 판단력을 상실했던 것이다. 베이컨이 20세기 생물학자들이 이룩한 업적을 이미 예견하여 이를 '보이니치 필사본'에 기록해놓았다는 해석은 뉴볼드 교수 자신의 기대요 희망이었을 뿐, 그는 자신도 모르게 사실을 날조했던 것이다.

기막힌 일은 여기서 끝나지 않았다. 20세기 과학 발전이 낳은 고배율 현미경으로 '보이니치 필사본'을 조사한 맨리 교수는 자신을 포함하여 지금까지 이 원고의 연구에 매달린 학자들이 지지른 원초적 실수를 발견하고 실소를 금할 수 없었다. 너무나 오래되어 알아보기 힘든 이 괴상한 원고의 글자들을 모두 일종의 암호라고 생각하고 이제껏 연구 작업을 해왔는데 사실은 그게 아니었다. 강력한 전자현미경 아래서 밝혀진 사실은 식별이 곤란한 이 미세한 글자들이 실은 암호가 아니고, 양피지가 바싹 말라버리는 바람에 조금씩 떨어져 나간 깨진 글자들에 불과하다는 것이었다. 결국 '보이니치 필사본'의 글자들은 처음부터 그렇게 쓰인 것이 아니었는데, 오랜 세월이 흐르는 동안 상태가 그 모양이 되었다는 지극히 상식적인 결론에 도달했다.

뉴볼드 교수에게는 미안하고 죄송한 일이었지만, 맨리 교수는 1931년 〈탐구Speculum〉라는 학술지에 뉴볼드 교수가 필생의 노력을 기울인 ‘보이니치 필사본’ 연구를 여지없이 때려 부수는 논문을 발표한다. 그는 전쟁 중 갈고 닦은 암호해독 지식과 경험을 살려 ‘보이니치 필사본’이 체계 있는 암호문으로서 불충분하며 일관성이 없음을 누구나 알 수 있게 증명해보였다. 맨리 교수는 ‘보이니치 필사본’이 처음 등장했을 때와 마찬가지로 여전히 암흑에 묻혀 있다며 이렇게 결론지었다.

우리는 누가 언제 그리고 어디에서 이 원고를 썼으며, 과연 이 암호문과 같은 글의 기초가 되는 언어가 무엇인지 아무것도 알지 못합니다.

We do not, in fact, know when the manuscript was written, or where, or by whom, or what language lies at the basis of the encipherment.

17장

문인과 고질병

영문학을 공부하다보면 한 가지 흥미로운 사실에 직면하게 된다. 그것은 영문학사에 이름을 남긴 문인들 가운데 상당수가, 특히 시인들이 항상 신체적 또는 정신적 질병에 시달렸다는 사실이다. 좀 과장해서 말하면 이런 질병에서 자유로웠다는 문인이 있다면 그 사람이 오히려 정상이 아닐 정도다. 마치 문인은, 특히 명성이 높은 문인은 어떤 질병에 걸려 고생을 하는 것이 오히려 자연스럽고, 나아가 이런 질병에 걸려야만 훌륭한 작품을 쓸 수 있는 것이 아닌가 하는 의문조차 들 정도다.

우선 생각나는 사람으로 18세기 영국을 대표하는 시인 알렉산더 포프가 있다. 그는 태어날 때부터 곱사등이였으며, 일생을 거의 앉아서 살아야 했던 불구였다. 시인 조지 메러디스는 혈기왕성한 청년 시절 매주 일요일만 되면 헐떡거리는 친구들을 이끌고 30마일 이상 하이킹을 했다지만 그 뒤 보행성 운동실조증이라는 괴상한 병에 걸려 잘 걷지도 못했다. 얼굴과 풍모가

알렉산더 포프의 초상

위풍당당하여 영국 신사의 표상으로 꼽혔던 시인 매슈 아널드는 항상 협심증으로 고생을 했는데, 말년에 리버풀에서 전차를 타기 위해 뛰다가 능력 이상의 속도를 냈던지 그만 심장마비로 죽었다. 생전에 그가 항시 글을 통해 현대사회의 병폐인 "빨리, 빨리" 증상을 개탄한 사람임을 생각하면 그의 죽음은 역설적이기만 하다. 신사가 뛰다니!

머리털은 노랗고 눈은 파랬던 유명한 망나니 시인 앨저넌 스윈번은 간질성 발작을 자주 일으키곤 했는데, 일부러 대영박물관과 같이 사람들이 많이 모이는 곳에서 발작을 일으켜 사람들을 놀라게 했다. 그의 발작 원인은 과음이었으며, 영국 시인들 가운데 알코올중독 치료를 위해 입원한 유일한 사람으로 기록되어 유명하다. 치료 결과 발작 증세가 현저하게 줄었지만, 그의 시 쓰는 능력이 함께 사라진 것도 사실이다. 시인 퍼시 셸리가 환각에 시달린 신경과민 환자neurotic였다는 것은 이미 15장에서 밝힌 사실이고, 미남 시인 조지 바이런은 태어날 때부터 내반족club foot이란 한쪽 발 기형으로 발바닥의 바깥쪽 일부만 땅에 닿았기 때문에 걸을 때 절름거렸다고 한다. 설상가상으로 그는 비만증 때문에 비스킷과 탄산수로 식사를 제한하고 강력한 설사제를 복용하여 불어나는 체중을 조절해야 했다.

위에 열거한 경우는 질병에 시달린 문인들만 따로 골라 언급한 것처럼 생각할 수도 있겠으나, 그밖의 문인들도 하나같이 육체적 정신적 질병에 시달렸음은 정도의 차이는 있을지언정 사실이다. 문학적 재능과 고질병 사이에 떼어놓을 수 없는 어떤 인과적 상관관계가 존재하는 것은 아닌가 하는 추측마저 낳게 한다.

　아닌 게 아니라 시인의 작품을 비평하면서 작품과 작가의 정신적 육체적 질병이나 결함과 연관시켜 설명한 사례는 허다하고, 그 역사 또한 아주 오래된 것이다. 빅토리아시대를 대표하는 문인이자 사상가에 토머스 칼라일Thomas Carlyle(1795~1881)이 있다. 그는 소위 '의상 철학'으로 알려진 자전적 수필인 『다시 재단해본 재단사Sarto Resartus』(1833~1834)와 『프랑스 혁명사French Revolution』(1837) 『영웅과 영웅 숭배Heroes and Hero Worship』(1840) 같은 걸작 이외에 문학, 역사, 철학, 미술비평 등 여러 분야에 걸쳐 많은 저서를 남겼다. 그런데 칼라일 연구에는 일생 동안 그를 괴롭힌 소화불량과 불면증, 그리고 조금만 소음이 있어도 전혀 글을 쓰지 못하는 "소리에 대한 과민성 이상 반응"을 빼놓을 수 없으며, 빼놓는 사람도 없다.

　문인들에게 전매특허처럼 따라다니는 질병에 소위 신경쇠약이란 것이 있다. 주로 여류 문인들이 애용(?)하는 병인데 칼라일의 처제 제인 베일리Jane Baillie, 시인 크리스티나 로세티, 그리고 로버트 브라우닝의 처 엘리자베스 배릿 브라우닝 등이 공통적으로 이 병을 앓았다.

　이 가운데 우리에게 가장 잘 알려진 엘리자베스의 경우를 살펴보자. 이 여자

토머스 칼라일의 초상

는 어렸을 적 말에서 떨어져 허리를 다쳐 주로 의자에 앉아서 생활했고, 거기다 폐결핵에 걸려 있었다. 요즈음처럼 좋은 치료약이 없었기 때문에 의사들은 그저 진통제의 일종인 로다놈만을 처방했고, 엄격한 아버지는 딸이 한 발자국도 밖으로 나가는 것을 허락하지 않았다. 결과적으로 그녀는 신경증까지 하나 더 얻게 되었다. 그런데 엘리자베스는 브라우닝과 사랑에 빠져 집을 뛰쳐나와 이탈리아로 도주하여 동거한 지 1년이 지나면서부터 위의 여러 가지 질병에서 벗어나 건강을 되찾았으며, 남편과 함께 높은 산에 오르기도 했다. 사랑이 가져온 기적과도 같은 치유라고 할 것이다.

위와 같은 사실이 엘리자베스의 작품과 직접적인 연관이 있는 것은 물론 아니다. 그러나 이런 신체적 정신적 질환을 겪지 않은 엘리자베스가 질병에 시달린 엘리자베스와 같은 사람일 수 없듯이, 질병의 고통을 당하지 않은 엘리자베스의 시가 있다면 분명 무언가가 다를 것이다. 이처럼 시인이 앓는 질병은 그 정신적 소산인 문학작품과 연관이 있다고 보는 것이 타당할 것이다.

윌리엄 워즈워스 연구에는 그 유명한 "앤티 클라이막스"anti-dimax 문제가 있다. 워즈워스는 비슷한 시기에 태어난 셸리나 키츠, 바이런 등 19세기 영국 시단을 주름잡던 낭만주의 시인들이 하나같이 서른 살을 전후하여 사망하는 와중에서도 의젓하게 여든 해를 살다 간 축복받은 시인이다. 그러나 60여 년에 걸친 그의 작품들을 분석하면서 비평가들은 한결같이 동일한 의문점에 도달하게 되는데, 그것은 그의 명성을 불멸케 한 훌륭한 시들은 모두 서른다섯 살 이전에 쓴 초기 시들이고, 나머지 40여 년 동안 쓴 것들이란 예전에 쓴 작품들을 고치거나 다시 쓴 것이 대부분일 뿐, 새로 쓴 것들은 평범한 수준이거나 아예 기대에 못 미치는 작품이라는 사실이다. 이것이 바로 비평가들이 말하는 천재 시인 워즈워스의 "앤티 클라이막스" 문제로, 젊었을 때 그렇게나 뛰어난 시를 썼던 워즈워스가 어찌하여 절정에 이르지 못하고 고작 15년을 버티고 무너져 나머지 40여 년을 엉기었느냐 하는 의문이자 한탄인 것이다.

이 문제의 답을 워즈워스의 신체적 장애에서 찾아야 한다고 최초로 주장한 학자는 에디스 베이소Edith C. Batho 교수였다. 베이소 교수는 워즈워스의 갑작스러운 "시력 약화"가 이 위대한 시인의 "앤티 클라이막스" 현상을 설명하는 유일한 단서라고 주장했다. 다시 말해 워즈워스의 훌륭한 시들은 모두 그의 유별나게 발달한 "시각적 묘사력"에 있는데, 시력 장애가 일찌감치 찾아와 모든 것이 끝장날 수밖에 없었다는 주장이다.

베이소 교수의 주장을 받아들이건 않건 간에 여러 가지 질병이 워즈워스의 시샘을 일찌감치 말라붙게 하는 데 한몫했다는 것은 그가 남긴 편지들을 읽어보면 분명해진다. 워즈워스는 시력 약화 외에도 치질 때문에 크게 고통받았다. 아내만이라도 건강했으면 좋으련만 아내 메리 허친슨Mary Hutchinson도 7년 동안 다섯 번이나 임신합병증으로 죽을 뻔했고, 여동생이자 정신적 지주였던 도로시 워즈워스Dorothy Wordsworth 또한 후일 정신 이상이 되었다. 게다가 딸 캐서린Catherine은 소아마비에 걸려 불구가 되었다. 자고로 천재는 비극과 고난을 극복하고 불사조처럼 일어난다고 말하지만, 이쯤 되면 보통 사람들로서는 견뎌내기 힘든 시련임에 틀림없다. 더구나 항상 자연의 은총을 찬양했던 워즈워스로서는 그 일을 계속하기 어려웠을 것이라고 쉽게 짐작할 수 있다.

시력이 극도로 약해진 것만도 큰일인데 눈이 아주 먼 경우도 있다. 셰익스피어와 더불어 영문학사에서 찬란한 봉우리를 차지하는 시인으로 서사

존 밀턴의 초상

시 『실낙원Paradise Lost』(1674)의 저자인 존 밀턴이 바로 그러하다. 시력 약화로 시의 질이 뚝 떨어진 워즈워스와 대조적으로 밀턴은 진실로 정신적 신체적 고난과 비극을 딛고 일어선 천재인 것만 같아서 우선 마음이 든든하고 속이 시원하다. 많은 비평가들은 『실낙원』에 등장하는 아름답고 장엄한 묘사와 빛과 어둠을 상징하는 심상의 빈번한 교차가 보통 사람의 관찰력을 능가하는 매우 강력하고 밀도 높은 것으로서, 실명을 체험한 사람만이 해낼 수 있는 차원 높은 것이라고 크게 칭찬한다.

그런데 밀턴은 도대체 어떤 이유로 실명하게 된 것일까? 실명의 원인은 과연 무엇이었을까? 밀턴을 시기하고 미워한 사람들은 그의 실명이 하느님이 내린 천벌이라고 고소해 했다. 밀턴이 어떤 천벌 받을 짓이라도 했단 말인가? 밀턴은 청교도, 곧 퓨리턴 교파에 속하는 신교도였다. 그는 혁명을 일으켜 왕정을 무너뜨리고 영국 역사상 최초로 공화정부를 수립하였으며 찰스 1세를 처형한 올리버 크롬웰Oliver Cromwell(1599~1658)의 정치혁명에 동참했다. 밀턴은 크롬웰의 라틴어 비서가 되어 외교문서 작성을 담당하는 한편, 찰스 1세의 처형을 옹호하여 『왕과 통치자의 임기Tenure of Kings and Magistrates』(1649)라는 글에서 국민은 언제고 전제적 억압에서 벗어날 권리가 있음을 논리 정연하게 설파했다. 또한 『이혼론The Doctrine and Discipline of Divorce』(1643)에서는 서양 역사상 최초로 이혼의 정당성과 필요성을, 『아레오파기티카Areopagitica』(1644)에서는 언론 출판의 자유를, 『교육론Tractate of Education』(1644)에서는 서양 어느 사상가들보다 먼저 의무교육의 필요성을 주창했다. 지금 돌이켜보면 하느님의 벌은커녕 하나같이 칭찬받을 일뿐이다. 그러나 크롬웰 공화정이 붕괴되고 처형된 찰스 1세의 아들인 찰스 2세가 즉위하는 왕정복고Restoration가 일어나자 크롬웰 밑에서 외교 일을 맡아본 밀턴도 온전할 수 없었다. 그는 투옥되었다가 하마터면 처형될 뻔했다. 생명을 부지할 수 있었던 것만도 천만다행한 일이었다. 밀턴의 정적들과 밀턴의 선각자적 사상을 이해하지 못하는 고리타분한 신교도들이나 도그마를 먹고사는 기독교인들에게는 밀턴의 실명이 하느님의 천벌로 보였을 것이다.

그의 실명 원인에 대해서도 의견이 분분할 뿐만 아니라 설명이 기발하기 그지없다. 19세기 초 하인리히 무참Heinrich Mutscham이란 독일 학자는 이 위대한 영국 시인은 신체 기능이 퇴화하는 퇴화병자이자 피부의 색소결핍에서 생기는 백피증 환자였고, 실명도 바로 이 색소결핍증에 기인한다고 주장했다. 물론 이 주장을 곧이곧대로 받아들인 사람은 당시에도 많지 않았고, 지금에 와서는 아무도 없다고 해도 과언이 아니다. 비슷한 시기 밀턴 연구에서 빼놓을 수 없는 프랑스 학자인 드니 소라Denis Saurat는 밀턴의 실명을 의학적으로 자세히 분석한 「의학 앞에 선 밀턴Milton devant la Medicine」이란 논문에서 그 원인은 선천성 매독이라고 발표하여 밀턴을 시기하는 사람들과 존경하는 사람들 모두를 놀라게 했다.

밀턴의 실명은 문학과 의학이 결합된 특이한 논문들이 많이 나오게 만든 특수한 사례인데, 실명에 대해 밀턴 자신이 남긴 기록과 가까운 친구들이 관찰한 기록이 비교적 많이 전해오기 때문이다. 밀턴의 가족 배경과 그의 과거 병력, 안질의 시작과 경과 기록 등을 철저히 조사해서 1933년 의학 보고서 형식의 흥미진진한 논문을 낸 사람은 미국 존스홉킨스 대학교의 안과 의사 윌머W. H. Wilmer 박사다. 그는 먼저 지금까지 밀턴의 실명 원인으로 지적된 모든 원인을 철저하게 재검토했다. 색소결핍증, 망막 이탈, 선천성 신체퇴행증후군, 매독, 근시, 백내장, 만성 녹내장 등. 그중 월머 박사가 가장 타당한 것으로 선택한 것은 바로 만성 녹내장이었다. 안과 의사인 월머 박사는 자기에게 찾아오는 환자들을 치료하는 과정에서 밀턴이 기록한 시력장애 증상과 동일한 증상을 호소하는 환자들을 만나게 되었는데, 대부분이 만성 녹내장 환자들임을 발견했다. 월머 박사는 만성 녹내장의 발병 원인으로 활동적인 생활에서 오는 끊임없이 반복되는 감정의 동요를 꼽았는데, 이런 격앙된 감정의 잦은 동요는 우리 몸속의 혈관 운동을 주관하는 신경계통에 영향을 준다는 결론이었다. 월머 박사는 감정의 동요와 만성 녹내장 사이의 인과관계를 다른 많은 실명 환자들에게서도 발견할 수 있었다.

월머 박사의 진단이 그럴듯하기는 했지만 그의 주장도 많은 주장들 가운데 하나일 뿐이다. 월머 박사와 거의 때를 같이해서 이번에는 엘리노어 브라운Eleanor G. Brown이라는 여자가 이 문제를 해결하겠다고 나섰다. 브라운은 당시 미국 컬럼비아 대학교 영문과에서 밀턴 연구로 박사과정을 밟는 영문학도였다. 브라운은 이 분야를 연구하는 데 다른 학자들보다 독특한 이점을 가지고 있었으니, 그것은 바로 밀턴과 마찬가지로 후천적 맹인이라는 사실이었다. 브라운은 우선 소라가 주장한 선천성 매독부터 조사하기 시작했다. 그는 소라의 주장을 가지고 미국에서 내로라하는 피부과 전문의들을 찾아가 토론했는데, 이들은 하나같이 소라의 주장을 근거 없는 소리라고 일축했다.

다음으로 브라운이 찾아간 사람은 당연히 안과 의사들이었다. 브라운이 이들에게 제시한 데이터는 대부분 월머 박사가 제시한 것들이었다. 안과 의사들의 의견은 각양각색이었다. 안과 전문의들은 월머 박사의 주장처럼 밀턴의 실명 원인은 만성 녹내장일 가능성이 크다고 보았는데, 또 다른 거물급 의사들은 오히려 근시와 망막 이탈 현상을 꼽았다. 브라운은 새삼 시인 포프의 시 한 구절을 떠올리며 고소를 금할 수 없었다.

의사들의 의견이 이처럼 모두 다를 때는 과연 누가 결정한단 말인가?

Who shall decide when doctors disagree?

결국 브라운은 다음과 같은 싱거운 결론으로 야심 차게 시작한 연구를 끝마치지 않을 수 없었다.

새로운 증거가 발견되지 않는 한 밀턴의 실명 원인은 미해결의 문제로 남아 있을 수밖에 없다.

Unless new information is discovered, the cause of Milton's blindness must remain an unsettled question.

눈먼 사람 이야기는 이제 그만하고 다리를 전 사람으로 화제를 옮겨보자. 이 분야에서 제일 유명한 사람은 두말할 나위 없이 영국 낭만파 시인 바이런이다. 바이런이 한쪽 다리를 절었다는 사실은 너무나 잘 알려진 사실이지만, 과연 그가 어느 정도 다리를 절었느냐는 문제와 그 원인에 대해서는 그렇지 못하다. 한쪽 다리가 문제였던 것은 틀림없는 사실인데 그것이 오른쪽 다리인지 왼쪽 다리인지도 분명치 않다. 어머니 캐서린 고든과 소설가 친구 스탕달Stendhal(1783~1842)은 왼쪽 다리였다고 기록했다. 그러나 바이런과 친분이 있던 수필가 리 헌트Leigh Hunt의 부인과 바이런이 이탈리아에 체류할 당시 정부였던 구이촐리 백작 부인, 그리고 케임브리지 대학교를 다닐 때 권투 코치였던 젠틀맨 잭슨 등은 오른쪽 다리를 절었다고 주장했다. 한편 바이런의 친구였던 톰 무어, 존 골트, 그리고 레이디 블레싱턴 등은 오른쪽 같기도 하고 왼쪽 같기도 하다며 잘 모르겠다고 했다.

일반적으로 바이런이 다리를 전 것은 소위 내반족이이란 질병 때문으로 보는데, 내반족은 발바닥 앞부분이 정상적인 모양과 달라 체중을 온전하게 실을 수 없다고 한다. 그러나 이에 대해서도 의견이 분분하여 확실한 답은 없다. 바이런의 발과 다리 모양에 대해 한 말씀하시는 바람에 복잡한 문제를 더 복잡하게 만드는 데 크게 공헌한 사람은 에드워드 트럴로니Edward Trelawny다. 트럴로니로 말할 것 같으면 바이런의 친구로서, 바이런이 죽기 전 몇 년 동안 그와 살다시피 했고, 바이런이 죽은 뒤에는 전기를 써서 유명해진 사람이다. 그는 바이런이 죽은 지 34년이 지난 1858년에 쓴 글에서 자기는 죽은 바이런의 시체를 지던 하인을 꾀어 수의를 걷어올리고 문제의 발과 다리를 자세히 살펴보았다고 말했다. 그는 이렇게 기록했다.

"그의 발은 양쪽 다 내반족 기형이었고, 두 다리는 무릎까지 빼빼 말라 비틀어져 있었다. 그의 얼굴과 체격은 아폴로 신처럼 더할 수 없이 준수하였으나, 발과 다리는 영락없는 반인반수의 괴물 사티로스의 그것이었다."

Both his feet were clubbed and his legs withered to the knee - the form and features of an Apollo with the feet and legs of a sylvan Satyre.

바이런의 발은 양쪽 모두 기형이었다는 최초의 주장이었다. 그런데 트럴로니는 여든여섯 살이 되어 죽을 때가 가까워지자 그제야 철이 들었는지 20여 년 전의 주장을 돌연 철회했다. 바이런의 발은 양쪽 모두 정상이었고, 그가 절름거렸던 것은 발뒤꿈치의 아킬레스건에 문제가 있었기 때문이라는 것이다. 그러나 이 새로운 주장에 귀를 기울이거나 관심을 표명하는 사람은 아무도 없었다. 왜냐하면 이때쯤 해서는 트럴로니가 거짓말을 밥 먹듯이 하는 새빨간 거짓말쟁이라는 사실을 모르는 사람이 없었기 때문이었다.

20세기에 들어와 이 문제를 풀기 위해 본격적으로 달려든 사람은 영문학도가 아닌 외과의사 찰스 카메론Charles Cameron이었다. 그는 반세기 전 살다 간 이 유명한 시인의 어느 쪽 발이 불구였는지를 밝혀내기 위해 목격자들의 증언을 상세하게 수집하여 조사했다. 그는 바이런의 걸음걸이가 정상인과는 확실히 다른 특이한 모습이었다는 데는 여러 증인들의 의견이 일치한다는 사실을 확인하고, 이는 분명 다리의 어느 근육이(아킬레스근을 포함하여) 제대로 작동하지 않은 데 원인이 있을 거라고 결론지었다. 바이런 자신도 자기의 비정상적인 걸음걸이는 태어날 때 의사가 잘못하여 비롯된 것이라고 말했다고 전해진다. 모든 조사를 토대로 외과의사 카메론이 내린 결론은 "리틀병"Little's Disease이었다. 바이런의 기형적 걸음걸이와 장애에 대해 이런 병명이 붙은 것은 이것이 최초였고, 바이런이 사망한 지 40년이 지나서였다. 리틀병은 일종의 경련성 하반신 불수로서 태어날 때 뇌 피질에 상처를 입었을 때 발생한다. 이것의 뚜렷한 증상으로는 다리와 발 근육의 경직과 근육 운동 조절 신경의 이상으로 인한 비정상적인 보행 습관인데, 바이런의 걸음걸이가 바로 여기에 해당하며, 지금까지 알려진 외견상의 기형은 이 증상과 아무런 관련이 없다는 것이었다.

바이런의 전기를 출판해 유명한 존 머리 출판사는 바이런과 관련한 여러 기념품을 수집해놓았는데, 그중에는 어린 바이런이 다리와 발을 교정하기 위해 신었던 교정화도 있다. 그런데 그 구두는 어디까지나 정상적인 발에 맞는 것이지 내반족 기형과는 아무 상관이 없는 것으로 알려져 있다. 지금도 노팅엄 박물관에는 구두를 만들 때 사용한 바이런의 골last이 한 벌 보존되어 있는데, 아무 이상을 찾을 수 없는 지극히 정상적인, 오히려 아주 잘생긴 발의 모형이다.

결국 바이런의 발 생김새가 기형이었다는 주장은 아무도 증명할 수도, 설명할 수도 없는 루머에 불과한 것이다. 바이런의 걸음걸이가 정상이 아님은 의심의 여지가 없는 사실이지만 다만 사람들은 그것만으로 발 모양이나 다리에 큰 이상이 있을 거라고 추측해버렸고, 바이런의 유명세 때문에 이 루머가 더욱 부풀려지고 과장되어 세상에 유포된 것이다. 존 머리 출판사에 보관된 바이런의 교정화도 바이런의 발을 교정하기 위한 것이 아니고, 다리 기능을 치유 보완하는 도구였음이 분명하다.

18장
아더 왕 전설과 토머스 맬러리의 생애

영문학사에서 작가들에게 가장 큰 영향을 미친 문학적 원천이 하나 있
다면 두말할 나위 없이 성경이다. 그리고 하나 더 꼽는다면 아마도 '아더 왕
전설'이 될 것이다. 중세가 끝나고 르네상스 시대로 진입하는 14~15세기경
영국에 알려지기 시작한 이 전설은 기사도의 이상과 용감무쌍한 무용담을
담고 있어 재능 있는 예술가들의 상상력을 자극하기에 충분했다. 시인 알프
레드 테니슨을 비롯하여 앨저넌 스윈번, 존 메이스필드John Masefield(1878~1967),
미국의 시인 에드윈 로빈슨Edwin A. Robinson(1869~1935) 등은 아더 왕 전설을 가
지고 장편시를 썼으며, 미국의 화가 에드윈 애비Edwin A. Abbey(1852~1911)는 이
전설과 얽혀 있는 성배를 주제로 연작을 그리기도 했다.

그런데 이 아더 왕 전설은 구전해 내려오던 것을 9세기경 최초로 한 수
도승이 웨일스어Welsh로 기록했으며, 12세기경에는 라틴어로 다음에는 불어
로 옮겨졌다가, 영어로 처음 번역된 것은 13세기경 레이어먼Layamon이란 영

아더 왕 전설을 묘사한 중세 태피스트리

국 수도사의 장편시 『브루트Brut』(1205)에서이다. 그러나 우리가 지금도 읽고 즐기며 또 후세 시인들의 상상력의 원천이 된 것은 이보다 2세기 후인 5세기경, 이번 이야기의 주인공인 토머스 맬러리Thomas Malory(1405?~1471)가 기록한 『아더 왕의 죽음Le Morte d'Arthur』이란 책이다. 이 책에 대해 어느 프랑스 비평가는 다음과 같은 말을 남겼다.

『아더 왕의 죽음』은 영어로 쓰인 최초의 시적인 산문이며, 동시에 영국인들의 상상력을 가장 많이 자극한 과거의 전설이 보관된 창고다.

Le Morte d'Arthur is England's first book of poetic prose, and also the storehouse of those legends of the past which have most haunted English imaginations.

15세기 후반, 정확하게 1485년 영국 최초로 금속활자를 도입한 활판 인쇄소를 차린 윌리엄 캑스턴William Caxton(1442?~1492)은 『아더 왕의 죽음』을 인쇄하여 세상에 내놓았다. 캑스턴은 이 책의 서문에 이렇게 기록했다.

나는 나에게 전달된 한 권의 책을 가지고 『아더 왕의 죽음』이란 책을 인쇄했다. 이 책은 토머스 맬러리 경이 프랑스어로 쓰인 책들 가운데 골라 영어로 번역한 것이다.

I had printed Le Morte d'Arthur after a copye unto me delyvered, whyche copye syr Thomas Malorye dyd take oute of certeyn bookes of Frensshe and reduced it into Englysshe.

위에 인용된 영문은 중세 영어로서 철자법과 발음이 지금과 달라 읽기에 어려운 것 같지만 자세히 들여다보면 해석이 불가능한 글은 아니다. 위에서 우리는 『아더 왕의 죽음』의 저자가 맬러리였으며, 본래 불어로 쓰인 것을 영어로 옮겼다는 사실을 알 수 있다. 또 하나의 사실은 그가 단순히 글을 좋아한 문인이 아니라 이름 앞에 '경'Sir이 붙는 귀족이었다는 것이다.

맬러리는 중세 문인의 관례에 따라 이 책 끝에 다음과 같이 기록했다.

나는 아더 왕과 그의 기사들에 관한 이 책을 읽는 신사 숙녀들이, 내가 살아 있는 동안에는 신이 나를 구원하도록 기도해주고, 죽은 다음에는 나의 영혼을 위하여 기도해주기를 간절히 바란다. 이 책은 예수의 충직한 종복인 토머스 맬러리 경이 예수의 전지전능한 도움으로 에드워드 4세 재위 9년에 집필을 끝냈다.

I praye you all Lentyle men and Lentyle wymmen that redeth this book of Arthur and hys knyghtes…praye for me whyle I am on Lyue that god sende me good delyueraunce & whan I am deed I praye you all praye for my soule for this book was ended the ix yere of the reygne of kyng edward the fourth by Syr Thomas Maleore knyght as Lhesu helpe hym for hys grete myght as he is the seruant of Lhesu bothe day and nyght.

위의 글은 중세 문인들이 시나 산문을 끝맺는 일종의 관행으로서, 자신이 하느님의 충직한 종임을 밝히는 한편, 독자들에게 자기가 살아 있는 동안에는 복을 빌어주고 죽은 다음에는 영혼의 구원을 빌어달라는 통상적인 내용을 적은, 중세 원고에서는 흔히 발견되는 내용이다. 특이한 사실은 맬러리가 단순한 문인이 아니고 기사Knight의 작위를 가진 귀족이라는 것이다.

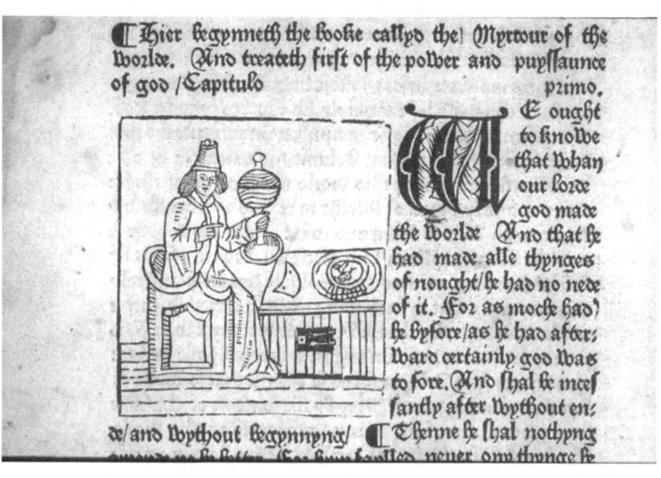

월리엄 캑스턴이 인쇄한 책의 한 쪽

사람들이 최근까지도 이 글을 읽고 이 사실 이외에는 별다른 관심이나 의미를 부여하지 않았던 것도 지극히 당연한 일이라 하겠다. 그러나 누가 알았으랴! 이 짧은 글 속에 맬러리와 관련한 가장 핵심적인 사건이 숨어 있다는 사실을.

이 글에서 맬러리는 독자들에게 자기를 "구원"delyueraunce해달라고 신에게 기도해줄 것을 부탁하고 있는데, 여기서 "구원"은 기도문에 흔히 등장하는 형식적인 말이 아닌 "구출"의 뜻으로서, 좀 더 구체적이고 현실적인 의미가 들어 있다. 그렇다면, 맬러리는 『아더 왕의 죽음』에 등장하는 기사처럼 투옥되기라도 했단 말인가? 혹시 이 작품은 글자 그대로 감옥에서 집필한 것은 아닐까?

그렇다. 사실 저자 맬러리에 대해서는 최근까지 알려진 것이 거의 없었다고 해도 과언이 아니다. 맬러리의 정체를 밝히기 위한 학자들의 노력이야말로 영문학사는 물론, 다른 어느 나라의 문학사에서도 찾아보기 힘든 문학 연구의 금자탑이라고 할 만하다.

신기하게도 19세기 말까지만 해도 맬러리가 과연 누구이고 어떤 사람이었는지에 대해서는 알려진 사실이 거의 없었을 뿐만 아니라, 이 문제에 흥미를 갖고 조사한 사람도 전혀 없었다. 맬러리는 스스로 밝힌 바와 같이 기사의 작위를 가진 귀족 신분으로서 대략 에드워드 4세 재위(1460~1483)를 전후하여 살았던 사람이라는 사실 정도로 만족했던 것이다.

맬러리에 대한 본격적인 연구에 착수한 최초의 학자는 19세기 말 미국 하버드 대학교 영문학과의 조지 키트리지George L. Kittredge 교수다. 그는 우선 1485년 이전에 영국에 살았던 인물 중 성이 "Malory"인 사람들의 기록을 빠짐없이 찾아보았다. 그랬더니 Malory, Mallore, Maulore, Mallere, Malure, Mallery,

Maleore 등 비슷한 성이 자그마치 100개가 넘게 나왔다. 중세 영어의 철자법은 지금처럼 고정되지 않았기 때문에 이 모두가 지금 우리가 알고 있는 "맬러리"에 해당되는 성이었다. 키트리지 교수는 이들 가운데 이름이 "토머스"Thomas이고 기사 작위를 가진 사람으로서 에드워드 4세 재위 9년에 살았고 『아더 왕의 죽음』을 쓸 만한 연배인 인물을 찾아야만 했다. 키트리지 교수가 이런저런 기록을 대조 검토하던 중 시선이 멈춘 곳은 주로 셰익스피어를 연구하는 학도들이 애용하던, 영국 워릭셔Warwickshire 지방의 역사와 명문가의 족보를 기록한 아주 두툼하고 오래된 서류 뭉치로서 윌리엄 더그데일William Dugdale이 저술한 『워릭셔의 역사Antiquities of Warwickshire』란 문헌이었다. 맬러리와 관련한 기록을 이 책에서 찾아낸 사람은 키트리지 교수가 처음이었다.

이 기록에 의하면 맬러리는 영국 워릭셔 주 뉴볼드 레블Newbold Revel 출신으로 1445년 워릭셔 주 의원을 지냈으며, 1471년 3월 14일 사망했다. 부친 역시 워릭셔 의원과 여러 공직을 두루 역임했다는 기록으로 볼 때, 맬러리 가문은 나름대로 명문가임이 틀림없었다. 사정이 이러하다면 맬러리는 제대로 교육받은 교양인임이 거의 확실했다. 이 사람이야말로 『아더 왕의 죽음』을 저술한 바로 그 맬러리가 틀림없어 보였다. 그러나 키트리지 교수는 그런 주장으로까지 나아갈 수 없었다. 기록에는 맬러리에 관한 내용만 있었지 『아더 왕의 죽음』에 관한 언급은 단 한마디도 없었기 때문이다. 키트리지 교수는 맬러리에 관한 자신의 연구 결과를 1894년에 짤막하게 발표했다.

키트리지 교수보다 2년 늦은 1896년, 이번에는 다니엘 윌리엄스Daniel Williams라는 영국인이 『아더 왕의 죽음』의 저자인 맬러리에 관해 새로운 사실을 발견했노라고 발표했다. 윌리엄스는 정부 고관을 지낸 사람으로, 문학과 고문헌 수집에 남다른 정열을 가지고 있었다. 현재 런던 한복판 고든

Gordon 광장에 있는 윌리엄스 박사 도서관은 그의 유언에 따라 세운 것이다. 윌리엄스는 키트리지 교수의 연구에 대해서는 전혀 알지 못했다. 그는 영국 남부에 위치한 웰스 대성당에서 꽤 오래된 원고 뭉치를 우연히 발견했는데, 이 안에 놀랍게도 맬러리와 관련한 기록이 들어 있었던 것이다. 전반적인 내용은 키트리지 교수의 발표와 별 차이가 없었으나, 맬러리가 유독 1468년 에드워드 4세의 대사면에서 제외되었다는 내용이 포함되어 있었다. 하지만 맬러리라는 인물이 어떤 죄를 지었고 사면 대상에서 왜 제외되었는지에 관한 설명은 없었다. 키트리지 교수는 윌리엄스가 찾아낸 맬러리와 자신이 찾아낸 맬러리가 동일 인물일 것이라고 추정했지만 증거가 없어 그렇게 주장하지는 못했다. 나중엔 결국 그 추정이 옳은 것으로 판명되었지만.

그 뒤 약 25년이 지난 1920년대부터 맬러리에 관한 자료가 속속 발견되었다. 옥스퍼드 대학교의 셰익스피어 학자 에드먼드 체임버스Edmund. K. Chambers 교수가 발견한 1443년의 문헌에는 맬러리가 남의 재산을 훔친 혐의로 고발당한 기록이 등장했고, 또 다른 문헌에는 1451년 헨리 6세가 맬러리와 한 수도승 사이에 생긴 분쟁을 중재했다고 기록되어 있었다. 다른 학자가 찾아낸 어떤 문서에는 이유는 명시되지 않았지만 1452년 맬러리의 체포 영장이 왕명으로 발급되었다는 기록도 있었다. 체임버스 교수는 또 다른 곳에서 1468년에 있은 에드워드 4세의 2차 대사면에서 맬러리가 또다시 제외되었다는 기록을 찾아냈는데, 이 2차 사면은 윌리엄스가 발표한 1차 사면이 있은 지 다섯 달 뒤의 일이었다.

이상의 사실만으로는 여기에 등장하는 맬러리가 『아더 왕의 죽음』을 쓴 맬러리와 동일 인물인지 확인할 길이 없었다. 어쨌든 이 인물은 분명 문제가 있는 사람이었다.

1920년대 중반 키트리지 교수 밑에서 공부한 젊은 학자 에드워드 힉스 Edward Hicks는 스승이 풀다 만 문제를 해결하기로 굳게 마음먹고 영국으로 건 너갔다. 그가 찾아간 곳은 중세 이후 영국의 공공문서와 기록들을 모아 보 관하고 있는 공문서 보관소였다. 이제부터 그가 해야 할 일은 먼지에 파묻 혀 있다고 해도 과언이 아닌 산더미 같은 낡고 해진 서류 뭉치들을 뒤져 맬 러리에 관한 더 자세한 기록을 찾는 일이었다. 쉬운 일은 물론 아니었다. 성 공 가능성이 거의 없는 일이었다. 미련하고 우직한 사람만이 덤벼들 일이었 다. 학자란 사람들이 바로 이런 사람들이다.

공무원이란 예나 지금이나, 영국이나 한국이나 별반 다르지 않나 보다. 문서들은 제대로 정리되어 있지 않았다. 그저 자기 편한 대로 처리했던 것 이다. 15세기의 형사 사건을 지역이나 연대별로 분류하지 않고 한 덩어리로 묶어놓았으니 그 속에서 무언가를 찾는 일은 지루하고 고될 수밖에 없었다. 라틴어로 작성되고, 쓰는 사람마다 철자법도 제각각이며, 필체 또한 제멋대 로인 서류 뭉치를 일일이 검토해 필요한 기록을 찾아내는 것은 모래사장에 떨어뜨린 바늘을 찾는 일과 진배없었다. 그러나 힉스는 끝내 찾아내고야 말 았다. 예상대로 맬러리는 지독한 사고뭉치였다. 맬러리의 행적을 연대순으 로 나열하면 다음과 같다.

1. 1450년 1월 4일, 그와(맬러리) 다른 스물여섯 명의 불한당들은 중무장을 하고 버킹엄 공작Duke of Buckingham인 험프리Humphrey 경을 살해하려다가 실패함.

2. 1450년 3월 23일, 그는 휴 스미스Hugh Smyth 가에 침입하여 스미스의 부인 조안 Joan을 능욕함.

3. 1450년 3월 31일, (그러니까 1주일 뒤) 그는 자기가 속한 교회구의 마가렛 킹 Margaret Kyng과 윌리엄 헤일스William Hales를 공갈 협박하여 100실링을 강탈함.

4. 1450년 8월 6일, 그는 휴 스미스 가에 재침입하여 스미스의 아내를 또 능욕하고, 그것으로도 모자라 40파운드 상당의 재물을 강탈함.

5. 1450년 8월 31일, 그는 자기가 속한 교회구의 존 밀러John Mylner에게서 20실링을 강탈함.

6. 1451년 6월 4일, 그는 고향 워릭서 주 경계를 넘어 레스터서Leicestershire 주로 넘어가 소 일곱 마리, 송아지 두 마리, 4파운드 상당의 마차 한 대, 22파운드 상당의 양 335마리를 강탈, 모두 고향 뉴볼드 레블로 가져옴.

7. 1451년 7월 23일, 맬러리는 체포되어 코벤트리Coventry 감옥에 감금됨.

8. 1451년 7월 25일, (그러니까 투옥된 지 이틀 뒤) 그는 밤을 틈타 탈옥에 성공함.

9. 1451년 7월 28일, (탈옥한 지 사흘 뒤) 그와 일당은 고향 뉴볼드 레블 인근 쿰 Coombe이란 곳에 위치한 시토회 수도원을 습격하고, 수도원장의 방에 있던 금고를 털어 유유히 사라짐. 금고에는 돈 이외에 각종 귀금속과 보석도 있었음.

10. 1451년 7월 29일, (수도원을 턴 바로 다음날, 그러니까 단 하루의 휴식을 취한 후) 그와 일당은 재차 시토회 수도원에 침입, 수도원장에게 차마 입에 담을 수

없는 흉악한 욕설을 했으며, 쇠로 된 금고 세 개를 강제로 열게 하여 더 많은 재
물을 강탈함.

그러나 맬러리는 끝내 체포되어 투옥되니, 그의 고향 워릭셔와 인근 주
민들은 이 흉악한 무뢰한이 없어져 안도의 한숨을 내쉬게 되었으리라.

이처럼 힉스가 찾아낸 서류들과, 몇 년 뒤 미국 펜실베이니아 대학교
영어학 교수인 앨버트 보Albert C. Baugh 교수가 같은 공문서 보관소를 뒤지다
가 우연히 발견한 관련 법률문서들을 종합하면, 지금까지 찾아낸 여러 명의
맬러리가 동일 인물이라는 결론에 도달한다고 할 수 있다.

그 뒤 맬러리는 계속 자신의 무죄를 항변하면서 당시 런던에 있던 네
개의 감옥을 이리저리 옮겨 다니는 신세가 되었다고 한다. 돌이켜보면 맬러
리가 『아더 왕의 죽음』이란 책의 마지막에 쓴 "구출"이란 단어는 하느님께
호소하는 관례상의 "구원"이 아니라, 누군가가 자기를 감옥에서 빼내주기
를 바란 지극히 현실적인 호소일 수도 있는 것이다.

어쨌든 밝혀진 기록에 의하면 토머스 맬러리는 1462년에서 1463년 사이
에 석방되어 자유의 몸이 된 것이 분명하며, 그 뒤 워릭 백작Earl of Warwick을
따라 어떤 전투에 참가한 것으로 되어 있다. 5년 뒤인 1468년 에드워드 4세
가 두 차례에 걸친 대사면에서 맬러리를 제외했다는 사실을 우리는 알고 있
지만, 그렇다고 해서 그가 당시 감옥에 있었다고 단정할 수는 없다. 어쨌든
1460년경부터 사망한 1471년 3월까지 10여 년 동안 그가 어디에서 무엇을
했는지는 확실하지 않다.

이제 남은 일은 수도원 습격에 부녀자 강간과 공갈 협박을 일삼고, 거
기다 탈옥까지 감행한 흉악범 맬러리와, 연약한 부녀자 보호를 첫 번째 신

『아더 왕의 죽음』의 한 쪽

조로 삼고 교회에 봉사하고 왕에게 충성하는 일을 생명처럼 여기는 기사도 정신을 그린 『아더 왕의 죽음』의 저자인 맬러리가 동일 인물임을 증명하는 일인데, 발견된 문서들 중에는 이에 대한 결정적인 언급이 단 한 건도 없으니 답답한 일이 아닐 수 없었다. 결론적으로 말해 『아더 왕의 죽음』의 저자가 "토머스 맬러리 경"이라는 사실은 캑스턴이 출판한 책의 서문과 맬러리 자신이 쓴 발문 이외에 다른 증거는 없다.

그러나 지금까지 밝혀진 증거를 가지고 이 두 맬러리를 동일인으로 추정하는 것이 그 반대보다 훨씬 더 합리적이다. 초서의 『캔터베리 이야기』의 경우도 마찬가지다. 지금에 와서는 『캔터베리 이야기』의 저자가 제프리 초서라는 데 아무도 의문을 제기하지 않는다. 놀라운 사실은 초서가 『캔터베리 이야기』의 저자라는 확실한 증거는 어디에도 없다는 것이다. 당시 정황과 기록을 빠짐없이 연구 검토한 결과 더 이상 의문을 제기하는 것이 오히려 불합리하다고 판단될 때, 우리는 의문과 의심을 멈추고 결론을 내릴 수밖에 없다.

어쨌든 지금까지 밝혀진 공식 기록에 따르면 맬러리라는 사람은 누가 보아도 흉악한 범죄자임에 틀림없다. 문제는 이런 흉악범이 기사도의 전형이요 모범이라 할 수 있는 아더 왕과 정의와 용기의 상징인 '원탁의 기사들'에 관한 이야기를 썼다는 결론에 도달한다는 점인데, 이것을 어떻게 설명해야 할까?

이럴 때 학자는 모름지기 단순한 사실에만 의존해서는 안 된다. 특히 문학 연구는 찾아낸 사실에 상상력을 동원하는 능력이 필수적이다. 1급의 학자라면 밝혀낸 사실을 당시의 역사적 사회적 배경 속에서 해석하는 능력도 지녀야 하는 것이다.

맬러리와 관련한 기록들을 해석할 때 빠뜨려서는 안 될 역사적 사회적 맥락이 있음을 깨달아야 한다. 중세의 교회는 우리가 생각하는 성스러운 장소만은 아니었다. 당시의 교회는 권력과 결탁하여 막강한 권력과 재산을 소유하고 있었으며, 이에 따른 부정과 횡포가 극에 달했음을 알아야 한다. 맬러리가 저지른 죄상을 이런 맥락 속에서 검토하면 완전히 다른 모습의 맬러리가 등장한다.

맬러리가 살았던 중세 영국이야말로 혼란과 불안으로 가득 찬 사회였다. 1453년은 영국 역사에서 "백년전쟁"이라고 일컫는, 자그마치 100여 년 동안이나 지속된 지긋지긋한 전란이 종말에 이른 해이다. 이 시기는 약 500여 년 동안 서양 중세 사회의 근간을 이룬 봉건제도가 붕괴되기 시작한 때이기도 하다. 이제껏 막강한 권력과 권위를 누려온 교회는 차츰 그것을 세속 권력, 즉 왕에게 넘겨주기 시작한다. 이와 같은 격변기에는 법과 질서가 극도로 문란해져, 분쟁이 일어났을 때 법에 호소하여 해결한다는 것은 부지하세월이었을 것이다. 참다못한 사람들이 스스로 문제를 해결하려 자력구제에 나섰을 것임도 쉽게 상상할 수 있는 일이다.

이런 관점에서 보면 맬러리가 저지른 범죄들도 성격을 달리하게 된다. 맬러리가 자기의 소를 훔치고, 재산을 강탈하고, 금고를 털었다고 고발한 사람들 — 스미스, 밀러, 마가렛 킹 — 은 맬러리에게 빚을 진 사람들이 아닐까? 약속대로 돈을 갚지 않았기 때문에 할 수 없이 정의의 사나이(?) 맬러리가 스스로 정의를 실현한 것은 아닐까? 스미스의 부인 조안을 능욕했다는 것도 그렇다. 1450년 3월 23일 맬러리와 그의 하인들은 스미스의 집에 찾아가 빌려간 돈을 갚으라고 요구했지만 신통한 답을 듣지 못한다. 맬러리 일당은 받을 돈에 해당하는 값나가는 물건을 찾기 위해 집 안을 여기저기 수색하기 시작했다. 그때나 지금이나 이런 때 악착같이 내닫는 사람이 그 집 마누라다. 이 여자는 수색을 막으려 달려들었고, 맬러리와 그의 하인들은 여자를 좀 세게 떠밀었을 것이다. 이런 행동을 법률에 적용하면 라틴어로 "raptus"(밀침, 또는 타격)인데 이것이 현재 우리가 알고 있는 영어 단어 "강간"rape의 어원인 것은 사실이나, "raptus"와 "rape" 사이에는 의미상 분명 큰 차이가 있다. 진상이 이러함은 맬러리가 같은 해 8월 6일 스미스 집을 재차 방문하여 똑같은 범행을 저질렀다고 기록한 것만 보아도 알 수 있다. 세상 그 어떤 정신 나간 사람이 혼자도 아니고 하인들과 함께 같은 집에 두 번이나 찾아가서 (그것도 대낮에) 그런 일을 저지를 수 있단 말인가!

마지막으로 한마디. 캑스턴이 인쇄한 『아더 왕의 죽음』은 현재 단 한 권

만이 미국 뉴욕에 있는 모건 도서관에 소장되어 있는데, 이것은 미국의 대
부호 존 모건이 1911년 당시로서는 어마어마한 액수인 4만 2,800달러를 지불
하고 사들인 것이다.

제19장
워즈워스와 사생아

영국이 배출한 수많은 시인 가운데 윌리엄 워즈워스는 영문학을 전공하지 않은 사람에게도 상당히 친숙한 이름이다. 그는 19세기 초반 조지 바이런, 퍼시 셸리, 존 키츠 등과 함께 영국 낭만주의를 대표하는 시인, 특히 자연을 예찬한 '자연 시인'nature poet으로서, 주로 호숫가에 무리 지어 피어 있는 수선화를 노래하고 이른 봄 숲에서 들려오는 뻐꾸기 노랫소리와 외롭게 들판에 서 있는 한 그루 나무, 무심히 하늘 위로 흘러가는 흰 구름과 비 갠 여름 하늘 위에 드리운 찬란한 무지개를 찬양한 시인으로 알려져 있다.

생전에 워즈워스는 시인으로서 누구에게나 존경받을 만한 인물이었으며, 실제로도 당대 어느 누구보다 많은 사람들로부터 숭배에 가까운 존경을 받았다. 워즈워스는 동시대의 유명한 천재 시인들이 모두 서른 살을 전후하여 숱한 스캔들과 이상한 이야기만 남긴 채 요절한 것과 달리, 당시로서 흔치 않게 여든 살의 장수를 누렸다. 서른 살이 되던 1799년부터는 태어나 어

워즈워스의 '비둘기 집'

린 시절을 보낸 고향이자 호수가 많아 아름답기로 유명한 그래스미어에 영구히 정착해 외견상으로는 더할 수 없이 평화롭고 조용한 생애를 살았다. 처음에 살던 집은 "비둘기 집"이란 예쁜 이름이 붙은 조그만 집이었으나, 워즈워스가 점점 더 유명해져 경제적으로도 윤택해지고 또 찾아오는 방문객 수가 걷잡을 수 없을 정도로 늘어나게 되자, 근처 라이달Rydal 산에 위치한 크고 아름다운 저택으로 이사를 했다.

워즈워스가 시인으로서 누린 명예는 일흔세 살이 되던 1843년에 로버트 사우디Robert Southey(1774~1843)의 뒤를 이어 영국 왕실이 임명하는 계관시인Poet Laureate에 임명됨으로써 절정에 달했다. 그는 이제 단순히 남에게 모범이 될 만한 아름답고 도덕적인 시만 쓰면 되는 처지가 아니었다. 인간 워즈워스

자체가 진선미의 구현이요 화신처럼 떠받들어졌고, 실제로도 그는 자신의 지위와 명성에 어울리게 행동했다. 석양에 물드는 호수를 바라보며 명상에 잠긴 백발의 노시인의 모습은 그 자체로 한 폭의 훌륭한 그림이자 한 편의 시였다.

그런데 문제가 생겼다. 다음에 소개하는 시 한 편을 우선 읽어보자.

It is a beauteous evening, calm and free,

The holy time is quiet as a nun

Breathless with adoration; the broad sun

Is sinking down in its tranquility;

The gentleness of heaven broods o' er the Sea:

Listen! the mighty being is awake,

And doth with his eternal motion make

A sound like thunder - everlastingly.

Dear Child! dear Girl! that walkest with me here,

If thou appear untouched by solemn thought,

Thy nature is not therefore less divine:

Thou lies in Abraham' s bosom all the year,

And worship' st at the Temple' s inner shrine,

God being with thee when we know it not.

아름다운 저녁, 고요하고도 시원하구나,

성스러운 이 시간은 기도하느라 숨을 죽인 수녀처럼 고요하구나.

둥근 태양은 말없이 정적 속으로 사라지는데,

부드러운 하늘은 바다를 품고 있구나.

들어라! 오늘도 파도는 일어 변함없는 영겁의 동작으로

우레 같은 소리를 일으키는 것을

나의 소중한 아이야! 귀중한 소녀야!

지금 내 옆에 있으면서

너는 나처럼 심각해 보이지 않아도

나는 너의 마음속이 나보다 더욱 성스럽다는 것을 안다.

네가 사는 곳은 언제나 하느님의 가슴속,

네 마음속에 있는 성당,

어른들이 모르고 있을 때

하느님은 이미 너와 함께 있느니.

- 필자 번역

위 시는 워즈워스가 서른두 살 되던 해인 1802년에 쓴 소네트(14행시)로서, 해질 무렵 바닷가에 함께 산책을 나온 이에게 자신의 경건한 마음을 말하는 시다. 그런데 이 시 아홉 번째 줄 "Dear Child! dear Girl"(나의 귀중한 아이야! 귀중한 소녀야!)에 등장하는 소녀가 과연 누구냐 하는 것이 문제가 된다. 얼핏 보면 저녁 산책에 데리고 나간 딸 같기도 하나, 워즈워스는 같은 해 어렸을 때부터 알고 지낸 동네 처녀 메리 허친슨과 결혼했기 때문에 산보에 데리고 나갈 만큼 큰 딸이 있을 리 없다. 또 하나 독자의 관심을 끄는 것은 이 시의 배경이 시인이 살았던 고향 그래스미어가 아니고, 도버 해협 건너 프랑스 땅인 칼레Calais 근처의 해변이라고 워즈워스 자신이 밝히고 있다는 점이다. 다시 말해 결혼을 한 바로 그해 워즈워스는 프랑스로 건너가 있는 것이다. 혹시 프랑스로 신혼여행을 가 아내와 함께 산책을 나온 것이 아닐

까 추측할 수도 있겠으나, 아무리 시인
이라 하더라도 자기 아내를 이처럼 아
무것도 모르는 철부지 어린아이로 취
급할 수는 없는 일 아닌가?

그렇다면 일생을 워즈워스 곁에서
비서이자 친구로 지냈을 뿐만 아니라
시적 영감의 원천이되기도 했던 여동
생 도로시가 아니겠는가 하는 추측이
가능하며, 실제로 많은 사람들이 그렇
게 생각해온 것도 사실이다. 그러나 당
시 도로시도 워즈워스보다 한 살 적은

윌리엄 워스워스의 초상

서른한 살의 노처녀였다. 아무래도 자연스럽지 않다. 그리고 신혼의 워즈워
스가 아내도 아닌 다 큰 여동생을 이런 여행에 동반했을 리도 없고, 또 이처
럼 성스럽게 취급할 까닭도 없다. 어색하기는 마찬가지다.

그렇다면 누구일까? 해답부터 말하자면 이 시에 등장한 소녀는 나이는
열 살, 이름은 캐롤린 워즈워스Caroline Wordsworth, 한마디로 시인의 딸이다. 그
렇다면? 그렇다면? 워즈워스가 허친슨과 결혼하기 10년 전에(혹은 그 이전
에), 그러니까 시인의 나이 스물두 살 이전에 이미 다른 여자와 깊은 관계에
빠져 남몰래 딸을 하나 두고 있었단 말인가? 얌전한 고양이가 부뚜막에 먼
저 올라간다더니!

워즈워스에게 사생아가 있다는 소문은 이미 그가 살아 있을 때부터 퍼
져 있었다. 한때 절친한 친구였던 새뮤얼 콜리지Samuel T. Coleridge(1772~1834)를
통해 흘러나온 소문에 따르면 워즈워스는 어느 프랑스 여자에게서 아들을

하나 두었다는 것이다. 그러나 워즈워스가 살아 있는 동안에는 국민적 숭앙을 받는 이 시인의 위신에 흠이 갈 만한 소문에 아무도 관심을 두거나 귀를 기울이지 않았다.

워즈워스가 죽고 약 60년이 지난 뒤 최초로 워즈워스의 사생아 문제를 밝혀내기 위해 본격적으로 연구에 착수한 사람은 미국 프린스턴 대학교 영문학의 조지 하퍼George M. Harper 교수다. 하퍼 교수는 1914년 영국으로 건너가 워즈워스의 여동생 도로시가 친구 토머스 클락슨 부인Mrs. Thomas Clarkson에게 보낸 편지를 일일이 검토해보았다. 대영박물관에 보관되어 있던 그 편지 속에는 과연 자기 오빠와 어느 프랑스 여자 사이에서 태어난 캐롤린에 대한 언급이 여러 곳에 나왔다. 뿐만 아니라 편지에는 캐롤린과 장 보두앵Jean B. Baudoin이란 청년 사이에 혼담이 오가고 있다는 이야기도 쓰여 있었다.

다음으로 하퍼 교수는 런던에 위치한 윌리엄스 도서관에 찾아가 헨리 로빈슨Henry C. Robinson이 남긴 일기를 검토하기 시작했다. 로빈슨은 런던에서 변호사로 일했는데, 신기하게도 19세기 전반 영국에 살던 사람들 가운데 이름이 알려진 인사는 모조리 알고 지낸 인물로, 자기가 알게 되거나 만나본 사람들의 동정을 상세하게 일기에 기록했다. 그가 쓴 일기의 8분의 1 정도는 1915년 책으로 출판되었고, 나머지는 원고로 남아 있었다. 하퍼 교수는 이 원고들 가운데 로빈슨이 워즈워스 가족에 관하여 기록한 부분을 발견했다. 기록에 따르면 1820년 10월 워즈워스 가족은 프랑스 파리를 방문했으며, 그곳에서 캐롤린과 보두앵 그리고 캐롤린의 어머니 발롱 부인Mme. Vallon과 함께 얼마간 시간을 보낸 것으로 되어 있었다.

하퍼 교수는 다른 여러 기록을 검토한 뒤 다음과 같은 결론을 내렸다. 워즈워스는 프랑스혁명(1789~1799)이 일어나자 1792년 프랑스로 건너가 약 1

년 동안 체류하면서 아네트 발롱(Annette Vallon, 정식 이름은 마리 안 발롱-Marie-Anne Vallon)이라는 프랑스 처녀와 사귀어 정식 결혼 전에 딸을 하나 두었으며, 이름을 캐롤린이라 지었다. 당시 워즈워스의 나이는 겨우 스물둘. 역시 천재는 이런 면에서도 조숙한가 보다. 워즈워스의 절친한 친구 콜리지가 흘린 "아들" 이야기는 결국 "딸"로 낙착되었다.

하퍼 교수는 1916년 그때까지의 조사와 연구를 『윌리엄 워즈워스-생애, 작품 그리고 영향William Wordsworth: His Life, Works, and Influence』이라는 두 권으로 된 전기로 출판했는데, 이전까지 나온 다른 어떤 워즈워스 전기보다 훌륭하여 가히 표준이 되는 저서라고 할 수 있다. 워즈워스를 연구하는 학도로서 이 책을 읽지 않았다면 좀 고려해볼 일이다.

이제 남은 문제는 어떤 이유로 워즈워스가 딸을 두고도 발롱과 결혼을 하지 않았는가 하는 의문을 푸는 일이다. 스물두 살의 젊음이 저지른 무책임한 행동이었을까? 발롱은 과연 어떤 여자였을까? 워즈워스는 어떤 경로로 이 여자를 만나게 되었나? 캐롤린은 언제, 어디서 출생했는가? 그 뒤 발롱은 어찌 되었을까? 캐롤린은?

하퍼 교수는 1917년 프랑스 뇌이Neuilly에 있는 미국 병원에 임시로 일자리를 얻어 다시 프랑스로 건너갔다. 그의 목적은 시간을 충분히 갖고 시인 워즈워스의 생애에서 잘 알려지지 않은 부분을 자세히 밝혀보려는 데 있었다. 그는 틈 나는 대로 발롱의 고향 오를레앙Orléans을 찾아가 그곳 공공문서 보관소를 뒤져 마침내 캐롤린의 출생 신고서를 찾아내고야 말았다.

1792년 12월 15일, 공화국 1년, 영국인 윌리엄 워즈워스와 마리 안 발롱 사이에 여자아이 태어남.

On the fifteenth day of December, of the year one thousand seven hundred and ninety-two, the first of the Republic… a girl. born… to William Wordsworth, an Englishman, and Marie-Anne Vallon, her father and mother….

이 문서로 캐롤린의 생년월일이 밝혀졌으며, 출생지가 오를레앙이란 사실도 분명해졌다. 하퍼 교수는 같은 해 여름 이번에는 파리 센 구le quartier seine에 있는 공문서 보관소에서 캐롤린의 결혼 신고서를 찾아내는 데 성공했다. 신랑은 소문대로 보두앵이었다. 무엇보다 하퍼 교수를 놀라게 한 것은 아네트 발롱이 프랑스혁명 시작부터 소위 '공포시대'까지의 끔찍한 체험을 기록하여 유명한 발롱 부인Mme. Vallon의 시누이라는 사실이었다. 발롱 부인이 기록한 프랑스혁명의 피비린내 나는 체험담은 이미 1913년 출판되어 있었다. 하퍼 교수는 쉽사리 다음과 같은 결론에 도달했다. 아네트 발롱은 프랑스혁명을 반대하는 열성 왕당파이자 철저한 가톨릭 신자였다. 혁명과 동시에 발롱 가는 혁명정부를 전복하려는 음모에 가담하여 목숨을 건 활동을 전개한다. 1792년 프랑스혁명 이념에 동조하는 스물두 살의 워즈워스는 프랑스로 건너간다. 청년 워즈워스는 역설적이게도 혁명정부군의 열성 장교인 미셸 보퓌Michel Beaupuy를 통해 발롱을 소개받고, 발롱에게 프랑스어를 배우면서 이들의 정치 활동을 흥미롭게 관찰한다. 이 와중에 두 사람 사이는 급속도로 가까워졌고, 마침내 워즈워스는 발롱이 자기 아이를 가졌음을 알게 된다.

이때 워즈워스에게 예상치 못한 일이 발생한다. 프랑스 혁명정부가 영국에 선전포고를 함으로써 두 나라가 적대국이 된 것이다. 할 수 없이 워즈워스는 캐롤린이 태어날 즈음 영국으로 돌아와야 했다. 워즈워스는 왕당파인 발롱 가 사람들이 혁명정부를 전복하기 위한 음모를 꾸미고 있다는 사실을 잘 알고 있었기 때문에 발롱과 캐롤린의 안부가 걱정되어 안절부절못했다. 기록에 따르면 1년 뒤인 1793년 워즈워스는 발롱과 캐롤린을 만나기 위해 목숨을 걸고 적국인 프랑스로 잠입하려다 실패한 것으로 되어 있었다.

당시 워즈워스를 괴롭힌 것은 발롱과 캐롤린의 안전만은 아니었다. 워즈워스는 처음 프랑스로 건너갈 때도 그랬고, 다시 영국으로 돌아왔을 때만 해도 프랑스혁명의 이념에 동조하는 열렬한 혁명 지지자였다. 그는 발롱이 속한 왕당파의 반혁명 노선에는 찬동하지 않았다. 그러나 일단 영국에 돌아와보니 사정이 달라졌다. 자유, 평등, 박애를 외치던 프랑스 혁명정부가 영국에 선전포고를 했으며, 프랑스에서는 이제 하루하루가 피로 시작해 피로 끝나는 끔찍한 공포정치가 혁명이란 미명 아래 끝을 모르고 진행되고 있었다. 프랑스혁명에 걸었던 기대와 희망은 차츰 사라져갔고, 급진적 정치 신념도 흔들리기 시작했으며, 급기야 그는 프랑스혁명에 환멸을 느끼게 되었다. 그렇다고 해서 발롱 가의 반혁명적 입장을 받아들일 수도 없었다. 1790년에 쓰인 워즈워스의 시들이 광적인 면을 드러내는 것은 이런 관점에서 보면 결코 이상한 일이 아니다.

워즈워스가 다시 발롱을 만난 것은 아미앵 조약으로 전쟁이 잠시 중지된 1802년, 그러니까 헤어진 지 어언 10년이 지난 후였다. 워즈워스는 여동생 도로시와 함께 프랑스로 건너가 칼레에서 발롱과 이제 열 살이 된 딸 캐롤린을 처음 만났다. 10년이면 강산도 변한다는 말은 여기에도 해당되었다. 그들은 모두 변해 있었다.

발롱은 워즈워스가 다른 영국 여자와 결혼할 것이라는 사실을 알면서도 그다지 나쁘게 받아들이지 않았다. 워즈워스도 일단 발롱을 만나자 옛 정열이 사라졌다는 사실을 인정하지 않을 수 없었다. 그도 이제는 어른이 되어 있었다. 당시 워즈워스는 여러 면에서 안정을 찾아가고 있었다. 어린 시절부터 알고 지내온 허친슨은 어느 모로 보나 현모양처감이었다. 당시 무엇보다 만족스러웠던 것은 그가 발표한 시들이 큰 인기를 누리기 시작했다는 점이었다. 그는 자기도 모르는 사이 꽤나 유명한 사람이 되어 있었다. 워즈워스의 정치적 이념도 이제는 보수적으로 굳어져 있었다. 그러나 발롱은 그렇지 않았다. 철저한 왕당파로서 아직도 혁명정부를 뒤집으려는 계획과 음모에 가담하고 있었다. 당시 발롱은 프랑스 혁명경찰의 요시찰인명부에 "워즈워스의 미망인Widow Wordsworth"으로 올라 있었고, 그들이 칼레에서 10년만의 재회를 하는 동안에도 발롱의 남동생 폴Paul은 혁명정부 경찰서 습격 음모를 꾸미고 있었다. 한마디로 발롱을 포함한 발롱 가의 모든 사람들은 혁명정부를 무너뜨리는 싸움에 정신이 팔려, 워즈워스가 읊어주는 푸른 녹음에서 들려오는 뻐꾸기 노랫소리 같은 것에 귀 기울일 시간도 흥미도 없었음이 분명했다.

이 정도면 워즈워스의 사생아 캐롤린과 관련한 의혹은 해소되었다고 해도 될 것 같다. 그런데 친구 콜리지가 퍼뜨린 그 "아들" 이야기는 또 무엇인가? 그의 이야기에 따르면 워즈워스가 살고 있던 라이달 산 저택에 어느 날 워즈워스와 어느 프랑스 여자 사이에 태어난 "아들"이 방문한 적이 있다는 것이다. "아니 땐 굴뚝에서 연기 날까"No fire, no smoke라는 속담이 진리라면 거기엔 틀림없이 어떤 원인이 있음이 분명했다. 이 문제는 워즈워스의 딸 캐롤린이 보두앵과 결혼함으로써 발롱 가와 보두앵 가가 인척이 되었다는 사실을 알면 간단하게 풀린다. "아들"이라고 소문난 이 남자는 외스타스 보두앵Eudstace Baudoin이라는 프랑스군 장교로, 영국군의 포로가 되어 억류되어 있는 동안 우연히 워즈워스와 알게 되었다. 아미앵 조약으로 풀려나 프랑스로 돌아가게 되었을 때 워즈워스는 발롱에게 보내는 편지를 그에게 맡긴다. 이 장교는 동생 보두앵을 캐롤린에게 소개했고, 결국 두 사람은 결혼을 하게 된다. 하퍼 교수가 검토한 서간문 가운데는 도로시가 친구 클락슨 부인에게 보낸 편지도 있었는데, 거기에는 도로시가 캐롤린과 보두앵의 결혼식에 참석할 준비를 했다는 사실도 들어 있었다. 그러나 뜻하지 않게 나폴레옹이 엘바 섬에서 돌아와 프랑스에 정치 소동이 일어난 탓에 이 계획은 이루어지지 않았다. 워즈워스가 아내 허친슨과 여동생 도로시와 함께 프랑스로 건너가 다시 발롱을 만난 것은 1820년, 그러니까 쉰 살 되던 해다. 캐롤린과 보두앵은 이미 부모가 되어 있었으니, 워즈워스는 손자들도 만나보게 되었다.

발롱이 죽은 것은 1841년, 워즈워스가 일흔한 살 되던 해였으며, 시인으로서 최고 영예인 계관시인이 되기 2년 전의 일이었다. 1843년 그가 계관시인이 되자 캐롤린과 가족들은 워즈워스가 공식적으로 자신들을 인정해주기를 요청했다. 그러나 일흔세 살의 계관시인 워즈워스는 아무런 조치도 취하지 않았다. 워즈워스가 죽은 뒤 미망인 허친슨과 조카 크리스토퍼 워즈워스Christopher Wordsworth 그리고 변호사 크랩 로빈슨Crabb Robinson이 모여 워즈워스와 발롱 가와의 관계를 공식적으로 세상에 밝히기로 합의했으나, 이번에도 결국 실제로는 아무런 일도 이루어지지 않았다.

당시 워즈워스의 집에 보관되어 있던 발롱과 캐롤린 관련 기록만 해도 상당한 분량이었다. 그런데 조카 크리스토퍼는 이 모든 기록과 자료들을 혼자만 읽고 참조하여 큰아버지 워즈워스에 관한 전기를 집필하고 나서 몽땅 불살라 없애버렸다. 알 만한 사람이 어째서 이처럼 멍청하다면 멍청하고 무책임하다면 무책임한 일을 저질렀는지에 대해서는 구구한 이론이 있겠지만, 구태여 먼 곳에서 그 이유를 찾을 필요는 없을 것이다. 한마디로 시대가 그런 가십거리를 원하지 않았기 때문이다.

　18세기 후반부터 19세기 초반까지 소위 낭만주의 시대만 해도 워즈워스와 발롱 사이의 일은 알 만한 사람이라면 모두가 아는 사실이었고, 별로 쉬쉬할 사건도 아니었다. 그러나 크리스토퍼가 워즈워스의 전기를 쓰기 시작한 1850년대는 도덕과 체면을 중시한 소위 '빅토리아시대'로, 지나칠 정도로 경건하고 근엄한 사회 기풍이 요구되는 시기였다. '바지'trousers라는 단어조차 음란하게 들려 사용하기를 꺼렸던 당시 사람들에게 워즈워스에게 사생아가 있다는 사실은 도저히 용납할 수 없는 스캔들이었다. 더구나 워즈워스가 누군가? 영국 국민 전체의 도덕적, 정신적 귀감이어야 할 계관시인이 아니었던가?

20장
에드거 앨런 포와 살인 사건

　1841년, 그러니까 지금부터 정확하게 166년 전 미국의 뉴욕, 그중에서
도 번화가인 브로드웨이 319번지에서 존 앤더슨John Anderson이라는 젊은 남자
가 담배 가게를 운영하고 있었다. 이 사람의 장사가 동종의 다른 사업자들
과 비교하여 두드러지게 잘 되었던 것은 그의 상점에서 판매하는 담배의 질
이 특별히 우수했기 때문이 아니었다. 사실 그것은 가게 카운터 뒤에서 언
제나 방글방글 웃는 얼굴로 손님을 맞이하는 메리 로저스Mary Rogers라는 여
자 판매원의 눈에 확 띄는 미모와 뛰어난 상업 수완 덕택이었다.

　같은 해 7월 25일, 로저스는 함께 살던 홀어머니에게 친척을 방문하러
간다는 말을 남기고 집을 나섰다. 로저스는 키가 크고 얼굴이 검은 데다 옷
을 아주 잘 차려입은 어떤 신사와 함께 호보컨Hoboken으로 가는 정기선ferry-
boat에 승선한 것이 목격되었으며, 같은 날 밤늦게 호보컨에 도착한 두 사람
이 로스Loss 부인이 운영하는 여관에 묵은 것까지도 확인되었다. 그 뒤의 일

은 일체 알려지지 않았는데 로저스는 그 다음 주 수요일, 그러니까 로저스가 집을 나간 지 11일째 되던 날 온몸에 심한 상처를 입고 옷도 걸치지 않은 시체의 모습으로 다시 나타났다. 그녀의 몸은 허드슨 강 위로 둥둥 떠올라 있었다. 로저스의 소지품은 나중에 여관 근처의 수풀에서 발견되었다.

로저스의 엽기적인 죽음은 뉴욕뿐만 아니라 미국 전체를 떠들썩하게 만든 그야말로 세기적인 사건이 되어버렸다. 신문들은 경쟁적으로 이 사건에 관해 연일 보도했으며, 각 신문사는 유능한 기자들로 구성된 특별 담당 팀을 만들어 사건에 파고들었다. 범인 체포가 지연되자 별의별 그럴듯한 이론과 근거 없는 소문들이 들끓기 시작했다. 어떤 기사는 뉴욕 호보컨 지역에 근거를 둔 조직 불량배들이 로저스를 강간한 뒤 살해해 허드슨 강에 던졌다고 마치 누군가가 살인 현장을 목격이라도 한 듯 보도하기도 했다.

그런데 이와 아주 다른 주장도 있었다. 로저스가 로스 부인의 여관에서 비밀리에 낙태 수술을 받다가 결과가 나빠 죽었다는 이야기였는데, 어떤 이유에서인지는 몰라도 대부분의 사람들은 이것을 믿게 되었다. 이 주장은 사건이 일어난 지 얼마 되지 않아 세상을 떠난 로스 부인이 임종 자리에서 고백한 사실에 근거한 것이라고 전해졌다. 그런데 로스 부인이 실제로 이런 고백을 했는지 그 여부도 불분명했으며, 당시 사건을 담당하고 있던 뉴욕 지방검찰청 검사도 이 낙태설을 전적으로 믿는 눈치는 아니었다.

이 사건을 해결하겠다고 호기 있게 나선 한 젊은이가 있었다. 우리에게도 이름이 낯설지 않은 미국의 시인이자 소설가 에드거 앨런 포Edgar Allan Poe(1809~1849). 당시 그는 서른두 살로 직함은 〈그레이엄스 매거진Graham's Magazine〉이란 잡지의 편집장이었다. 아니, 범죄 추적과 범인 체포를 직업으로 하는 전문 수사관들도 두 손 든 마당에, 소설이나 시를 끄적이는 글쟁이

가 범인을 잡겠다고 나서다니 가소
로운 일이었다.

에드거 앨런 포

　우선 에드거 앨런 포에 대해 조
금 공부를 해놓고 시작하자. 미국 문
학을 전공한 사람이라면 이 사람이
19세기 초반 미국이 낳은 시인이자
소설가(특히 단편소설 작가) 그리고
문학비평가로서 마흔이라는 짧은 생
애 동안 수많은 작품을 남겼으며 최
근에 와서는 문학사적 위상이 급격
히 상승하고 있음을 알고 있을 것이다. 작품에 대한 평가도 에머슨, 월트 휘
트먼Walt Whitman(1819~1892), 너대니얼 호손, 허먼 멜빌 등 미국 문학의 초창기
거장들과 어깨를 나란히 할 만큼 높다. 미국 문학을 전공하지 않은 사람이
라 하더라도 문학에 어느 정도 소양과 상식이 있는 사람이라면 그의 이름
정도는 기억할 것이고, 특히 다른 것은 몰라도 「애너벨 리Annabel Lee」 정도는
들어보았을 것이다. 그러나 뭐니 뭐니 해도 포하면 연상되는 것은 「모르그
가의 살인 사건The Murders of the Rue Morgue」, 「도둑맞은 편지The Purloined Letter」,
「황금 벌레The Gold Bug」, 「검은 고양이The Black Cat」와 같은 탐정추리소설일 것
이다.

　로저스 사건이 해결되지 않은 채 1년하고도 6개월 정도가 지났을 때,
포는 〈레이디스 컴패니언Ladies' s Companion〉이라는 뉴욕에서 발행하는 여성 잡
지에 「마리 로제 미스터리Mystery of Marie Roget」라는 제목의 추리소설을 발표했
다. 이 단편소설에서 그는 나름의 추리를 펼쳐 미궁에 빠진 그 유명한 로저

스 살해 사건을 다루었다.

추리소설의 분위기를 살리려고 그랬는지 포는 이미 발표하여 성공을 거둔 「모르그 가의 살인 사건」에 등장하는 명탐정 뒤팽Dupin을 이 소설에 또 고용했다. 이렇게 되니 사건의 배경은 미국의 뉴욕에서 자연히 프랑스 파리로 옮겨졌고, 등장인물과 지명이 모두 프랑스식으로 바뀌었다. 우선 살해당한 스물두 살 미모의 여주인공 이름은 메리 로저스Mary Rogers에서 마리 로제 Marie Roget로 바뀌었고 담배 판매업은 향수 판매업으로, 상점주 존 앤더슨은 르 블랑Le Blanc으로, 허드슨 강은 센 강으로 바뀌었다. 소설은 1년 6개월 전 뉴욕에서 일어난 살인 사건을 다룬 신문기사가 아니라, 순전히 가공의 세계를 다룬 픽션임을 애써 강조했다.

포의 세심한 배려에도 불구하고 일단 「마리 로제 미스터리」가 발표되자 독자들은 곧 이 이야기가 그 유명한 — 그리고 아직도 미해결로 남아 있는 — 로저스 살해 사건을 다룬 것임을 한눈에 알아보았다. 과연 이 유명한 추리소설가가 살인 사건의 범인으로 누구를 지목하고 이 복잡한 사건을 어떻게 풀어나갈 것인지 흥미진진하지 않을 수 없었다. 독자들은 탐정 뒤팽이 파리에서 발행되는 온갖 종류의 신문과 사건의 전모를 다룬 잡지들을 꼼꼼하게 읽고 거기서부터 실마리를 찾아나가는 것을 발견하게 되는데, 이는 포 자신이 당시 사건을 다룬 뉴욕의 신문과 잡지들을 얼마나 철저히 검토했는가를 증명하는 것이기도 했다.

순전히 책상머리에 앉아 자신의 추리력을 동원하여 가공의 사건을 꾸며내고, 또 거기서 그럴듯한 결말을 내놓는 것이 일인 소설가가 과연 실제 있었던 사건의 범인과 살해 동기, 살해 상황 등을 소설화하면서 과연 얼마나 독자들을 설득할 수 있을까? 혹시라도 사건의 진범이 체포되고 전말이 밝혀졌을 때 과연 소설가의 추리와 실제 현실은 어느 정도나 부합할까? 거의 기대할 수 없는 일이지만 탐정소설가가 범죄 수사에 참여해 범인의 체포나 사건의 해결에 도움이 될 수 있지는 않을까? 이 소설에 대한 독자의 흥미와 기대가 크지 않을 수 없었다.

탐정추리소설을 좋아하는 필자는 국내에 어떤 살인 사건이나 어린이 유괴 사건이 신문이나 방송에 보도되고 범인의 행방이 오리무중이 되어버려 경찰이 쩔쩔매는 모습을 볼 때마다, (예를 들어 화성 연쇄 살인 사건이나 세칭 개구리 소년 실종 사건과 같은) 유명한 탐정추리 소설가를 초빙하여 수사에 참가시키면 어떨까 하는 생각을 해본다. 우리나라의 하고 많은 소설가들 가운데 필자가 주저 없이 추천할 만한 추리소설가가 없는 것이 문제지만 이런 때는 외국에서 특별히 돈을 많이 주고 초청해올 수도 있을 것이다. 우선 생각나는 이름은 코넌 도일과 애거사 크리스티Agatha Christie(1891~1976) 여사이다. 이들이 창조한 셜록 홈스나 에르퀼 푸아로Hercule Poirot 같은 탐정들은 해결이 불가능해 보이는 복잡한 사건들을 참으로 놀라운 관찰력과 추리력으로 해결해버린다. 이들 앞에 미제 사건이란 있을 수 없다. 내가 아는 한 그들은 이 분야의 대가들이다. 그런데 불행하게도 지금까지 점쟁이나 최면술사가 범죄 수사에 동원된다는 소문은 들었어도 탐정소설가가 참가했다는 소문은 없다. 우리나라에서는 물론 외국에서도 없다. 앞으로도 내 의견이 받아들여질 전망이 어두워 나는 마음이 우울하다. 그 숱한 탐정추리소설들을 발표하여 전 세계 독자들을 사로잡았던 크리스티 여사도 생전에 실제 사건을 해결한 실적은 없다고 들었다.

그렇다면 어디 우리의 호프 에드거 앨런 포는 어떠했는지 살펴보자. 로저스 살해 사건을 다룬 『마리 로제 미스터리』는 사건이 발생한 지 1년 6개월

후에 나왔으나 실제 사건의 전모가 밝혀진 것은 약 100년 뒤인 1948년이다. 그러니까 포의 소설은 100년 전의 추리인 것이다. 만약 포의 소설에 그려진 추리가 정확했고 그가 소설에서 지목한 범인이 진범으로 밝혀진다면, 포야말로 잡지사 편집장감이 아니라 뉴욕시 경찰국 수사반장감이다. 그러면 먼저 실제 사건의 진상부터 알아보고, 그 다음으로 포의 추리가 어느 정도로 정확했는지 알아보기로 하자.

로저스 살해 사건이 발생한 뒤 수많은 사람들이 경찰서에 불려가 조사와 심문을 받고 유력한 용의자로 수사선상에 떠올랐으나 신기하게도 쏙 빠져나간 사람이 하나 있었다. 그는 로저스가 일하던 담배 가게의 주인 앤더슨이었다. 그의 담배 판매 사업은 로저스가 죽은 뒤에도 계속 번창했다. 그가 판매하는 담배는 당시 멕시코 전쟁에 참가한 군인들에게 대량으로 팔려나갔고, 그는 여기서 벌어들인 돈으로 부동산 투기업에 뛰어들어 크게 성공하여 곧 뉴욕에서 이름난 백만장자가 되었다. 그는 그 뒤 프랑스로 건너가 파리에 살다가 로저스 살해 사건이 있은 지 40년 뒤 그곳에서 죽었다.

앤더슨이 죽자 재산 상속을 둘러싸고 상속인들 사이에 분쟁이 생겨 마침내 법정까지 번졌다. 그런데 이 와중에 40년 전에 죽은 로저스에 관한 새로운 사실들이 관련 인물들의 입을 통해 새어나왔고, 또 그 사실들이 신문에 공개되어 세상을 놀라게 했다. 가장 놀라운 사실은 앤더슨이 로저스가 살해되었다는 소식을 접한 뒤 무척(상식 이상으로) 애통해 했을 뿐만 아니라, 생전에 영혼과 만나는 의식인 교령회seance에 자주 참석하여 로저스의 영혼과 접촉했다는 것이었다. 이것이 얼마나 정확한 것인지는 확실하지 않으나, 분명한 사실은 1891년 뉴욕 카운티 대법원에 제기한 소송에서 고인의 딸 로라 애플턴Laura V. Appleton이 뉴욕생명보험회사와 프레더릭 해먼드Frederick

A. Hammond를 상대로 부친이 유언장에 서명할 당시 이미 "정신적으로 무능력자"였으므로 작성된 유언장은 마땅히 무효라고 주장했다는 것이다.

벌써 40년이나 지난 일이지만 한 젊은 여종업원의 살해 사건을 기억하고 있던 사람들은 혹시라도 소송이 진행되는 과정에서 담배 가게 주인인 앤더슨과 로저스 사이에 모종의 깊은 관계가 있었고, 사건의 진상은 이러저러했다고 이제야 밝혀지는 것이 아닌가 하고 큰 관심을 갖고 추이를 지켜보게 되었다. 그런데 불행하게도(?) 이 소송은 법정에서 판사가 판결을 내리기 전에 당사자들 사이의 원만한 타협으로 종결되었고, 관련 기록이나 서류는 법원의 명령에 따라 모두 소각되었다.

그러나 다행스럽게도 사건은 여기서 싱겁게 끝나지는 않았다. 앤더슨의 유산을 둘러싼 소송에서 뉴욕생명보험회사를 대리해 앤더슨의 딸 애플턴을 상대로 교섭을 벌인 변호사들 중 새뮤얼 워든Samuel C. Worthen이란 사람이 있었다. 워든은 컬럼비아 대학교에서 영문학을 전공했을 뿐만 아니라 공교롭게도 포의 전기를 써서 유명한 조지 우드베리George E. Woodberry 교수의 제자이기도 했다. 그는 변호사가 되긴 했지만 여전히 문학에 흥미가 있었으며, 특히 포에 대한 관심은 각별했다.

워든은 앤더슨과 관련한 법정의 모든 증언을 모두 들을 수 있는 위치에 있었으며, 소송 취하와 더불어 증언 내용을 기록한 문서들을 공식적으로는 모두 소각해 없앴지만 그 사본이 회사 서류철에 남아 있다는 것을 알고 있었다. 워든 변호사는 이 사실을 자기만 알고 약 50여 년 동안 비밀로 간직하다가 1948년 마침내 〈미국 문학American Literature〉에 공개했다.

앤더슨의 딸 애플턴과 그녀가 내세운 변호사들은 앤더슨이 남긴 유언장을 무효화하기 위해 총력을 기울였다. 그들은 법정과 배심원들 앞에서 유언장을 만들 당시 앤더슨은 이미 사리를 분별할 수 없는 상태였다고 누누이 강조했다. 그들은 앤더슨이 이미 오래전부터 영매靈媒를 통해 죽은 로저스의 영혼과 접촉해왔음을 근거로 제시했다. 앤더슨은 왜 한때 자기 가게의 점원에 불과했던 여자에게 이토록 집착했을까? 두 사람 사이에 무슨 심각한 일라도 있었단 말인가? 로저스의 죽음에 혹시 앤더슨이 직접 혹은 간접으로 연관되어 있었던 것은 아닌가?

앤더슨은 생전에 믿을 수 있는 극소수의 친척이나 친구들에게 로저스와의 관계를 고백했다. 그는 로저스가 살해당하기 2년 전에도 낙태 수술을 한 것을 알고 있었으며, 그 비용을 자기가 부담했다고 말했다. 그러면서도 자신은 로저스의 임신과는 아무런 상관이 없음을 분명히 했다. 다만 이 여자가 빠진 "어려운 처지"에 동정을 느꼈을 뿐이라는 것이었다.

앤더슨의 고백에 의문의 여지가 없는 것은 아니었지만 워든은 이런 사건을 수없이 다루어본 경험 많은 변호사였다. 여러 정황으로 판단해볼 때 앤더슨이 진실을 말하고 있음이 확실했다. 다만 로저스의 임신이 앤더슨과 관련이 있는지 없는지는 확실하게 결론을 내릴 수 없었다. 살인 사건이 발생한 1841년은 로저스가 앤더슨의 담배 가게를 그만둔 지 1년 후였다. 로저스는 가게를 그만두고 얼마 되지 않아 또다시 "어려운 처지"에 빠졌으며, 이번에도 앤더슨에게 도움을 요청했다. 자신의 사업이 번창한 데 로저스의 공도 적지 않음을 인정하고 있던 앤더슨은 이번에도 수술을 주선하고 필요한 준비를 했으며, 이에 따른 비용도 부담했다. 호보컨으로 가는 정기선에 로저스와 함께 승선했던 검은 얼굴에 키 크고 옷을 잘 차려입은 신사는 앤더슨이 주선한 낙태 시술자였다. 당시만 해도 미국에서 낙태 수술이란 지금처럼 쉬운 일이 아니었다. 로스 부인의 여관에서 비밀리에 행한 이 수술은 불행하게도 실패했으며, 끝내 로저스에게 죽음을 가져왔다. 로저스가 죽자 수술을 담당했던 신사와 돈을 받고 장소를 제공한 여관 주인 로스 부인은 두 아들을 시켜 시체를 허드슨 강에 던져버렸다. 그리고 시체가 발견되더라도 호보컨의 불량배들이 저지른 소행으로 보이게 만들기 위해 로저스의 소지품과 옷들을 여관 근처 숲 속에 버렸다.

이상이 워든 변호사가 그간 수집한 증언과 증거들에 자신의 경험과 추리력을 동원하여 재구성한 사건의 전모이다. 그러니까 이것도 하나의 가설일 뿐이다. 그러나 어찌하랴. 죽은 사람은 말이 없으니! 다만 사실에 근거를 둔 가장 믿을 만한 가설인 것은 부정할 수 없는 일이다.

그런데 이 시점에서 우리의 궁금증과 의구심을 자아내는 일이 하나 있다. 로저스 살해 사건 용의자 내지 공범자로 첫 번째로 떠오를 만한 인물인 앤더슨이 어떻게 그 떠들썩한 경찰 수사에서 쏙 빠져버렸느냐 하는 점이다. 사실은 쏙 빠진 것이 아니었다. 앤더슨은 사건이 발생하자마자 경찰서에 불려가 심문을 받았으나 증거가 부족하고 알리바이가 확실하여 일단 석방되었던 것이다. 당시 신문들은 다른 곳에 정신을 쏟느라 이 사실을 빠뜨렸고, 그 결과 앤더슨의 이름은 한 번도 거론되지 않았던 것이다. 그러나 아는 사람들은 다 알았다. 당시 뉴욕의 유력 일간지 〈뉴욕 헤럴드The New York Herald〉의 편집장 제임스 베넷James G. Bennett을 비롯하여 몇몇 사람들은 앤더슨이 이 사건에 어느 정도 관여했는지 알고 있었으며, 앤더슨은 이런 사실이 세상에 알려질까봐 전전긍긍했다. 그럭저럭 몇 년이 흘러 앤더슨은 부동산 투기로 백만장자가 되었다. 그는 이제 사회 저명인사 가운데 한 사람이었다. 그는 민주당 후보로 뉴욕 시장에 출마해달라는 요청까지 받을 만큼 출세했으나, 선거전이 치열해져 자기와 로저스의 관계가 사람들 입에 오르내릴 것을 두

려워한 나머지 이 요청을 거절했다.

자, 이제 우리의 호프 포에게 돌아가보자. 과연 그는 이 사건을 어떻게 다루었을까? 그의 소설과 밝혀진 사실과는 어떻게 일치하며(또는 일치하지 않고), 결국 그는 누구를 범인으로 지목하고 있을까?

『마리 로제 미스터리』를 읽어본 독자들은 모두 알고 있겠지만 포가 사망 원인으로 낙태 수술을 꼽은 것은 우선 제대로 짚었다고 볼 수 있다. 그리고 호보컨으로 가는 정기선에 함께 탄 키가 크고 얼굴이 검으며 옷을 잘 차려입은 신사를 범인으로 지목한 것에도 박수를 보낼 만하다. 다만 포가 크게 잘못 짚은 것이 있는데 그것은 용의자 및 공모자 명단에서 핵심 인물인 앤더슨을 완전히 제외했다는 사실이다.

사실 앤더슨을 놓친 사람은 포만이 아니다. 당시 이 사건의 취재에 열을 올린 신문기자들도 마찬가지였다. 포, 노련한 신문 기자들, 앤더슨을 처음 체포해 심문했던 수사관들, 그 누구도 앤더슨이 로저스의 낙태 수술을 주선하고 그 비용도 지불했다는 사실을 알지 못했다. 그것도 한 번도 아닌 두 번씩이나 그랬다고는 꿈에도 생각하지 못했을 것이다.

결국 사람은 제각기 할 일이 따로 있는가 보다. 포도 결국 추리소설이나 쓸 사람이지, 뉴욕 시 경찰국 수사 과장은 어림없는 일이다.

찾아보기 ― 인명

문학 사냥꾼들
추리하고 탐험하는 영문학 이야기

인　　쇄 2007년 2월 23일 초판 1쇄 찍음
발　　행 2007년 3월　2일 초판 1쇄 펴냄

지 은 이 이창국
펴 낸 이 김삼수
편　　집 김소라
디 자 인 문홍진
펴 낸 곳 아모르문디

등　　록 제 313-2005-00087호
주　　소 121-865 서울시 마포구 연남동 245-9 1층
전　　화 0505-306-3336
팩　　스 0505-303-3334
이 메 일 amormundi@paran.com

ISBN 978-89-92448-01-7 03840